# 瑶族文化与形象艺术探究

湛贵玲 ◎著

中国书籍出版社
China Book Press

图书在版编目(CIP)数据

瑶族文化与形象艺术探究 / 湛贵玲著. -- 北京：中国书籍出版社, 2024.5

ISBN 978-7-5068-9885-0

Ⅰ.①瑶… Ⅱ.①湛 Ⅲ.①瑶族—民族文化—研究—中国 Ⅳ.①K285.1

中中国国家版本馆CIP数据核字（2024）第101127号

## 瑶族文化与形象艺术探究

湛贵玲 著

| 丛书策划 | 谭 鹏 武 斌 |
|---|---|
| 责任编辑 | 吴化强 |
| 责任印制 | 孙马飞 马 芝 |
| 封面设计 | 博健文化 |
| 出版发行 | 中国书籍出版社 |
| 地 址 | 北京市丰台区三路居路97号（邮编：100073） |
| 电 话 | （010）52257143（总编室） （010）52257140（发行部） |
| 电子邮箱 | eo@chinabp.com.cn |
| 经 销 | 全国新华书店 |
| 印 厂 | 三河市德贤弘印务有限公司 |
| 开 本 | 710毫米×1000毫米 1/16 |
| 字 数 | 256千字 |
| 印 张 | 14.5 |
| 版 次 | 2025年1月第1版 |
| 印 次 | 2025年1月第1次印刷 |
| 书 号 | ISBN 978-7-5068-9885-0 |
| 定 价 | 89.00元 |

版权所有 翻印必究

# 目 录

| | | |
|---|---|---|
| 第一章 | 瑶族概况与发展 | 1 |
| | 第一节 瑶族的民族概况 | 2 |
| | 第二节 管窥瑶族的分支 | 3 |
| | 第三节 瑶族的历史发展 | 8 |
| 第二章 | 瑶族的文化艺术研究 | 29 |
| | 第一节 瑶族的物质文化 | 30 |
| | 第二节 瑶族的社会文化 | 37 |
| | 第三节 瑶族的文学艺术 | 49 |
| 第三章 | 瑶族形象符号举隅与设计再运用 | 65 |
| | 第一节 瑶族文学艺术中的形象符号举隅 | 66 |
| | 第二节 瑶族牛形象陶瓷饰品设计与实践 | 73 |
| | 第三节 瑶族婚俗文化品牌形象设计及应用 | 81 |
| | 第四节 瑶族盘王节 品牌视觉形象设计 | 90 |
| | 第五节 瑶族织锦的品牌形象创新设计 | 100 |

## 第四章　广西金秀大瑶山的重要地位　　　　　　　　111

　　第一节　瑶山与瑶民　　　　　　　　　　　　　112
　　第二节　金秀大瑶山是中国瑶族文化的中心　　　118
　　第三节　金秀瑶族是中国瑶族的缩影　　　　　　126

## 第五章　广西金秀大瑶山的民俗与文化　　　　　　　131

　　第一节　金秀大瑶山的风俗与习惯　　　　　　　132
　　第二节　金秀大瑶山的文化与艺术　　　　　　　151
　　第三节　金秀大瑶山的服饰与饮食　　　　　　　174

## 第六章　广西金秀大瑶山的文化研究与形象传播　　187

　　第一节　金秀大瑶山"瑶族文化中心"及其构建　　188
　　第二节　金秀大瑶山形象的构建与传播　　　　　195
　　第三节　金秀大瑶山的旅游形象定位与塑造　　　207
　　第四节　金秀大瑶山服饰形象的设计再运用　　　218

## 参考文献　　　　　　　　　　　　　　　　　　　223

# 第一章 瑶族概况与发展

瑶族是我国的一个重要少数民族，其丰富的文化传统和悠久的历史使其成为民族研究领域的重要课题。本章旨在论述瑶族的概况与发展历程，以帮助读者更好地了解这一独特民族的基本情况。通过深入探讨瑶族的民族概况、分支以及历史发展，有助于促进对瑶族文化的传承和理解，同时也为研究者提供了重要的背景信息，为进一步的学术研究打下坚实基础。

# 第一节　瑶族的民族概况

## 一、瑶族分布概况

瑶族，作为中国最古老的民族之一，其民族语言属于汉藏语系，分别隶属于苗瑶语族的瑶语支、苗语支以及壮侗语族的侗水语支。瑶族被视为古代东方"九黎"的一支，主要分布在中国华南地区，散居在广西、湖南、广东、云南、贵州及江西六个省（区）的130多个县。

## 二、瑶族的历史起源与族称变迁

瑶族，作为中国历史悠久的民族之一，其名字的来源和演变是对其历史的一种见证。最初，瑶族的先民在南北朝以前被统称为"蛮"，包括"荆蛮""盘瓠蛮"等多种称谓。到南北朝时期，"莫徭"成为瑶族最早在文献中出现的称呼，其含义与免除徭役有关。随后，在唐末宋初，瑶族开始南迁，其称谓也随之演变，如"盘瑶""猺人"等，反映了不同时期的社会政治背景和文化特征。直至20世纪，中国共产党的成立和中华人民共和国的建立，促进了民族平等观念的确立，正式得以统称为"瑶族"，结束了长期的称谓变迁历程。

## 三、瑶族的自称与他称

瑶族的自称和他称是其文化多样性和历史变迁的体现。瑶族自称多达28种，每种自称不仅反映了其图腾崇拜和语言的差异，也表达了对其族群身份的认同和传承。例如，自称"绵"的指盘瑶，而"童本尤"则指大板瑶。此外，瑶族的他称数量更是多达456种，这些他称不仅涵盖了对瑶族的社会政治地位、生产方式、居住地、服饰特征的描述，也反映了外界对瑶族的认知和态度。这些丰富多样的自称和他称，共同构成了瑶族文化的一部分，记录了瑶族与外界互动的历史脉络。

### 四、瑶族的文化特色与社会发展

瑶族不仅在历史称谓上展现了其多样性，其文化和社会发展也同样丰富。瑶族以其独特的民俗风情、传统服饰、音乐舞蹈和信仰体系而闻名。他们的服饰尤为引人注目，不同地区和支系的瑶族有着各自独特的服装样式，如"红瑶""白裤瑶""黑衣瑶"等，这些服饰不仅是身份和文化的象征，也是其艺术和手工技艺的展现。在信仰方面，瑶族有着丰富的图腾崇拜和神话传说，这些信仰和故事体现了瑶族对自然和社会的理解及其精神世界的深度。此外，瑶族的音乐和舞蹈也是其文化的重要组成部分，它们不仅在瑶族的节日和重要社会活动中扮演重要角色，也是瑶族文化传承和表达的重要方式。社会层面上，瑶族经历了从封建社会到现代社会的转变，其中包括生产方式、居住习惯和社会组织的变迁。这些变化不仅反映了瑶族在历史进程中的适应和发展，也显示了瑶族如何在保持传统的同时融入现代社会。

## 第二节 管窥瑶族的分支

### 一、按语言划分

瑶族，作为一个历史悠久的多元化民族，其发展经历了从游牧到定居的转变。在这一历史进程中，由于地理位置分散和语言上的差异，瑶族形成了多样化的自称和他称。经过众多学者们详细的研究，根据语言的差异，瑶族可以划分为四大语言支系。

**（一）瑶语支——盘瑶支系**

第一支系是以瑶语为主的盘瑶支系。这一支系的瑶族群体自称包括"尤绵""董本尤""土尤""谷岗尤""祝敦尤绵""坳标""标曼""史门""荆门""甘迪门""标敏""交公绵""藻敏"等。他们的语言属于汉藏语系中的苗瑶语族瑶语支，进一步细分为3个方言和5个土语，分别是绵荆方言、标交方言和藻敏方言。绵荆方言涵盖尤绵土语、荆门土语、标曼土语；标交方言则包括标敏土语和交公绵土语。

瑶语支系的瑶族人口数量众多，分布范围广泛，遍布中国6个省区的107个县市。尤绵土语的使用者主要集中在广西的多个县市如金秀、龙胜、临桂等，以及湖南、广东、云南和贵州的一些县市。荆门土语的使用者则主要分布在广西的田林、凌云等县市，及云南的多个县村。标曼土语的讲者主要集中在广西的蒙山、金秀等地。

而标交方言的使用者，如讲标敏土语的瑶族，主要居住在广西的全州和灌阳两县；讲交公绵土语的瑶族分布在恭城瑶族自治县。此外，藻敏方言的使用者主要分布在广东省的连南、连山一带。这些语言的分布和使用，不仅反映了瑶族的地理分布，也揭示了其语言和文化的多样性。

**（二）苗语支——布努瑶支系**

这一支系的瑶族以"布努""努努""布诺""瑙格劳""努茂""杯冬诺""炯奈""唔奈""巴哼""尤诺"等多种自称为标识。他们的语言属于汉藏语系中的苗瑶语族苗语支，进一步细分为多个方言，包括布瑙方言、巴哼方言、唔奈方言、尤诺方言、炯奈方言以及包诺方言等。

在布努瑶的布瑙方言中，使用者主要分布在广西的多个县市，如都安、大化、巴马瑶族自治县、河池、宜州等，以及云南的富宁县。巴哼方言、唔奈方言的使用者主要分布在广西的三江、龙胜等县（自治县），以及湖南的隆回、洞口等地和贵州的黎平、从江等县（自治县）。讲龙诺方言的瑶族主要分布在广西的龙胜和兴安两个县。炯奈方言的使用者则主要分布在广西的金秀、平南和蒙山三个县。此外，包诺方言的使用者集中在广西的南丹、河池和贵州的荔波一带。

除了上述方言，还有自称"姆德蒙"的木柄瑶族，他们的语言与贵州省罗甸、望谟两县的青苗语言相通，主要分布在广西的田林、乐业一带。湖南省的新宁县有讲苗语黔东方言的八洞瑶，而贵州荔波县则有青裤瑶和长衫瑶。这些语言和方言的分布，反映了瑶族在不同地区的文化和语言多样性，也展示了瑶族如何在长期的历史发展中适应和融入多样的地理环境和社会结构。

### （三）侗水语支——拉珈瑶支系

侗水语支，属于汉藏语系中的壮侗语族。在这一支系中，以茶山瑶为代表的群体自称为"拉珈"，他们使用的是侗水语支的拉珈语。这一特定的语言分支，主要集中在中国广西壮族自治区的几个县份，包括金秀、平南和蒙山三个县。

茶山瑶或拉珈瑶的分布，体现了瑶族在广西地区的文化多样性和地理分布的特点。拉珈语作为侗水语支的一部分，不仅揭示了瑶族在语言上的多元性，也反映了他们与周边壮侗语族群体的互动和文化交流。这种特有的语言和文化特征，是瑶族历史发展和多元文化融合的重要体现，同时也展示了瑶族如何在不同地理环境下保持和发展自身独特的文化身份。

### （四）汉语方言支——平地瑶支系

这一支系包括了以汉语方言为主要语言的几个瑶族群体，其中包括自称为"炳多尤"的平地瑶、自称为"尤家"的白领瑶，以及部分红瑶和宝庆瑶。

白领瑶使用的语言属于汉语的平话方言，他们主要集中在广西壮族自治区灌阳县。而广西龙胜各族自治县内的红瑶，由于使用平话方言，被称为平话红瑶。宝庆瑶则使用宝庆话，这是一种属于湘语方言的语言，分布在湖南省的江永、广西的恭城、钟山、富川等县（自治县）。

平地瑶所使用的语言属于汉语，他们主要分布在广西的富川、钟山、恭城等县以及湖南省的江华、江永等地。这一分支的瑶族通过使用汉语方言，展现了瑶族在语言上的多样性和与汉文化的紧密联系。他们的语言和文化特征，不仅体现了瑶族在长期的历史演变中与汉文化的交融，也反映了瑶族在不同地理环境中的适应和变迁。通过这种多语言的使用，瑶族在保持自身文化特色的同时，也融入了更广泛的文化环境中。

## 二、按支系划分

在对瑶族进行系统分类时，采用了"支系—分支—小支"的层级结构，大致将其划分为四大支系、十六个分支和四十个小支。

瑶族的四大支系包括：盘瑶、布努瑶、茶山瑶和平地瑶。这些支系下再细分为十六个分支，进而分为四十个小支。具体来看，每个支系的分支和小支如下所述：

### （一）盘瑶支系的分支和小支划分

此支系下共有五个分支，包括二十一个小支，其中有五个小支与其所属的分支名称相同。详细划分如下：

第一分支为盘瑶（尤绵土语集团），包含盘瑶、过山瑶、盘古瑶、红头瑶、顶板瑶、大板瑶、土瑶、本地瑶、坳瑶、小板瑶等小支。

第二分支是蓝靛瑶（荆门土语集团），包括蓝靛瑶、山子瑶、花头瑶、平头瑶、沙瑶、坝子瑶、贺瑶、民瑶等小支。

第三分支为排瑶（藻敏方言集团）。

第四分支是东山瑶（标敏土语集团）。

第五分支为交公瑶（交公绵土语集团）。

## 第一章　瑶族概况与发展

这种划分方式充分体现了瑶族在语言、文化和地理分布上的多样性和复杂性，同时也揭示了瑶族内部丰富的分支和小支结构，展现了其作为一个多元文化群体的独特性和历史深度。

### （二）布努瑶支系的分支和小支划分

该支系下分为六个分支和十四个小支，其中六个小支的名称与其所属分支相同。以下是对布努瑶支系的具体分支和小支的细致划分：

第一分支为布努瑶（布瑙方言集团），包括布努瑶、背篓瑶、山瑶、背陇瑶、白裤瑶、青瑶、黑裤瑶、长衫瑶、番瑶等小支。

第二分支是八姓瑶（巴哼方言集团）。

第三分支被称为花衣瑶（唔奈方言集团）。

第四分支是花篮瑶（炯奈方言集团）。

第五分支为花瑶（尤诺方言集团）。

第六分支被命名为木柄瑶（诺莫方言集团）。

这种细致的分类展示了布努瑶支系在语言、文化及传统习俗上的多样性和丰富性。每个分支和小支的特点和文化属性都反映了瑶族内部的复杂性和多元化特征。

### （三）茶山瑶支系的分支和小支划分

这一支系只有一个分支一个小支（分支小支同属）：茶山瑶。茶山瑶的命名源于其居住地，"茶山"是指位于广西大瑶山北部的一个历史地名。茶山瑶自称为"拉珈"，这一称谓意味着"居住在山上的人"。

茶山瑶主要聚居在广西金秀瑶族自治县的中部和北部地区，以及金秀河两岸的村落。这一地理分布不仅揭示了茶山瑶对其居住地的深厚情感，也体现了其作为瑶族一个独立支系的文化和社会特征。茶山瑶的生活方式、文化习俗和语言特色，均与其特定的地理环境和历史背景密切相关，构成了瑶族多元文化格局中的一个重要组成部分。通过研究茶山瑶，可以更深入地理解瑶族的文化多样性和地域特色。

### （四）平地瑶支系的分支和小支划分

平地瑶支系以其特有的文化和语言特征显著。这一支系共分为四个分支，每个分支均有其对应的小支，具体划分如下：

第一分支为平地瑶（炳多尤话集团），这一分支使用炳多尤话，表现出平地瑶独有的语言特色和文化习俗。

第二分支是平话红瑶（优念话集团），该分支使用优念话，反映了平话红瑶在语言上的特殊性。

第三分支为山仔瑶（珊介话集团），山仔瑶使用珊介话，展示了其独特的方言特点和文化风貌。

第四分支是瑶家（优嘉话集团），这个分支的瑶家使用优嘉话，体现了其特有的语言和文化传统。

平地瑶支系的这种划分不仅体现了瑶族在语言和文化上的多样性，也揭示了其不同分支间的独特性和互异性。每个分支的语言和文化特征都是对瑶族整体文化多样性的重要补充，为研究瑶族的社会结构、文化传承和发展提供了丰富的素材。通过对这些分支和小支的研究，可以深入了解瑶族在不同地理环境和社会背景下的生活方式和文化表达。

# 第三节 瑶族的历史发展

## 一、史前考古学文化与三苗

在深入剖析中国上古史及神话传说的过程中，显而易见的是，黄河和长江两大水系构成了早期人类文明群体的重要聚居区。据徐旭生教授的研究，黄河流域的主要民族群体可划分为华夏族和东夷族两大类别。而在长江流

# 第一章 瑶族概况与发展

域，主要的族群则归属于苗蛮集团，其中三苗族群居于核心地位。尤中教授在探究瑶族与三苗族群的关联时，提出了盘瓠族群的概念，这个族群崇拜犬图腾，并被视为三苗族群的重要组成部分。历史学界普遍认为，苗族和瑶族共同源于盘瓠蛮族，且二者的分布范围与史书中所记载的盘瓠蛮活动区域高度一致。自南宋时期以来，学者们广泛认同苗族是三苗族群的直接后裔。虽然学术研究主要集中在苗族与三苗的关系上，瑶族与三苗的血缘关系研究尚显不足，但依据现有资料可以推断，瑶族的祖先与三苗族群具有血缘联系。盘瓠图腾的起源可能与瑶族祖先在长江中游地区的居住历史相关，而三苗族群在与华夏族群的冲突中败退后，迁往南方和西方。考古学的丰富资料为我们揭示了三苗族群的历史足迹。

进入20世纪80年代，中国的考古学研究迎来了新的发展。俞伟超教授提出，三苗族群的祖先可能是屈家岭文化的创造者。严文明教授则将中国新石器时代的考古文化与古代传说中的部落活动区域关联起来，将其划分为六大文化区域，其中长江中游地区是三苗族群及楚文化的核心区。佟柱臣教授将新石器时代的中国文化划分为七个系统中心，并强调这些中心区域是各部族文化形成的基础，特别是长江中游地区，作为三苗族群的活动核心。

学界普遍认为，三苗族群的文化起源于屈家岭文化，并且进一步推测长江中游的史前文化可能比已知的更为古老，其历史或可追溯至旧石器时代早期。长江中游地区的氏族部落文化经历了萌芽、形成发展及繁荣衰落三个阶段，这些阶段相互衔接，共同勾勒出三苗文化演进的完整轮廓。此一过程不仅反映了文化的连续性，也揭示了中国古代民族与文化的复杂交融与演变。

黄河与长江流域作为中国古代文明的两大发源地，其在历史发展中的角色与地位不容忽视。特别是长江流域，其独特的地理环境与多样的生态条件为早期文化的形成与发展提供了肥沃的土壤。三苗族群的迁徙和文化发展，反映了古代中国南方地区在历史演进中的重要性。同时，这些研究也为理解中国古代民族迁移、文化交流与融合提供了重要视角。

另一方面，考古学的发展为古代中国文化的研究提供了实证基础。通过对屈家岭文化等考古发现的研究，学者们得以更深入地探索中国古代文化的源流和演变过程。这些研究不仅丰富了我们对中国古代文化多样性的认识，也为理解中国文化的长期连续性提供了重要证据。

## （一）史前考古学文化

1.大溪文化与完整体系的强大氏族部落集团

大约6000年前的皂市下层文化对大溪文化的发展起到了关键性作用，标志着该地区史前文化体系的基本成型，并展现出了一种稳定的发展态势。大溪文化在其早期阶段，分化为关庙山、丁家岗、油子岭三种不同的文化类型，这些类型分别代表着独特的氏族部落，各自拥有特定的分布区域和文化特色。这些部落间可能存在着密切的亲缘联系。特别是油子岭类型的文化分布，表明大溪文化的早期居民已经开始向江汉平原的深处迁移，并在那里定居。

到了大溪文化的晚期阶段，这一文化的遗存特征开始趋于统一，并逐渐融合成为一个具有完整体系的强大氏族部落集团。在这个时期，可以清晰地识别出大溪、划城岗、谭家岭、螺蛳山、曹家楼等五种文化类型。这些类型从早期的文化中发展而来，逐渐形成了各自的独特文化特征，并紧密地连结成一个不可分割的有机整体。

在大溪文化的晚期，该文化的部落集团展现出旺盛的生命力，并不断寻求新的生存环境。其中，以谭家岭类型文化为代表的部落成为了这一迁移扩张的主力。他们沿着汉水向北发展，在江汉平原与中原的仰韶文化庙底沟类型的部落发生了频繁的接触。在此过程中，大溪文化在汉水中游地区建立了据点，并逐渐形成了曹家楼类型文化。在这一时期，南北两个文化系统在汉水中游相遇，从考古资料来看，当时两者之间尚未发生大规模的冲突，各自的文化系统还保持着各自的居住区域。

大溪文化的东向发展至今日武汉以东的倒水、滠水流域，在这里形成了螺蛳山类型文化。这一文化类型不断与仰韶文化以及东部的薛家岗文化进行接触和交流，并对这两种文化产生了一定程度的影响。

总体来说，大溪文化向北、向东的发展和迁移趋势十分明显且强烈，这一点在考古学的研究中得到了充分的证实。通过这一分析，我们可以看出，大溪文化在长江中游地区的演变与扩展，不仅是对该地区史前文化演进的重要体现，也是对古代中国南方与北方文化交流与融合过程的生动展示。大溪文化的发展历程，从最初的多元分化到后期的文化统一与扩张，反映出中国古代社会在地理、环境及文化相互作用下的动态变化。这一文化的演变过程，不仅为我们提供了关于中国古代文明起源和发展的重要线索，还为研究古代民族迁徙、文化交流提供了宝贵的参考。大溪文化在长江中游地区的形成与发展，展现了古代中国社会在特定地理环境下的适应与创新。这一文化的扩张路径，尤其是其向北与仰韶文化的接触和向东与其他文化的交流，揭示了中国古代文化在空间上的扩散与互动模式。此外，大溪文化的多样性和包容性，也为研究中国古代文化的多元性和综合性提供了重要的视角。

2.屈家岭文化与大河村类型文化

大约5000年前，长江中游地区的氏族部落文化进入了其发展的繁荣期。在这一时期，大溪文化演变为屈家岭文化，标志着一个重要的文化过渡。随着这一转变，氏族部落集团的中心也从湖北西部和洞庭湖西北岸迁移至江汉平原。特别是京山、天门、钟祥等地区，成为了这一文化集团的核心区域。屈家岭文化在此时展现出了其强大的势力，与仰韶文化晚期的大河村类型文化发生了激烈的冲突，并在此过程中占领了原本属于仰韶文化的河南西南部和湖北西北部地区。

有学者认为，大河村类型文化的主体可能是祝融部落的先民。根据古代史传说，祝融部落是由炎帝族、黄帝族和东夷三大支系融合而成。这种特殊的形成过程和复杂的历史渊源可能导致了该部落缺乏强大的向心力，为屈家岭部落集团提供了向北发展的空间。随着长江中游氏族部落集团向北的发展，仰韶文化也经历了重大的内部变革，转变为处于向中原龙山文化过渡阶段的庙底沟二期文化。这一转变为屈家岭文化继续向北发展提供了新的机遇。在郑州、三门峡地区、晋南和陕西东部等地，也发现了屈家岭文化的典型陶器。

3.石家河文化与龙山文化

屈家岭文化在经历了约400年的繁荣之后，逐渐过渡到了石家河文化。在石家河文化与河南龙山文化的交界地带，双方继续发生了一系列戏剧性的冲突。这些冲突导致了两大文化在地理分布上的交错重叠现象。到了石家河文化的晚期，河南龙山文化开始向南推进至南阳、信阳地区，而石家河文化相应地向南退缩。这两大文化体系在河南、湖北交界的均县一带达到了一种平衡状态。

　　石家河文化虽然在社会经济方面取得了显著的发展，但从社会结构的角度来看，它仍然处于父系氏族公社的社会阶段。相比之下，河南龙山文化在其晚期已经显示出父系氏族公社结构的瓦解和奴隶社会因素的萌芽。这一阶段的墓葬中随葬品的数量悬殊以及殉葬现象的出现，反映了阶级对立的形成。同时，这一时期还出现了陶文这种文字的萌芽形态和代表时代进步的红铜器，标志着文化与技术的重大进步。

　　在龙山时代的末期，中原地区的石家河文化在来自北方的强大压力下逐渐走向瓦解，甚至出现了文化断层现象。这种现象在长江中游及其邻近地区尤为明显，至今尚未在这些地区发现与石家河文化或青铜文化紧密相连的史前文化遗存。

　　总体而言，这一时期长江中游地区的氏族部落文化发展历程，不仅反映了中国古代文化的动态变迁和扩展，而且揭示了古代社会在地理分布和文化交流方面的复杂互动。屈家岭文化的兴起和扩张，特别是其与仰韶文化和河南龙山文化的交互作用，展现了中国古代文明在不同文化群体之间的冲突与融合。这种文化的动态演进，不仅是对地理环境和生态条件的适应，也是社会结构、政治力量和文化认同的体现。屈家岭文化的北移过程，特别是其与大河村类型文化和庙底沟二期文化的相互影响，为研究中国古代文化的空间扩张提供了重要视角。这些文化的相互作用和影响，不仅改变了中国中部地区的文化格局，也为理解中国古代社会的文化多样性和文明互动提供了重要的案例。

　　进一步地，屈家岭文化与石家河文化之间的过渡及其与河南龙山文化的交织，反映了古代中国文化在特定时期内的复杂性和多样性。这些文化的交叉和融合，不仅在地理上展现出了明显的分布特点，也在文化上体现了多元化的特征。通过这些文化的相互作用和影响，我们能够更深入地理解中国古代社会的发展脉络和文化交流模式。

## （二）三苗

　　长江中游的氏族部落集团分布范围与古史传说中的三苗集团活动范围在

# 第一章　瑶族概况与发展

很大程度上是一致的。古代文献，如《战国策·魏策》《史记·五帝本纪》，均提到三苗主要在江淮、荆州等地区活动。徐旭生的研究进一步指出，三苗集团的主要活动区域在今天的湖北、湖南、江西一带，其中心地带位于湖北和湖南两省。长江中游史前文化的发展情况与古史传说中的三苗集团情况基本吻合。

长江中游史前文化体系的瓦解与古史传说中尧、舜、禹征伐三苗的记载相符合。徐旭生认为，华夏族与三苗族之间发生冲突的表面原因，在于三苗族不愿接受北方较为高级的巫教，加之两个族群间对生存环境的争夺。这些冲突和文化交汇在考古学的发现中得到了体现，同时也在古史传说中留下了深刻的印记。这一点揭示了中国早期文明发展的复杂性和多元性，表明长江中游史前文化体系的演变与古代华夏文明和三苗部落的历史纠葛紧密相关。通过这些历史事件的探究，我们可以更深入地理解中国古代文明的多样化和发展过程中的内在动力。

在屈家岭文化时期，古代史籍中关于三苗部落群的记载表明，他们曾向北扩张并占领了原本属于中原华夏集团的湖北西北部和河南西南部地区。例如，《尚书·尧典》中描绘了蛮夷入侵华夏的场景，而《书集传》《尔雅·释地》则提及三苗在江淮、荆州地区造成的混乱。《国语·楚语》记载了三苗复习九黎的凶德，这些文献可能都在描述三苗部落向北扩张，对周边华夏部落构成的威胁。关于蚩尤与三苗的关系，徐旭生的研究指出蚩尤是东夷的领袖，并非三苗的首领。

随着南北之间矛盾的加剧，当华夏集团势力增强时，开始向南进行军事征伐。《吕氏春秋·恃君览》等古籍记载了尧帝南征三苗的历史事件。徐旭生认为所谓"南蛮"实际上指的就是三苗。在尧的军事行动中，他攻占了丹江流域，并封其子丹朱于此，导致三苗撤退至湖北均县一带，这一事件被称为"丹水之战"。继承尧位的舜，继续对三苗实施军事打击，并采取分化瓦解的策略，迫使三苗部分成员向西或向南迁移。《韩非子·五蠹》《尚书·舜典》《荀子·仪兵》等文献中均有此类记载。

在经历了数次战争和波折后，三苗集团依然保持着强大的势力，并继续与华夏集团进行对抗。在禹的时代，再次发生了针对三苗的战争。《墨子·兼爱下》《尚书·大禹谟》等文献对这场战争的残酷程度进行了描述。

战争结束后，三苗的部分成员迁移到深山之中，开始了独特的社会适应和文化调整过程；同时，另一部分三苗族人臣服于华夏集团，而还有一些则融入了华夏族内部。从此，关于三苗的记载在古代文献中逐渐减少，这反映了这场战争对三苗部落及其与华夏族关系的深远影响。这些历史事件的发生，不仅展示了古代中国各民族之间的动态互动，还揭示了当时社会结构和文化认同的变迁。三苗部落的北扩与华夏族的南征，反映了古代中国不同文化和族群之间的紧张关系和冲突。同时，这些互动也表明，即便在冲突与战争中，文化交流和融合仍然在不断进行。

此外，三苗部落的历史命运也体现了古代中国社会的复杂性和多样性。他们在历史的长河中既展现了坚韧不拔的生命力，也经历了文化的转型和融合。通过对这些历史事件的研究，我们能够更加深入地理解古代中国社会的动态发展和文化多元性。

总体而言，三苗部落群与华夏集团之间的互动，是研究古代中国历史与文化发展的重要视角。通过这些互动，我们不仅能够洞察古代中国的社会结构和文化变迁，还能够理解不同民族间的互动对中国古代社会发展的影响。这些历史事件的研究，为我们提供了宝贵的资料，帮助我们更全面地认识和理解中国古代的历史和文化。

## 二、商周时期的荆蛮

在商周时代，曾居住于三苗地区的各民族群体，被统称为"荆蛮""蛮荆"或"荆楚"，这一称谓在古代文献中频繁出现。譬如，古代诗集《诗经》中的《商颂·殷武》篇章描绘了对荆楚地区的军事行动，《小雅·采芑》篇则涉及到蛮荆的挑衅行为。这些史料映射出当时中原地区的华夏族与荆蛮之间的紧张关系。

根据《尚书·禹贡》《史记·夏本纪》等古籍的记载，荆州的地域涵盖了今日湖南、湖北及其周边地区，与三苗族历史上的主要活动区域相重叠。在经历多次迁移和发展之后，这些留在原居地及向南、西迁移的三苗族群，在商周时代再次兴盛起来，与中原的华夏族展开了经济文化上的交流，被称

# 第一章 瑶族概况与发展

作荆蛮。这一族群的构成中,包括了南迁并逐渐"蛮化"的部分华夏族人。

从商朝早期一直到西周的末年,日益强盛的荆蛮与中原的商、周王朝之间的关系呈现出忽服从忽反抗的态势,导致战事不断。据《竹书纪年》《毛诗·正义》等文献记载,与荆楚地区的战争在这一时期频繁发生。在商周朝代更迭的背景下,荆蛮逐渐壮大,对周王朝构成了显著威胁。《后汉书·南蛮传》则记载,自夏商时期以来,荆蛮逐步成为边疆的难题,在周代变得更加强盛,促使周王朝多次对南方地区发起规模较大的战争。

西周初期,位于荆蛮地区的较为先进的部分族群建立了楚国,初期楚国的疆域相对较小。然而,直至春秋中叶,楚国的势力逐渐壮大,并开始加强与中原地区的交流和互动。由于楚族在荆蛮中的显赫地位,荆蛮常被泛称为荆楚。荆蛮中相对落后的部分逐渐从楚国中分离出去,形成了独立的部落群体。随着楚国的强盛,这些部落逐步纳入楚国的统治之下。部分荆蛮族群与其他民族共同居住在江汉平原及其周边地区,其中大多数聚居在长江南岸。在商周的军事征伐压力下,荆蛮族群的南迁和西迁趋势加剧。其中包括瑶族的先民,古文献《册府元龟》中将荆蛮称作盘瓠之后。

在商周时期,荆蛮地区内混居着的族群还包括濮、越、巴、卢戎等。随着荆蛮地区的发展,这些部族之间的文化交流和互相影响逐渐加强,导致了多民族间的混杂、融合以及分化。

濮族作为江汉地区及其邻近地区的一个古老民族,与荆蛮有所区别。《左传》等先秦典籍中对蛮和濮进行了区分,显示出两者之间存在明显的差异。濮族分为多个小集团,因此被称为"百濮"。濮族可能是三苗的后裔之一,在商周对荆蛮的征伐中,部分濮族随蛮族南迁。到了春秋初年,随着楚国南向扩张,楚国开始开拓濮族的居住地,包括今天的湘西丘陵地区。部分濮族迁移至四川、云南、贵州等省份,与当地的土著民族混居,到了汉代,这些人群被称为"僚"。居住在湘西的濮人虽然归属于楚国,但仍然保留了自己的传统文化。这一地区原本是蛮族的主要聚居地,濮族的迁入加速了不同文化之间的相互联系和影响。

商周时期,越族是湖南地区的主要民族之一,其分布也扩展至湖北江汉地区。在商至西周时期,越族的主要活动区域集中在洞庭湖东南地带。越族内部分化为多个支系,包括南越、西瓯、吴越(含东瓯、闽间越)、骆越等,这些分支各自拥有独特的语言、风俗习惯及地理分布。在湖南境内出土的越式器物，在特征上与广东西部和广西东部的战国时期墓葬所发现的器物相似。这一现象表明，春秋战国时期，湖南南部的越族文化逐渐趋近于两广地区的文化风格。

西汉初期，湖南地区成为南越的统治中心，这标志着与荆蛮族群混居的越族正是南越的一部分。此外，西周晚期随着楚国的势力向洞庭湖东部及南部地区的扩张，越族的势力也相应地逐步南迁。考古学材料明确反映了这一历史进程，与古文献的记载相吻合。《史记·楚世家》中记载了楚成王时期对南方地区的扩张，楚王的任务是稳定南方夷越之乱，同时避免侵扰中原地区。在楚成王南扩的过程中，遭遇的部族除了荆蛮外，还包括越人。

《后汉书·南蛮传》提及，在吴越相悼王时期，楚国将势力扩展到洞庭湖和苍梧地区，其中苍梧指的是九嶷山及其邻近的五岭南北地区，即今湖南南部、广西东北部、广东北部三省交界地带。这一地区至今仍是瑶族的分布区域。东周时期，蛮族已迁入该地区，与越人杂居，进一步促进了文化交流和融合。

巴人作为中国古代历史中的一个重要民族，其历史源远流长。据《世本·氏姓篇》记载，巴人的起源与传说中的廪君有关。最初，巴人主要分布在今天湖北西南部地区。然而，春秋中晚期随着巴楚之间矛盾的加剧，巴人逐渐被迫退往四川东部地区。在楚国的军事打击下，巴人的残余部分流亡至湘西五溪地区。秦国灭巴蜀后，部分巴人可能留在了贵州中部，与此前迁入的巴人融合，成为后来的五溪蛮或武陵蛮的一部分。

考古学家在湘西的溆浦等地发现了战国时期巴人的墓葬，古丈等地的战国墓葬中也出土了巴人的文物。基于这些文化遗存的特征和墓葬的年代，有学者推测，巴人早在战国早期就在靠近四川东部的湘西古丈一带活动。到了战国中期，他们的活动区域扩展到了沅陵、辰溪、溆浦等地。这些考古发现与史料记载相互印证，为巴人在战国时期的活动范围和生活方式提供了重要证据。

卢戎，原居住在四川岷江上游地区，岷江因其居住而得名"卢水"或"若水"。《左传》中将卢戎归类为南蛮之一，显示他们后来迁徙至楚地，被称为蛮族。《今文尚书·牧誓》中提到卢族参与了武王伐纣的牧野之誓，这表明他们的居住地在岷江上游。春秋初期，面对秦、晋等兴起势力的威胁，部分卢戎开始向西南迁移，最终在今湖北宜城一带定居，成为楚国北扩的障碍之一。公元前699年，楚国的军事行动中，卢戎与罗族联合，对楚军造成重大打击。随后，部分卢戎继续向南迁移，并与楚国发生了一系列的冲突和战争。《左传》详细记载了楚国对卢戎的多次征伐。

随着楚国势力的逐步增强，卢戎最终不得不臣服于楚国的统治。那些不愿意归附于楚国的卢戎被迫继续南迁，最终定居在沅江支流的武溪流域，成为后来所称的五溪蛮的一部分。这一历史进程不仅展示了卢戎在中国古代历史中经历的复杂迁徙和发展，也凸显了他们与楚国之间的紧密而复杂的关系。

通过对巴人和卢戎在古代中国历史中的迁移和发展的研究，我们可以深入理解中国古代民族迁徙和文化交融的复杂过程。巴人和卢戎的历史不仅揭示了区域内的民族关系和文化互动，还反映了古代中国南方地区在政治、文化和社会结构上的动态变化。这些民族的历史经历为我们提供了宝贵的视角，以理解中国古代社会的多元性和复杂性。

## 三、秦汉以后的长沙蛮与武陵蛮

经过漫长的商周时期，历史舞台上的各古代民族经历了无数次战争和政治经济的变迁，从而不断进行迁徙、流动、混杂和重新整合。战国晚期，这些民族的分布已经形成了新的格局。秦朝的统一和随后的汉朝，特别是在汉朝末期的几百年间，这一新的民族分布格局基本保持稳定。

在秦汉时期，典籍中开始采用当时的行政区划名称来描述各地的民族群体。例如，秦朝设立的黔中郡和汉朝的武陵郡，主要包括了湘西及其周边地区，这些区域大致位于清江以南、乌江中游以东。相对应地，武陵郡以东的湖南东部大部分地区则属于长沙郡。因此，《后汉书》中提及的"武陵蛮"和"长沙蛮"就是指这些地区的民族群体。这些民族，在实质上融合了商周时期以荆蛮为主体的各种民族集团。

尽管随着时间的推移，各郡的行政辖区有所变化，但这些广阔地区内的民族构成并未发生大的改变。这一时期，长沙蛮和武陵蛮成为了湖南地区和周边地区民族组成的重要部分，他们的文化和社会结构在一定程度上继承了商周时期荆蛮等民族的特征。随着秦汉时期的政治变迁和行政区划的调整，长沙蛮和武陵蛮所在地区的民族关系和文化特征也逐渐形成了独特的局面。这一时期的民族分布格局，不仅反映了中国古代历史上的民族迁徙和融合，还展示了地区文化的多元性和连续性。这些民族群体在秦汉时期的发展和变迁，为研究中国古代南方地区的历史提供了重要的线索。

在秦汉时期，武陵蛮成为了湖南地区特有的民族群体之一，主要活动于五溪地区，因而又称为"五溪蛮"。关于五溪的具体名称，历史记载存在差异。《水经·沅水注》和梁沈约的《宋书·夷蛮传》均提到五溪蛮居住的五条溪流。而唐代梁载言的《十道志》与李吉甫的《元和郡县图志》则记载六溪。但根据较早的郦道元和沈约的记载，以五溪为准似乎更为合理。南宋朱辅在其著作《溪蛮丛笑》中指出，五溪蛮包括瑶族先民，是盘瓠后裔。这一点与瑶族的传统崇拜习俗相符合，表明五溪蛮或武陵蛮中确实融合了瑶族先民的成分。

至于长沙蛮，其居住地的范围和称呼随着州郡名称的变更而变化。秦朝灭楚后，设立的长沙郡包括湖南地区，称呼当地的蛮族为"长沙蛮"。汉代中期以前的长沙国辖地大致与秦朝时期的长沙郡相同。而到了汉代中期以后，长沙国改为郡，长沙郡内的蛮族仍被统称为"长沙蛮"。西汉初年，从长沙郡分出的零陵、桂阳两郡，其境内的蛮族分别称为"零陵蛮"和"桂阳蛮"，实际上这些蛮族属于同一民族集团的不同部分。到了南北朝时期，桂阳蛮仍频繁活动。

东汉末年至魏晋时期，原长沙郡又分出了湘东、衡阳、昭陵等郡，西晋时设立的湘州覆盖了从洞庭湖北至五岭南的广泛地域。因此，"长沙蛮"的称呼逐渐被"湘州蛮"所替代。虽然行政区划和名称经历了变化，但该地区内的民族构成并未发生大的改变。这一历史进程反映了中国古代社会政治和文化的深刻变化，同时也揭示了民族迁徙与融合的复杂性。

综上所述，从秦汉时期开始，长沙蛮和武陵蛮成为描述湖南及其周边地区蛮族群体的主要术语。随着历史的推移，这些名称反映了行政区划的调整及民族分布的演变。五溪蛮和长沙蛮的历史研究为我们提供了理解中国古代南方民族在政治、文化、社会结构上的变迁与发展的重要视角。特别是五溪蛮的历史，揭示了瑶族先民与其他民族群体在文化和社会生活上的融合。同样，长沙蛮及其衍生的各蛮族群体的发展过程，体现了中国古代南方地区的民族融合和文化交流的复杂性。这些民族群体的历史演变，不仅是对古代中国南方地区民族关系的深刻解读，也为理解整个中国古代社会的多元性和动态变化提供了重要的历史背景和文化框架。

通过深入研究这些蛮族的历史，可以更好地理解中国古代民族迁徙、融合及其与中央王朝关系的变迁，从而为探索中国古代历史的复杂性和丰富性提供了宝贵的信息和洞见。

## 四、南北朝至隋唐五代时期的莫瑶

在南北朝时期，出现了瑶族先民之一的"莫瑶"这一称谓。根据《梁书·张缵传》的记载，莫瑶族群主要分布在零陵、衡阳等地区，他们依山险为居，生活相对独立，不完全服从政府的统治。这一时期，"莫瑶"最初可能是其他族群对瑶族的称呼，但后来逐渐被瑶族本身所接受并使用。

对"莫瑶"这一称谓的理解存在一定的分歧。一些观点认为，"莫瑶"并非专指瑶族先民，而是一个包括苗族、土家族、畲族、俚族、伶族等多个民族群体的统称。然而，南北朝及后期的史书中，尤其是指涉武陵、长沙地区的记载，往往将部分盘瓠蛮称为"莫瑶"，而其他部分及其余地区的盘瓠蛮则称为"蛮左"，这一后者通常指向苗族先民。因此，在一定程度上，"莫瑶"似乎主要指向瑶族先民。

进入隋唐五代时期，"莫瑶"一词的记载更为频繁。《隋书·地理志下》中提到长沙郡有名为莫瑶的民族，他们自称其先祖曾有功绩，因而免于瑶役，故得此名。该文献还详细描述了莫瑶的服饰和习俗，覆盖范围包括湖南西南部、南部以及贵州、广西、广东与之相邻的地区，即自秦汉以来长沙武陵蛮的居住地。自东汉以来，这些地区未见大的民族流动，因此可以认为莫瑶起源于长沙武陵蛮的一部分。

明清时期的大量文献记载表明，"莫瑶"为"盘瓠种"，即长沙蛮、五溪蛮的后裔，这一说法具有一定的合理性。唐代的莫徭主要聚居地并未发生大的变动，依然散布在今湖南大部分地区及广东北部、广西东北部等地。隋唐以后，广东地区开始有瑶族的记载，这并非仅是因为他们此时才向南迁移。在秦汉时期，广东地区的夷族被统称为"蛮夷"，后来逐渐被称为俚、僚，有时合称为俚僚。随着"莫徭"这一称谓的出现，岭南地区的瑶族逐渐被古籍记载。

在这一过程中，许多俚僚族群可能与瑶族混居并逐渐被瑶族同化。广西桂州（今桂林）等地的俚僚也可能包含部分瑶族成员。因此，南北朝、隋唐时期的"莫徭"不仅是瑶族先民的一个重要组成部分，而且代表了瑶族在这一时期的文化和社会特征。这一历史阶段的瑶族，在广泛的地域内保持了自己独特的文化传统和生活方式，与周边的其他民族群体进行了持续的交流和互动，体现了中国古代民族关系的复杂性和多样性。

综上所述，南北朝至隋唐五代时期的"莫徭"在中国古代历史中扮演了重要的角色，不仅是瑶族先民的关键标志，也是对瑶族在这一时期文化和社会特征的准确描述。这些历史记载为我们揭示了瑶族及其相关民族群体的历史演变，展现了他们如何在不断的政治和社会变迁中维持自身特色，同时又与其他民族进行互动和融合。通过对"莫徭"这一概念及其历史背景的研究，我们可以更深入地理解南北朝和隋唐时期中国南方地区的民族格局及其变化。这些历史阶段的瑶族，作为中国古代历史的重要组成部分，为我们理解中国古代民族迁徙、融合及其与中央王朝关系的变迁提供了独特而重要的视角。同时，这也为研究中国古代社会的多元性和动态变化提供了宝贵的历史材料和研究线索。

## 五、宋代瑶族的迁徙

宋代，作为中国历史上一个重要的时期，见证了瑶族分布和迁移模式的显著变化。在这一时期，瑶族不仅继续在湖南西南部和南部地区聚居，还开始大规模迁移至广东和广西地区，使这两个地区成为瑶族的主要聚居区之一。

广东地区的瑶族分布变得更为广泛。同时，广西的多个地区，包括静江府（今桂林）、融州（今融水）、宜州（今宜山）、南丹州（今南丹）、邕州（今南宁市）、梧州（今梧州市）、郁林州（今玉林）、贺州（今贺州市）等地，也都出现了瑶族的聚居情况。此外，黔桂交界地区也成为瑶族聚居的一个重要区域。

宋代文献提供了关于瑶族分布的详细信息。《桂海虞衡志》中记载了瑶族在桂林地区的兴安、灵川、临桂、义宁、古县等地的广泛分布，其中罗曼瑶和麻园瑶是当地最强大的族群。宋周去非的《岭外代答·外国下》卷三记载了静江府五县与瑶族的接壤情况，并特别指出瑶族聚落在义宁县的众多。《桂海虞衡志·志蛮》提到，融州的融水和怀远县界也有瑶族居住。《岭外代答》第一卷描述了融州城下江河区域瑶族的聚居情况。

宋代瑶族的大规模南迁，将湘南及两广地区转变为瑶族的主要聚居地之一。瑶族分布重心的南移，显著标志着宋代作为瑶族迁移和分布历史上的一个重要时期。这一时期瑶族的迁移和聚居情况，不仅体现了瑶族社会的动态变化，也反映了宋代地区民族关系和社会结构的复杂性。

这些历史记录表明，宋代的瑶族不仅在地理分布上发生了显著变化，同时也可能在文化和社会结构上经历了一定的演变。这些变化和演变，为我们提供了研究中国古代南方民族关系和文化交流的重要视角。通过对宋代瑶族历史的深入研究，可以更加全面地理解中国古代南方地区的民族分布、文化特征及其在历史进程中的变迁。

## 六、元明清时期瑶族的迁徙

在元代，瑶族的迁移和分布模式经历了显著变化。瑶族开始从其传统的聚居区，如湖南西南部和南部地区，大量迁移至广东、广西及贵州等地。这一时期，瑶族不仅在湖南省境及湘桂粤三省交界地区保持了重要的居住地位，同时也将其生活范围扩展到了广西东部和部分西部地区、广东大部分地区，以及贵州的八番、顺元、新添、思州等内陆地区，甚至云南南部也出现了瑶族的足迹。

在贵州，元代已有关于瑶族的文献记载。这些文献指出，瑶族深入到贵阳、贵定等地区。而在云南地区，瑶族的存在也从元代开始被史书所记载。《元史·泰定帝本纪》记载，至治三年（1323年），瑶族兵士参与了在八番顺元（宣慰司驻今贵阳）及静江（今广西桂林）、大理（路驻今大理）、威楚（路驻今楚雄）等地的叛乱。这些地区至今仍有瑶族分布。

元代的这一变化标志着瑶族在中国境内分布格局的重要转折点。瑶族的分布重心逐渐从湖南向西南地区移动，涵盖了广东、广西、贵州和云南等地。这一时期的瑶族分布和迁徙情况不仅体现了其社会的动态变化，也反映了历史上民族间的迁徙和文化交流的复杂性。瑶族在广泛地域内的存在和活动，表明了他们在中国南方地区的广泛分布以及对各地区文化的影响和适应。

到了明清时期，瑶族在中国南方的分布范围相对稳定，但在云南的迁徙趋势明显加强。这一时期，云南的瑶族主要由广西迁入，同时也有部分来自广东或贵州。例如，《邱北县志》记载，明代初期瑶族就从邕黔交界地区迁入云南。《新编麻栗坡特别区地志资料》提到，在明末清初时，瑶族与当地土著一同在麻栗坡县的平坦地区开垦耕种。清代的文献记录显示，瑶族在云南的居住地点较为流动，常在深山中定居，不到五年便迁移到其他地方。《广南府志》和《墨江县志稿》援引《他郎厅志》中的信息，指出瑶族自广东迁来，居无定所，常在深山中开垦耕种，待田地稍有收成便迁移至其他地区。

明清时期的瑶族迁徙和分布情况反映了中国南方民族迁移和分布的复杂格局。尽管关于云南瑶族的历史资料相对较少，但瑶族居住于云南的事实毋庸置疑。文山州、红河州、思茅地区和西双版纳州等地都成为瑶族新的聚居地，显示出瑶族在中国南方地区的广泛迁移和适应能力，以及他们在不同地区的生活和文化特色。通过对这些历史时期瑶族的迁徙和分布的研究，我们可以深入了解中国古代南方民族迁徙的历史背景和文化交流的复杂过程。这些迁徙和分布的历史不仅揭示了瑶族适应不同地理环境的能力，也反映了他们在不断变化的政治和社会环境中如何维持自身的文化特性和社会结构。

综上所述，元明清时期的瑶族迁徙和分布情况，是中国古代南方民族历史的重要组成部分。这一时期的瑶族在广东、广西、贵州和云南等地的广泛分布，不仅体现了他们的适应性和动态性，也展示了这些地区民族关系和文化交流的多元化和复杂性。瑶族的历史演变为研究中国古代民族迁徙、融合以及与中央王朝关系的变迁，提供了独特而重要的视角，有助于我们更全面地理解中国古代南方地区的历史和文化。

## 七、鸦片战争至国民党政府统治时期的瑶族

在鸦片战争至国民党政府统治这一时期，中国社会发生了剧烈的变革，其中瑶族人民也经历了深刻的社会和政治变迁。这一阶段，清王朝的封建统治遭遇重大危机，同时帝国主义和封建主义、官僚资本主义的压迫与剥削日益加剧。瑶族人民与中国的其他民族一样，深受这些社会矛盾的影响，并积极参与到反抗压迫的斗争中。

鸦片战争后，瑶族人民积极投身于反封建和反帝国主义的斗争。他们不仅自发组织起义，也与其他民族如汉族、壮族等一道，参与全国性的革命运动。这些斗争不仅是对清朝统治的反抗，也是对外国帝国主义势力的抵抗。

在这一时期，瑶族人民在各种反清组织中扮演了活跃的角色，尤其是在天地会等秘密组织中。天地会在湖南、广东和广西的瑶族聚居地区获得了广泛的响应。瑶族人民不仅积极参与了天地会的组织活动，还投身于反清的武装斗争中，与清政府军发生了多次冲突。

道光年间，雷再浩、李树德等人在湖南新宁县黄卜峒创建的"棒棒会"引起了广泛的响应。这场起义吸引了广西资源县五排、梅溪等地的汉族、苗族群众参与。尽管起义最终未能取得成功，但它体现了瑶族人民在民族解放斗争中的重要作用和不屈不挠的斗争精神。瑶族人民在这一历史时期的反抗斗争，不仅是对外来侵略和封建压迫的抵抗，也是对民族尊严和生存权利的坚定维护。

在道光年间，瑶族人民经历了一系列重要的历史事件，其中雷再浩起义的失败和李元发领导的"靶子会"起义是其中的关键环节。道光二十九年（1849年），新宁县遭遇了严重的旱灾，这为李元发带领的起义提供了契机。李元发率领"棒棒会"的余部发动了新的武装起义。他们攻占了新宁县城，

处决了腐败的知县万思鼎，释放了被冤枉的群众，并敞开粮仓救济灾民，赢得了当地人民的广泛支持。

起义军在新宁县城驻扎一个多月后，转入湖南和广西的瑶族聚居山区进行游击战。他们在城步、全州、兴安、灵川、龙胜、融安、荔浦、阳朔、金秀等地活动，队伍一度扩大至5000多人。在攻打广西龙胜的战斗中，起义军成功击败了清军，并杀死了清军参将玛隆阿。然而，由于清王朝的不断增兵和围剿，起义军最终未能取得胜利，被迫分散转入地下进行斗争。同时，太平天国革命运动成为中国历史上重要的多民族反封建、反帝国主义斗争。从鸦片战争到金田起义前夕，中国各地爆发了大量农民起义。道光二十九年（1849年），广西的严重饥荒使瑶族人民生活困苦，拜上帝会的革命理念和主张因此在瑶族群众中得到了广泛支持。瑶族人民在艰苦的生活环境中，积极响应拜上帝会的革命号召，与汉族、壮族等其他民族群众一同投身于这场革命斗争。拜上帝会提出的平等和正义的理念，如"强不犯弱、众不暴寡、智不诈愚、勇不苦怯"，及其提倡的"有田同耕、有饭同食、有衣同穿、有钱同使"的社会理想，深刻地反映了瑶族人民和其他受压迫民众的共同愿望。这段历史不仅展现了瑶族人民在中国近现代历史中的重要角色，而且彰显了他们在反抗封建统治和外来帝国主义压迫中所作出的重要贡献。通过这些反抗活动，瑶族人民不仅表达了对公正社会秩序的渴望，也为中国各民族的解放斗争作出了重要贡献。这些斗争不仅是瑶族人民对自身权利的捍卫，也是对更广泛社会正义的追求。

随着太平天国革命的失败，清朝末年中国社会矛盾日益尖锐。封建势力与帝国主义的勾结导致了民众生活的极度困苦。同时，帝国主义不仅在政治和经济领域进行侵略，还派遣大量传教士进入瑶族山区，通过建立教堂、学校等手段实施文化侵略。这种双重压迫激起了瑶族人民的强烈反抗情绪。

清朝末年，瑶族内部的阶级矛盾变得尤为尖锐。1884年（光绪十年），广西金秀大瑶山的瑶族人民起来反抗地主阶级的剥削和压迫，拒绝缴纳山租和劳役。这场持续两年的斗争最终迫使地主阶级作出让步，瑶族人民取得了一定程度的胜利。随着民族资本主义的发展和资产阶级民主运动的兴起，推翻君主专制、反对帝国主义侵略成为了中国各族人民的共同目标。1911年（宣统三年），孙中山领导的辛亥革命成功推翻了清王朝的统治，结束了中国两千多年的君主专制制度，建立了中华民国。这一历史事件标志着中国从传统封建社会向现代民族国家的重大转变。

在辛亥革命期间，广西恭城县势江地区的瑶族群众积极参与了推翻清朝的斗争。其中，李苍霖等瑶族人士加入了同盟会，参与了"上思战役"和"河日战役"。在这些战斗中，瑶族人民表现出了极大的勇气和牺牲精神，为推翻清朝做出了不可磨灭的贡献。

1921年，中国共产党的成立为中国的历史开启了新的篇章。在党的领导下，瑶族人民的反抗斗争获得了新的动力和方向。瑶族人民积极参与到党领导的各种政治和社会活动中，为实现民族解放和社会进步做出了重要贡献。这一时期的瑶族历史展示了他们在中国近现代历史中的重要角色，同时也彰显了瑶族人民在追求民族解放和社会公正中所表现出的坚定决心和英勇斗争。

在国民党政府统治时期，瑶族人民面临着沉重的政治和经济压迫。除了必须缴纳繁重的地租之外，他们还承担着各种苛捐杂税和劳役，生活在极度困苦的环境中。广西右江地区的瑶族人民尤其生活在艰难的境遇中。1922年，韦拔群等同志在右江地区的瑶族聚居区进行了革命宣传，提出了一系列激励人心的口号，如"打倒土豪劣绅""铲除贪官污吏""取消苛捐杂税"以及呼吁"瑶、壮、汉民族平等"。这些口号激发了瑶族人民的革命情绪。在这一时期，瑶族人民拿起土枪、大刀等武器，与壮族、汉族人民一同组成了自卫军，共同对抗地主恶霸和军阀官吏的压迫。在中国共产党的领导下，瑶族人民在各地积极参与革命斗争。第一次国内革命战争期间，湖南江华鄢县的一些瑶族山区成立了农民协会，组织起了武装力量，与当地的恶霸地主和官僚豪绅进行了斗争。鄢县中村乡龙渣村的瑶族人民，在瑶族共产党员盘华坤的领导下，与汉族农民一致，进行了打土豪、分田地的斗争。在这场斗争中，盘华坤和他的兄弟壮烈牺牲，他们的英雄事迹至今受到瑶族和汉族人民的尊敬与怀念。

1933年，广西灌阳、全州、兴安三县交界的瑶族聚居区域爆发了一次规模较大的武装起义。这次起义虽然最终以失败告终，但它反映了瑶族人民对封建统治和不公正社会秩序的强烈反抗。起义的失败揭示了多方面的原因——缺乏中国共产党的直接领导和革命斗争的正确策略；起义组织结构松散；缺乏严格的训练和统一指挥；以及部分地主分子和不良分子的混入和背叛。此外，起义军未能有效团结更多民族群众共同对抗敌人。这一历史事件教导瑶族人民只有在中国共产党的领导下，各族人民团结一致，共同奋斗，革命才能取得成功。瑶族人民在这一时期的革命斗争中展现了极大的勇气和牺牲精神，他们的行动是对封建压迫和帝国主义侵略的抵抗，也是对内部不公和剥削的反抗。

在1937年抗日战争全面爆发之际，中国共产党领导的抗日民族统一战线迅速形成，激发了全国各族人民的爱国热情。在这一背景下，广西东兰、凤山等地的瑶族群众积极响应国家的号召，以各种方式为抗日战争贡献力量。这些地区的瑶族群众不仅提供了必要的物资支援，还积极参与到抗日宣传和游击战斗中，成为了抗日斗争的重要力量。

抗日战争胜利后，中国步入了一个新的历史阶段。然而，国民党反动派对人民的压迫和剥削并未因此而减少，反而变本加厉。在这个时期，瑶族人民，同样遭受了国民党反动派的新一轮压迫。他们被迫承担沉重的税赋，征兵和征粮，加之内战的爆发，使得刚刚从日本帝国主义的蹂躏中解放出来的瑶族人民再次陷入困境。许多瑶族人民面临着极端贫困，不得不卖儿卖女，四处逃亡，生活陷入绝境。

在这个艰难的时期，中国共产党派遣工作队和游击队到瑶族山区开展革命宣传活动，提出了反对国民党的"三征"（征兵、征粮、征税）的革命口号，赢得了瑶族人民的广泛支持和拥护。瑶族人民把解放的希望寄托在共产党领导的抗命队伍上，积极参与解放战争，为推翻国民党的统治贡献了自己的力量。

例如，1947年12月，在广东连县瑶族地区成立了人民游击队，瑶族群众积极参与其中。广东粤北游击队在英德、仁化、翁源、始兴等县的瑶族地区建立了游击队根据地，并得到了瑶族群众的积极支持。许多瑶族青年加入了革命队伍，与各族革命战士并肩作战。在始兴县古拔水地区，瑶族群众捐款购买药品，救治了多名游击队伤员，使他们得以重返前线。

在云南富宁县洞波地区，当国民党军队千余人于1949年8月进犯安那乡时，瑶族民兵与游击队合作进行抵抗，成功击退了敌人的多次进攻，保护了人民的生命和财产。在整个解放战争期间，云南、湖南、贵州、江西等地的瑶族人民都在中国共产党的领导下，积极投身于解放战争中。瑶族群众不仅在军事上提供了支援，同时在物资、情报和后勤方面也做出了巨大贡献。[①]

这一时期的瑶族历史，是中国多民族团结抗争的生动体现。瑶族人民与其他民族人民共同奋斗，反抗国民党的压迫和剥削，为推翻三座大山而努力。瑶族人民的勇敢斗争和牺牲精神，不仅加速了中华民族解放事业的胜利，也为维护民族平等和社会公正做出了卓越贡献。通过这段历史，我们可以看到，在多民族国家的解放斗争中，瑶族人民与中国共产党和其他兄弟民族紧密团结，共同书写了中国近现代史上光辉的一页。

## 八、20世纪50年代以后瑶族逐步走向定居

随着中华人民共和国的成立和新中国建设的开展，20世纪50年代以后，瑶族人民的生活发生了根本性的变化。在这一时期，中国共产党颁布和实施了一系列民族政策，旨在消除封建制度的残余，促进少数民族地区的经济和文化发展。这些政策极大地影响了瑶族地区的社会结构和经济模式。

封建土地所有制的废除和土地改革的实施，为瑶族人民带来了生产资料，尤其是耕地和耕牛。这一变革使瑶族人民得以结束长期的游牧生活，开始转向定居。通过新成立的农会和其他基层组织，以及民族工作队的深入宣传，瑶族人民在政治、经济和社会生活方面得到了显著的提升。民族团结得到加强，民族地区的稳定和发展得到了保障。

这一转变不仅标志着瑶族人民生活方式的重大改变，也体现了新中国对少数民族地区发展和稳定的重视。在邻近各民族的帮助下，瑶族人民积极参与生产，改善了生活条件。这一时期的瑶族历史是中国社会主义建设和民族区域发展历史的重要组成部分，展示了新中国在少数民族地区实施的民族政策的成效和影响。通过这些变革，瑶族人民在新中国建设中发挥了积极作用，共同书写了多民族国家共同发展的辉煌篇章。

---

① 徐祖祥.瑶族文化史[M].昆明：云南民族出版社，2001.

这种转变并非一蹴而就，而是一个逐步的过程。20世纪80年代初，随着土地权属的明确和森林资源的有效管理，瑶族人民过去随意迁徙的途径被逐渐切断，使得仍在迁徙的部分瑶族人民不得不选择定居。到这一时期，瑶族人民的迁徙历史基本结束，仅在极个别情况下还有迁徙现象。

20世纪80年代以来至今，中国瑶族的发展经历了显著的变化和进步。以下是一些关键方面：

1.经济发展：随着中国经济的改革开放，瑶族地区的经济发展得到了加速。传统的农业经济逐渐转型，引入了现代农业技术和作物种植方式。一些瑶族地区还开展了特色产业，如茶叶、中药材种植和民族工艺品生产，促进了地方经济的发展。

2.文化保护与发展：政府注重保护和传承瑶族的传统文化。瑶族的传统节日、服饰、音乐、舞蹈、语言和民俗得到了更好的保存和弘扬。同时，一些瑶族文化节庆活动也成为吸引游客的旅游资源。

3.教育事业的发展：教育水平显著提高，瑶族地区建立了更多的学校，提高了少数民族地区的教育资源和质量。政府还提供各种教育补助和奖学金，鼓励瑶族学生接受更高层次的教育。

4.社会福利与医疗改善：随着社会福利体系的建设和完善，瑶族地区的医疗卫生条件得到了改善，基本医疗保障和社会保险覆盖面不断扩大。

5.政治地位的提高：瑶族在政治上享有平等权利，族内有代表参与国家和地方的政治事务。通过民族区域自治等政策，瑶族在管理自己的内部事务方面拥有更多的自主权。

6.城乡结构变化：一些瑶族人逐渐从传统的山区迁移到城镇，参与到更多元化的经济活动中。城镇化带来了生活方式的变化，同时也带来了新的挑战，如文化身份的保持和适应城市生活的过渡。

综上所述，瑶族自20世纪80年代以来至今，在经济、文化、教育、社会福利、政治地位等方面都有了显著的发展和进步。同时这一过程中也伴随着城乡结构变化带来的挑战和文化保护与现代化之间的平衡问题。

# 第二章 瑶族的文化艺术研究

　　瑶族作为一个丰富多彩的民族，其独特的文化艺术一直备受研究者的关注。本章旨在深入探讨瑶族的文化艺术，包括物质文化、社会文化和文学艺术等方面。瑶族的文化艺术研究不仅有助于我们更好地理解瑶族的文化传统和生活方式，还可以为民族研究和文化研究提供宝贵的案例和素材。此外，通过对瑶族文化艺术的深入研究，我们可以促进不同民族之间的文化交流与对话，有助于构建更加多元化和包容性的社会。因此，本章的学术价值在于为研究者提供了深入挖掘和理解瑶族文化艺术的机会，为文化多样性的保护和推广作出贡献。

# 第一节　瑶族的物质文化

## 一、生产

### （一）农耕

1. 游耕

游耕，即刀耕火种，是瑶族在中华人民共和国成立前普遍实施的一种传统农耕方式。这种耕作方式源自瑶族的古老传统，深受自然环境和社会结构的影响。《评皇券牒》的记载反映出这种耕作方式在过山系瑶族中不仅是一种生计手段，更是一种文化和社会身份的象征。

在这种耕作方式中，瑶族人首先砍伐丛林中的乔木和灌木，然后让它们自然干枯，再进行焚烧，这种做法有利于土地的开垦和准备。在焚烧后的土地上，瑶族人通常种植玉米、豆类等作物，实行的是一种广种薄收的策略。这种耕作方式的一个显著特点是对土地的间歇性使用，即在一段时间的耕种后，让土地休息和恢复，以保持土壤的肥力和生态平衡。

此外，瑶族在实施游耕的过程中，还伴随着一系列的生态保护措施和文化习俗。例如，在砍伐和焚烧后，会立即种植杉树和桐油树等树苗，以促进生态的恢复。在耕作过程中，瑶族人对自然有敬畏之心，他们在砍伐和播种时，会进行一系列的宗教仪式和遵守特定的禁忌，这在一定程度上有助于保护和维护自然环境。

2. 耕种梯田

耕种梯田是瑶族在中华人民共和国成立后，随着社会的变迁和农业技术的发展，逐渐形成的一种较为现代的农耕方式。在瑶族居住的山区，由于地形的险峻和土地的有限，梯田成为了一种高效利用土地资源的方式。这些梯田不仅是瑶族农业生产的重要场所，也成为了独特的文化景观。

在梯田耕种中，瑶族人利用山地的自然坡度，通过人工挖掘和筑造，形成一级又一级的梯田。这些梯田既能有效控制水土流失，又能确保作物获得充足的水分。由于梯田的狭窄和陡峭，大多数耕作活动仍然依赖人力和牛力，显示出瑶族人对传统农耕方式的坚持和尊重。

瑶族的梯田耕作通常遵循着一定的农业节律和社会规范。从春季开始准备土地，到秋季收割，整个过程充满了体力劳动和集体协作的精神。在耕种过程中，瑶族人不仅注重农作物的种植和管理，还非常重视水土保持和生态平衡的维护。通过修建和维护复杂的水渠系统，瑶族人确保每块梯田都能获得充足的水源。

同时，瑶族的农耕文化还包含了丰富的宗教和文化元素。例如，在播种和收割等关键时期，瑶族人会举行一系列的祭祀活动，以祈求丰收和对自然的敬畏。这些习俗不仅体现了瑶族人对土地和自然的尊重，也反映了他们的世界观和生活哲学。

## （二）狩猎

瑶族的狩猎文化是其传统生活方式的一个重要组成部分，尤其是在深山林区的瑶族社区中。瑶族的狩猎文化不仅体现了他们的生计方式，还反映了他们与自然环境的紧密联系和对自然的深刻理解。

瑶族的狩猎主要分为独猎和共猎（围猎）两种形式。

1.独猎：独猎通常是个人行为，利用挖陷阱、置铁夹、安套索、架弩炮等方式来捕捉体型较小的动物，如飞鸟、山鼠、狸等。独猎所得的猎物一般归个人所有，这种方式在一定程度上体现了瑶族人对自然资源的利用和对狩猎技艺的个人掌握。

2.共猎（围猎）：共猎或围猎是瑶族男子中更为喜爱的一种狩猎方式。围猎通常是一种社区活动，需要多人合作，参与者之间有明确的分工，如守卡、堵击、驱赶、吹牛角或口哨作信号等。在围猎中，狩猎者持续追踪野兽，甚至可能追踪数十里或连续几天直到成功捕获猎物。猎物的分配是按照一定的规则进行的，反映了瑶族社区中的合作精神和公平原则。

瑶族的狩猎文化不仅是为了生存和食物的获取，它还蕴含着丰富的社会和文化意义。

1.生态与环境的适应：瑶族的狩猎活动体现了他们对生态环境的深刻理解和适应。例如，在云南金平广西村的瑶族，狩猎前先对范围进行确定，并采取特定的生态管理措施，如放火烧山，这既是一种狩猎策略，也体现了对自然环境变化的适应。

2.社会结构与文化传承：狩猎活动在瑶族社区中也是一种重要的社会活动，它有助于加强社区内部的联系和协作。共猎的过程中，瑶族人展现了他们的团结合作和对共同利益的关注。

3.宗教信仰与习俗：在狩猎文化中，瑶族人对自然和神灵的敬畏体现得淋漓尽致。例如，在广西南丹县的白裤瑶社区，狩猎者在捕获野兽后，会砍下兽头祭谢山神，这种习俗不仅是对狩猎成功的庆祝，也是对自然界和神灵的尊重和感谢。

## 二、饮食

瑶族的饮食文化，作为中国多元文化的重要组成部分，展现了其独特性和历史演变。在中华人民共和国成立之前，平地的瑶族以大米为主食，季节性地掺杂其他粮食，而山区的瑶族则主要依赖自种的杂粮，辅以大米。这种饮食差异不仅反映了地理环境对农业生产的影响，也展现了瑶族适应不同生态环境的能力。随着中华人民共和国成立后良种水稻的推广，即便是山区瑶族也逐渐转向以大米为主食，显示出社会经济变化对饮食习惯的深远影响。

瑶族的杂粮包括玉米、红薯、芋头、粟米、高粱、荞麦、木薯等，体现了其丰富的农业种植传统。在食物匮乏的时期，瑶族人依赖山马蹄、蕨菜根、山薯等野生植物作为食物来源，这不仅展示了他们对自然资源的深刻了解，也反映了在艰难环境中的生存智慧。据《富川县志》记载，清乾隆年间瑶区的种植和贸易活动密切关联着他们的饮食文化。特别是在中华人民共和国成立前，山区瑶族通过出售木材和薪炭换取大米，这不仅揭示了他们的生计方式，也体现了经济活动与饮食选择之间的紧密联系。

现代瑶族人的饮食更为丰富多样，包括四季可供的自种蔬菜、野菜，以及家禽、家畜。他们还自制腊肉、腌菜、豆腐、豆浆等，这不仅保留了传统食品，也展示了瑶族饮食文化的创新与发展。在口味上，瑶族因居住在高寒地区，偏爱酸辣食品，这可能与当地气候和对健康的考虑有关。

综上所述，瑶族的饮食文化不仅是其文化身份和生活方式的显著标志，也是其与自然环境互动、历史变迁适应和创新能力的生动体现。

## 三、服饰

瑶族服饰文化，作为中华民族文化的瑰宝，展现了其丰富的历史底蕴和深厚的文化内涵。散落在南方高山和平地的瑶族群体，通过其绚丽多姿的服饰，如同一朵朵盛放的鲜花，展示了瑶族独特的审美和文化传承。

瑶族服饰通常由头饰、上衣、裤装或裙装、绑腿、布鞋或草鞋组成，展现了丰富的文化元素。这些服饰不仅采用了布料和丝线刺绣，还融合了银饰、植物染料，甚至竹木制的装饰物。每一件服饰都如同一件艺术品，承载着瑶族的历史记忆和民俗传统。其中，瑶族的头饰尤为引人注目，其中勉瑶支系就有尖头、平头、包帕、高架等多种类型，拉珈瑶则有其特有的飞檐式头饰。这些头饰的多样性不仅展示了瑶族文化的多元性，也反映了不同支系间的文化差异。

瑶族的服饰不仅是日常生活的一部分，更是其历史和信仰的重要载体。例如，广西田林的盘古瑶，他们的服饰富含历史意义，如头戴圆形包头、身着蓝靛布衣和五彩围裙，这些都是对瑶族祖先盘瓠的纪念。特别是胸前的银牌和红色衣襟，象征着盘王的子女们的历史故事。瑶族服饰中还融入了对祖先和历史的崇敬，如贵州狗瑶女子的狗尾衫，广东排瑶的头饰中的雉鸡尾羽或白色鸡毛，都是对历史人物或事件的纪念。这些服饰不仅是身份和文化的标识，更是历史和传说的见证。

布努瑶支系的白裤瑶服饰中，对鸡的崇拜和瑶王印的传说被巧妙地融入其中。男子的盛装和便装反映了对鸡的尊崇，而女性服饰中的"印"图案则是对失去大印历史的铭记。

瑶族服饰不仅是文化的传承，也是一种生活方式的体现。传统的制作工艺要求高，每件服饰都是手工精制，耗时耗力。然而，随着现代化的冲击和年轻一代生活方式的改变，这种传统服饰正面临着消失的危险。现代服饰的便利和简约逐渐取代了瑶族传统服饰的复杂和繁琐。加之现代教育、工作和生活方式的影响，瑶族年轻一代越来越少穿着传统服饰，这使得这一独特文化面临着严峻的挑战。

传统瑶族服饰的保存和传承也面临着困境。一些地区的传统习俗，如老年人去世时将衣饰随葬，使得珍贵的服饰和技艺难以保存。另一方面，由于制作成本高昂和技艺要求严格，瑶族女性一生可能只能制作几套传统服饰，这进一步限制了传统服饰文化的流传。

为了保护和传承这一独特的文化遗产，需要瑶族社区和整个社会的共同努力。通过教育、文化活动和旅游业等途径，提高人们对瑶族传统服饰文化的认识和重视，支持传统技艺的传承，是维护这一文化瑰宝的重要途径。

## 四、遗迹

### （一）瑶乡风雨桥

瑶乡风雨桥是中国传统建筑中的一种特殊形式，虽然并非瑶族常见的建筑，但在富川瑶族自治县，保留着数量较多、式样丰富的风雨桥，这些桥梁不仅是交通设施，也是艺术和建筑的结合体。富川县的风雨桥以其独特的结构和装饰艺术著称，其中最为著名的是位于油沐乡沐笼村黄沙河上的回澜风雨桥和青龙风雨桥。

回澜风雨桥和青龙风雨桥的建筑特色体现了中国古代建筑的精湛技艺，将北方的石券桥、南方的亭、古代的阁以及当地廊桥的造型特点融为一体，形成了具有富川特色的石券廊桥。这些桥梁的历史可追溯至明万历年间，距今已有近400年的历史。

瑶乡风雨桥所蕴含的文化价值不仅限于其建筑美学，更在于它们背后的历史和民间传说。特别是回澜风雨桥和青龙风雨桥背后的何廷枢与盘兰芝的爱情故事，反映了瑶族与汉族文化的交融，以及当地人对爱情、忠诚与美好的向往。这些桥梁不仅是交通设施，更是瑶族地区文化、历史和艺术的综合体现。

### （二）周渭祠

广西恭城瑶族自治县的周渭祠，是为纪念北宋官员周渭而建的祠堂。周渭祠是广西壮族自治区的重点文物保护单位，其建筑风格和结构展示了中国古代建筑的独特之美。尤其值得一提的是门楼，被称为"蜜蜂楼"，具有独特的建筑风格和文化意义。

周渭祠不仅是对周渭个人的纪念，更是对他一生清廉勤政、关心民生的象征。周渭关心家乡民众的福祉，尤其在减免赋税方面作出了重要贡献。他通过智慧和勤政，为家乡百姓带来了实实在在的利益，因此被百姓深深敬仰。

### （三）梅山图

《梅山图》是一件珍贵的瑶族文物，于2002年在广西恭城瑶族自治县公开展出。这幅图卷被视为共有的"族谱"和"传家宝"，在村中重要的宗教仪式上展出。它的内容不仅反映了瑶族的历史迁徙，还记录了瑶族的宗教信仰和生活方式。《梅山图》的内容丰富，包含了神仙、鬼怪、凡人等千余个形象，以及配合的诗歌和文字，是了解瑶族历史和文化的宝贵资料。

### （四）恭城婆王庙和九板戏台

恭城婆王庙和九板戏台是瑶族信仰和文化活动的重要场所。婆王庙是为祭祀婆王——瑶族信仰中盘王的妻子而建，承载着瑶族的宗教信仰和民间历史记忆。九板戏台则是瑶族社区文化生活的重要组成部分，不仅是戏剧表演的场所，也是社区集会和节日庆典的中心。这两个遗迹反映了瑶族社会的宗教信仰、文化传承和社区生活。

### （五）蓝田瑶洞和围屋

蓝田瑶洞和围屋则展示了瑶族的传统居住形式。瑶洞作为瑶族早期的居住遗址，反映了瑶族适应自然环境和保护自身安全的智慧。这些洞穴的发现和研究对于理解瑶族的生活习俗和历史演变具有重要意义。围屋作为瑶族的传统民居，其建筑结构和风格反映了瑶族建筑艺术的特点和对居住环境的适应性。这些建筑遗存不仅为研究瑶族的历史和文化提供了珍贵的实物资料，也是瑶族传统生活方式的见证。

综上所述，这些遗迹是瑶族文化的重要组成部分，体现了瑶族的历史、宗教信仰、社会生活和建筑艺术。它们不仅对瑶族自身的文化传承具有重要意义，也对研究中华民族多元文化提供了宝贵的资料。保护和研究这些遗迹，对于传承和弘扬瑶族文化，以及促进民族文化的多样性和包容性，具有深远的意义。

## 五、建房

在瑶族社区中，建造新房不仅是一件家庭的大事，更是整个社区共同参与的事件。在建房过程中，村民之间的互助精神尤为显著。亲友和邻居会自发地来帮忙施工，这种互助通常不涉及金钱报酬，主家需负责提供饮食招待。在建房的重要阶段，如上梁或新居落成，主家会举行庆祝活动，并且邀请亲友参加，这时亲友们会带礼物来祝贺。

瑶族在建房时，对于房屋的位置和方向选择非常讲究。他们认为房屋的位置和朝向不仅影响住户的日常生活，更关系到家庭的兴衰。因此，在选址和建造之前，往往会请有经验的师傅或风水先生来看风水、选龙脉。甚至房屋的大门方向，也会根据主人的命相来确定。瑶族民间流传有关于门户朝向与命相关系的说法，如金命的大门朝北，木命的大门朝南，水命的大门向西或向北，火命的大门朝东或朝南，土命的大门朝西或朝南。

在建房的过程中，瑶族还非常重视传统的仪式和习俗。例如，上梁仪式不仅是建筑过程中的一个技术环节，更是一种文化和宗教的表达。上梁时，会选用特定的木种，如大杉木，并且确保这些木材在生长过程中周围有繁盛的次生林，以此象征家族的繁荣和多子多孙。上梁仪式包括祭拜、念咒、烧纸钱等活动，旨在祈求先祖和土地神的保佑。此外，还会进行一系列的吉祥动作，如将谷子、大米、糍粑、瓜子和零钱撒向人群，寓意着富贵繁荣和子孙满堂。

瑶族的建房文化不仅反映了其对自然和环境的尊重，也展示了他们社区合作和相互支持的精神。这种文化传统在现代依然得以保留，虽然建筑习俗已经有所简化，但其背后的社区精神和文化意义依然深刻。瑶族人将建房视为家庭生活中的重要事件，凸显了他们对家庭、社区以及传统文化的重视。瑶族建房的过程不仅是建造一个居住空间，更是一种文化和社会活动的体现。在这个过程中，社区成员的互助、传统仪式的遵循，以及对环境的敬畏都是不可或缺的部分。通过这样的活动，瑶族社区不仅建造了房屋，还加强了社区内部的联系，传承了瑶族的文化和信仰。

## 第二节 瑶族的社会文化

### 一、交往礼仪

在瑶族社会文化中，交往礼仪是其重要的一部分，体现了瑶族人民的热情与礼仪之美。瑶族人在日常生活中非常重视礼貌和尊重，这在他们的日常交往中有着明显的体现。

瑶族社会的基本交往礼仪体现在日常的问候上。不论是在瑶族村寨还是在日常生活中，两个人相遇时，无论是否认识，都会互相打招呼。这种习惯在接触外来游客时也同样体现出来，瑶族人会以微笑和友好的话语欢迎外来者，如"来玩啊"或"进屋坐"，这种热情好客的态度常常让外地人深受感动。

在瑶族的家庭和社区中，对长辈的尊重是非常重要的一环。年轻一代在遇到长辈时，会主动打招呼并礼让，表达对长者的尊敬。例如，年轻人遇到老人要主动让路，在吃饭时，会主动为老人添饭加菜，确保长辈的舒适和尊荣。

瑶族社区中，对客人的接待也充满了礼节性。访客到达时，首先需要与主妇打招呼，这是对家庭的尊重，忽略这一礼会被认为是无礼的表现。

另一个独特的交往礼仪是"老同"制度。在瑶族社会中，若两个人年龄相仿且感情好，认为可以长久交往，就可以结交为"老同"，象征着亲如家人、互相帮助的深厚关系。这种关系可以跨越性别、年龄和民族的界限，成为一种深厚的情谊。结交"老同"通常不需要复杂的仪式，有时通过共同进餐或共饮交臂酒来表示，或者仅仅通过行为来体现这种特殊的关系。

"老同"之间会像对待自己的家庭一样互相帮助，在对方家有重要事件时互相支援。无论是建新房、举办红白喜事、还是农忙时节，他们会像对待自己家的事情一样去帮忙。这种互帮互助的精神体现了瑶族社会的团结和和谐。

在瑶族的节日庆典或特别的日子里，如春节等传统节日，或者杀猪宰羊等重要时刻，"老同"之间会互相邀请对方参加聚餐，如亲人一样共享欢乐。这种传统不仅增强了社区成员之间的联系，也促进了瑶族文化的传承和社区的凝聚力。

总之，瑶族的交往礼仪反映了其社会的和谐、尊重和团结。无论是在日常生活的相互问候中，还是在"老同"这一独特的社会关系中，都体现了瑶族人民对礼仪、尊重和社区精神的重视。这些礼仪不仅是瑶族文化的重要组成部分，也是他们社会和谐与稳定的重要基石。

## 二、生庆

瑶族的生庆习俗是其文化中重要的一环，体现了对生命与长寿的尊重及庆祝。这些习俗不仅强化了家庭与社区的纽带，也展现了瑶族人对于人生重要时刻的敬畏和珍惜。

## （一）诞生

孩子的出生是瑶族一个值得庆祝的重大事件。瑶族有为新生儿举办庆生酒的传统，通常选择在婴儿出生的第三天举行"打三朝"。这一天，村民会聚集一起，分享喜悦，亲友们则会送上礼物，如红包、新衣饰、鸡蛋等，以祝福婴儿和母亲。在某些地方，父母会进行感恩神祇的仪式，祈求孩子健康，然后用鸡血和酒混合，象征着对生命的庆祝。此外，有的地方还会在孩子满月时举行庆祝活动，如"姜酒"，并且产妇会回娘家"走满月"。

茶山瑶族有独特的"出世标"习俗，孩子出生后，在屋前竖起标志，以表示家庭的喜悦。如果孩子体弱多病，瑶族有寄拜父母或自然之物的习俗，希望借此保佑孩子健康成长。

## （二）寿庆

对于长辈的寿庆，瑶族同样十分重视。瑶族社会中存在着"大生日"和"小生日"之分，大生日通常是每十年庆祝一次，而小生日则是每年进行。不同地区的瑶族人庆祝寿辰的起始年龄和方式可能有所不同，但总体上都体现了对长辈的尊敬和祝福。

例如，连山瑶族男女30岁起逢十做寿，举行的庆祝活动包括悬挂寿幛、粘贴寿联和亲友赠送寿礼。晚上则会举行"坐歌堂"活动，通过歌唱表达对长者健康长寿的祝愿。在东宅江瑶寨等地，老人从60岁起每10年庆祝一次大寿，庆祝仪式通常非常隆重，包括宴请亲朋好友、进行拜寿仪式，以及唱祝寿歌。这些庆祝活动不仅是对老人的尊敬和祝福，也是家族和社区团结的体现。

瑶族的生庆文化凸显了他们对生命各个阶段的重视和尊崇。从婴儿诞生到长辈的寿庆，每一个重要的时刻都被赋予深厚的文化意义和社会价值。通过这些庆祝活动，瑶族不仅展现了他们对家庭成员的爱和敬重，也加强了社区成员间的联系和团结。这些传统习俗的传承和实践，不仅丰富了瑶族的文化生活，也为研究和理解瑶族的社会文化提供了重要视角。

## 三、取名

瑶族的取名文化是其社会文化中的重要组成部分，反映了瑶族对于身份、家族和文化传承的重视。从姓氏的选择到幼名、成人名、法名的赋予，每一个环节都蕴含着深厚的文化意义和社会价值。

### （一）姓

瑶族的姓氏文化源远流长，最具代表性的是过山系瑶族的12姓，这些姓氏源于盘瓠神话，是瑶族身份认同和族籍界定的重要标志。这12姓在不同地区有所差异，表明在漫长的历史和迁徙过程中，记忆的模糊和遗失影响了姓氏的传承。盘姓作为盘瓠王的直接后裔，占据了所有12姓之首的位置。此外，瑶族还有其他常见姓氏，如莫、韦、潘等，这些姓氏的来源既有吸收其他民族姓氏的情况，也有从过山系瑶族姓氏中衍生而来的。

### （二）幼名

瑶族的幼名在婴儿初生时取得，通常由长辈或家族中的长者命名。幼名的命名法多样，可能与出生的时间、地点、行次甚至天干有关。不同的瑶族分支有着不同的命名习俗。例如，茶山瑶在满月酒时给婴儿取单字名，而山子瑶则有固定的幼名习俗。巴马瑶族则是在满月时由长者命名，名称多采用特别的称呼或与孩子的出生情况相关的名字。

### （三）成人名

瑶族的成人名通常在成年礼或上学前取得，由姓、辈分和本名组成。辈分字的排列和传承方式非常讲究，要通过家族的谱词或流水簿来确定。辈分字的循环周期有所不同，有的长达二三十字。在一些瑶族地区，成人名的辈分字还会按照"十天干"顺序排列。

### （四）法名

法名，又称为"阴号"，是瑶族男子成年后在特定仪式中由"师公"授予的。法名一般由三个字组成，包括姓、"法"字以及个人的名字或另选的一个字。法名的赋予通常伴随着"挂灯"仪式，标志着个人在灵魂世界中的地位。在瑶族文化中，法名具有重要的宗教和文化意义，它还代表着个人在族群中的精神身份和地位。此外，部分男性在取得法名若干年后，还会经历更高级别的"加职"仪式，获取"郎"的称号，这是一种对个人德行和社会地位的认可。

女子在瑶族社会中一般没有法名，她们在丈夫去世后，会以娘家姓氏和丈夫的法名结合的方式记入家谱。

中华人民共和国成立后，特别是20世纪60年代以后，瑶族的命名习俗受到了汉族文化的影响。除姓氏继承先祖外，本名的取名越来越多地吸收汉族的命名文化，使得传统的命名习惯逐渐发生变化。

总之，瑶族的取名文化丰富多样，不仅反映了其对家族、族群和文化传承的重视，也体现了其独特的社会结构和文化特色。从幼名到成人名，再到法名的赋予，每一步都蕴含着深厚的文化意义和社会价值，是瑶族文化中不可或缺的一部分。

## 四、婚姻习俗

### （一）婚姻形式

中华人民共和国成立以前，瑶族的婚姻形式丰富多样，反映了其独特的社会结构和文化传统。瑶族婚姻的多样性不仅体现在婚姻关系的建立方式上，还体现在婚后夫妻的生活形态和家庭结构上。

1.全招与半招半嫁。"全招"是一种较为传统的婚姻形式，即嫁娶双方中的一方完全加入对方家庭，改从对方姓氏，并完全融入对方家族。在"半招半嫁"的形式中，则存在多种变化，如嫁者改从娶者姓，但所生子女中有一部分从嫁者姓，或者双方维持各自的姓氏，子女按一定顺序交替从父母姓。这种形式体现了瑶族对家族血脉和姓氏传承的重视。

2.名义夫妻。名义夫妻，主要在一方或双方已有子女的情况下发生，双方只形式上结为夫妻，各自独立生活，不介入对方的经济和生产活动。这种婚姻形式多见于离异或丧偶者，反映了瑶族社会对于个人选择的尊重。

3.担名婚姻。"担名"婚姻是广东乳源瑶族中的一种特殊婚姻形式，其中女方在未婚的情况下怀孕后，父母会为其寻找一名名义上的丈夫。这种形式的婚姻关系较为松散，不涉及财产交换，更多是基于家族和社会的需要。

4.婚姻中的家庭结构。在瑶族社会中，由于多种婚姻形式的存在，家庭结构相对复杂，一个家庭可能存在多个姓氏。瑶族的婚姻制度中，招郎（上门女婿）比嫁女更为普遍。除了长子外，其余儿子可能会被过继给其他家庭或成为上门女婿。同时，没有子女或儿子早逝的家庭也会招郎来继承家族。这种做法在一定程度上保障了家庭和家族的延续。

瑶族的婚姻形式，从全招到半招半嫁，从名义夫妻到担名，反映出瑶族社会对于婚姻和家庭关系的灵活态度。这些婚姻形式在满足社会和文化需求的同时，也体现了对个体选择的尊重和对多元家庭形态的包容。瑶族婚姻的多样性不仅是其文化的一个重要方面，也为研究中国民族文化中的家庭和婚姻提供了丰富的视角。

## （二）婚姻礼仪

瑶族的婚姻礼仪是其文化中非常重要的一个方面，它不仅是两个人结合的仪式，也是两个家庭，甚至是两个村寨之间关系的重塑和确认。瑶族的婚礼根据不同地区和族系，有着各自的特色和习俗。

1.婚礼准备与仪式。在瑶族婚礼中，男女双方家庭都会准备各种礼物和

## 第二章 瑶族的文化艺术研究

仪式。首先是男方家庭向女方家庭表达婚姻意愿，这通常通过送礼物的方式进行，被称为"投石问路"。在女方家庭同意后，会邀请"八字先生"来择定婚期，并进行必要的准备。瑶族婚礼中，嫁妆的商定是重要环节，通常包括新娘的首饰、衣服、鞋袜等，以及特定数量的猪肉作为"亲家头"和"月老"担。此外，还有向女方亲友赠送礼品，如"雨伞"。

2.婚礼的主要环节。婚礼的当天，男方家庭会准备迎接新娘的队伍，并在新娘到来时举行一系列驱邪的仪式，如喷水撒米等。新娘进入男方家之前还需进行洗脚换鞋的仪式，象征着踏入新生活。在婚礼现场，会设有特别的供桌，进行祭祀祖先和神灵的仪式，以及新郎新娘交杯酒的仪式。在这个过程中，新人需向天地、祖宗和父母行拜礼，并饮交杯酒，这象征着他们对于传统和家庭的尊重。新郎新娘还需参加"天地合欢堂"的仪式，表明他们正式成为夫妻。

3.婚宴与社交活动。婚礼中的宴席也是重要的一部分，通常由男方家庭主办。在宴会上，双方家庭的亲属和朋友聚集在一起，通过共餐来庆祝这个重要时刻。在一些瑶族地区，还会有特别的歌舞表演和传统音乐来助兴。

4.散亲仪式。婚礼的第二天，通常会举行"散亲"仪式，这是婚礼结束的标志。在这个仪式中，女方家庭的亲朋好友将离开男方家庭，并带回各种礼品。这个仪式是对女方家庭的感谢和尊重的表达。

值得注意的是，瑶族婚礼的具体习俗会根据不同的地区和族系有所不同。例如，在云南省文山瑶族地区，邀请亲朋好友参加喜事，是通过香烟来传递消息，而非信件或请帖。在女家招郎的情况下，还会有特别的"问烟"仪式，通过对歌来表达欢迎和盘问来意。

总的来说，瑶族的婚姻礼仪不仅是两个人结为夫妻的仪式，更是一种文化和社会的体现。它反映了瑶族对于家族、社区以及传统文化的尊重和传承，是瑶族社会文化中不可或缺的一部分。

## 五、丧葬习俗

瑶族的丧葬习俗反映了其对生命、死亡和自然的深刻理解及尊重。传统土葬包括一次葬和复葬，且各地区具有特色。一次葬通常伴随宗教氛围和仪式，如湖南永州的瑶族地区，家属会进行一系列准备和仪式，体现对死者的尊重。复葬在勉瑶等地普遍，先进行土葬，后再拾骨放入金坛，再次安葬。对非正常死亡者的处理方式更加简单和快速，表明对这类死亡的特殊看待方式。

火葬、树葬和岩葬等丧葬方式体现了对于死亡的多样化处理和深厚的传统信仰。火葬在蓝山县荆竹瑶区的"代火化"习俗中，非正常死亡者通过火化象征着灵魂的净化。树葬，或称"挂葬""风葬"，是将死者置于大树上自然腐化的方式，20世纪50年代末金秀地区的茶山瑶和花蓝瑶仍实行此葬法。岩葬则利用当地特有的喀斯特地貌，如荔波青裤瑶中将死者的棺木放置于溶洞中。

这些葬法体现了瑶族对生命轮回、精神世界以及自然和谐共存的深刻理解，其中火葬、树葬、岩葬等不仅是对逝者的告别，也是对生命、祖先及自然的敬畏。通过不同的丧葬方式，瑶族展现了其对生命的尊重、对先人的怀念以及对传统文化的继承和发扬。

## 六、节庆

### （一）达努节

达努节，作为瑶族重要的传统节日，是瑶族文化中一个极具象征意义的庆典。在瑶族人的心中，达努节不仅是对祖先和历史的纪念，更是一种对未来生活的祈愿和展望。

这一节日的历史可以追溯到远古时期，与瑶族的祖先密洛陀的传说密切相关。密洛陀不仅是瑶族的创世神，也是智慧和勇气的象征。在达努节这

## 第二章 瑶族的文化艺术研究

天,瑶族人民通过举行各种仪式和活动来纪念她,同时也祈求她的保佑和指引。

达努节期间,瑶族村寨洋溢着喜庆祥和的气氛。家家户户进行彻底的打扫,准备各式各样的美食和酒水,以示对祖先的敬意和对生活的珍惜。节日期间,瑶族的男男女女穿着传统服饰,互相走访,共享美食,增进情谊。

在这些活动中,铜鼓舞是最为引人注目的。铜鼓舞不仅是一种舞蹈,更是瑶族文化的一个重要标志。伴随着铜鼓的深沉韵律,舞者们以优美的舞姿表达对祖先的敬仰和对生活的热爱。

对歌和唱古歌活动,是达努节中青年男女交际的重要环节。通过歌声,他们表达情感,寻找生命中的另一半。这些歌唱活动不仅是文化传承的方式,更是情感交流和社交互动的平台。

### (二)盘王节

盘王节,作为瑶族文化中一个重要的传统节日,具有深厚的历史和文化背景。这个节日不仅是对瑶族祖先盘王的纪念,也是展现瑶族文化魅力和增强族群认同感的重要时刻。

盘王节源于古老的盘瓠神话和渡海神话,这些神话不仅反映了瑶族人民对自然界和神灵的敬畏,也体现了他们的起源和历史。盘王被视为瑶族的祖先,象征着智慧和勇气,因此这个节日具有极高的精神意义。

节日的庆祝活动主要集中在歌舞上。盘王歌和盘王舞是这个节日中最具特色的部分,通过这些歌舞,人们表达对祖先的敬仰和感谢。歌舞不仅是一种娱乐活动,更是一种文化传承和表达。

此外,盘王节还包括了许多传统的舞蹈和游戏,如狮舞、草龙舞和牛角舞,这些活动不仅增加了节日的趣味性,也丰富了瑶族的文化内涵。对歌、答歌等活动则是青年男女交际和情感交流的重要方式。

### (三)赶鸟节

赶鸟节,也称为"禁鸟节"或"鸟仔节",主要在湖南江华、江永地区流行。每年农历二月初一举行，这个节日源于瑶族历史上的一段故事。传说中，瑶族人曾因山区鸟害严重而导致收成失败。一位瑶族姑娘用她的歌声在白头山吸引了成群的鸟儿，从而帮助族人获得了好收成。自此，瑶族人便在每年这一天举行赶鸟节。

在赶鸟节期间，老年人会制作"鸟仔粑粑"，意在让鸟儿吃了粑粑后无法再吃谷子。当天，瑶族人不进行农活，并严禁走过耕地。晚上，人们互访品尝"鸟仔粑"，以求来年好运。同时，男女青年们则会穿戴节日服装，在山头聚会唱歌、猜歌，这不仅是庆祝丰收的活动，也是青年男女交流情感的场合。

**（四）尝新节**

尝新节是瑶族庆祝丰收和感谢自然恩赐的节日，各地称呼各异，如"半年节""保苗节""盘王节"等。时间通常在每年农历六月或八九月份，即早稻收割前。在这个节日中，瑶族人会收割新禾谷，制作成新米饭，摆设酒宴庆祝。

尝新节的庆祝活动包括先向祖先敬献酒肉米饭，然后全家人围坐享用新米饭和美酒。此外，节日里还有将肉饭喂给狗和牛的传统。这源于一个故事，讲述瑶族祖先从天界获得稻谷的传说。在故事中，是忠诚的狗带回了谷种，而牛则因其辛勤耕耘的贡献而受到尊敬。因此，在尝新节中，瑶族人将狗和牛纳入庆祝之中，表达对它们的感激之情。

**（五）晒衣节**

晒衣节是瑶族的传统节日，主要流行于广西桂平县的盘瑶地区，每年农历六月初六举行。这一天的阳光被认为具有强烈的消毒作用，能防止衣物发霉或遭虫蛀。在节日的早晨，瑶族人会将家中的衣裙和饰品拿出来晾晒。晒衣的过程是整齐有序的，衣物被摊开在竹垫上或挂在竹竿上，经过几个小时的阳光暴晒后，再放回原处。到了傍晚时分，全寨人会站在晒谷坪上，对着西沉的太阳频频招手，表示对太阳的感激和崇敬。在广西龙胜各族自治县和

第二章　瑶族的文化艺术研究

平乡金坑梯田的红瑶地区，晒衣节已发展成为国内外知名的节庆活动，成为红瑶衣饰的展示长廊。现代的晒衣节增添了很多新内容，如晚上用火把照明和烟花表演，将古老的梯田点亮，展现壮观的场面。

### （六）干巴节

干巴节是瑶族每年农历三月初三庆祝的另一个传统节日。节日的活动内容通常在农历二月下旬便开始筹备，各个村寨分工合作，男子们上山狩猎或下河捕鱼，准备好相应的工具和器物。而家中的老人和妇女则在家中准备节日食物，如宰杀家禽、制作糯米食品等，等待狩猎者带回战利品。节日当天，男子们带着工具早早出发，晚上则与家人共享劳动成果。如果有小伙子空手而归，会被姑娘们取笑，所以每个人都尽力捕获猎物。节日晚上，人们相互访问，饮酒对歌，处处洋溢着欢乐的节日气氛，这是一个展示瑶族狩猎和捕鱼技艺的重要场合，同时也是社区成员共享成果、增进友谊的时刻。

### （七）耍歌堂

耍歌堂是瑶族排瑶人民的一项重要文化活动，主要流行于广东省清远市连南瑶族自治县的多个镇。这项活动集合了祭祖、出歌堂、过州舞、长鼓舞、瑶歌演唱和对唱、法真表演、追打黑面人等多种形式，反映了排瑶文化的丰富性和多样性。耍歌堂有着600多年的历史，是连南排瑶纪念祖先、追忆历史、庆祝丰收、酬谢还愿、传播知识和群众娱乐活动的综合体现。耍歌堂在排瑶没有本民族文字的背景下，成为了文化交流和历史传承的重要载体，其所传诵的瑶经不仅提供族源证据，还反映了古代岭南地区的历史。耍歌堂中的装饰、服饰、舞蹈及使用的乐器均展现了瑶族的民族艺术风格。

### （八）姑娘节

姑娘节，又称"阿妹节"，是瑶族的传统节日，每年农历四月初八举行。节日吸引着来自各地的瑶族姑娘们穿着民族服装参加集市，使得节日氛围充满欢乐。瑶族人民通过歌舞表演来表达自己的热情与风采。青年男女们通过歌曲和舞蹈进行情感交流,如果姑娘们看中了心仪的对象,会通过赠送花带或银饰表达爱意。节日中还包括户外野餐和厨艺比赛,展示了瑶族特色的"三花食品":花蛋、花糍粑、花糖。姑娘节是瑶族青年社交和文化展示的重要场合。

### (九)清明节

瑶族的清明节传统上以房族组织进行,参与者主要是每户的男丁。节日费用来自于先祖留下的清明田收入或者男丁集资。清明节的活动包括集中会餐、划拳猜码,并在宴后讨论祭祖扫墓事宜。扫墓时,瑶族人会为亲人的坟墓献上酒肉、祭品,清除杂草或重新垒土,并有栽"摇钱树"的习俗。清明节对瑶族来说,不仅是祭拜祖先的日子,也是追寻家族源流、确认身份、增强家族凝聚力的重要时刻。此外,清明节还有新生儿"进丁"习俗,必须在清明节举行仪式,才被正式接纳为宗族成员。这个节日对于经历了迁徙和分散的瑶族来说,意义尤为深远,是他们族群身份和文化认同的重要标志。

## 七、禁忌习俗

### (一)禁忌日

瑶族的禁忌日反映了其对自然和神灵的敬畏。例如,"禁风节"中的静默表达了对天神的尊重,而"禁害日"的设定则反映了对动植物和自然界的保护意识。这些禁忌日不仅仅是对自然和神灵的敬畏,也是社区成员相互尊重和保护环境的一种表达方式。

### (二)日常禁忌

瑶族的日常禁忌涉及到生活的方方面面,从饮食到家庭习俗,从社会交往到生产活动。这些禁忌反映了瑶族人对生活秩序和自然规律的尊重。例如，对火塘的敬畏体现了家庭生活的中心地位；在饮食上的禁忌则反映了瑶族人对食物来源和食物安全的重视。同时，这些禁忌还体现了对家族长辈和祖先的尊重，以及对自然环境和生产工具的尊重。

这些禁忌习俗在瑶族文化中发挥着重要的作用。它们不仅是社会规范和行为准则，也是瑶族文化的一部分。这些习俗在日常生活中的实践，不仅帮助维护社会秩序和文化传统，还促进了瑶族社区的和谐与团结。瑶族的禁忌习俗体现了其对于自然和社会环境的深刻理解，同时也显示了其独特的文化身份和价值观。这些习俗在瑶族文化和社会生活中占据着不可或缺的地位，是理解和研究瑶族文化不可忽视的重要方面。

# 第三节 瑶族的文学艺术

## 一、瑶族文学的特征

瑶族有着与其他民族不同的历史进程，因此，瑶族文学必然具有它自己的一些特点。这些特点表现在如下几个方面。

### （一）形象地再现了本民族的历史

瑶族文学作为一种文化遗产，深刻地反映了瑶族的历史与文化。这些文学作品不仅是瑶族历史的见证，也是瑶族文化传承的重要载体。

瑶族的历史在其文学中得到了形象和深刻的再现。从远古的神话传说到近代的历史事件，瑶族文学作品通过各种形式，如神话、传说、歌谣、民间故事等，展现了瑶族人民的生活、信仰和斗争历程。

在远古社会，瑶族文学所反映的是一个较为模糊的时期，充满了神话和传说。例如，《大藤峡的传说》《金龙出大洞》等作品，尽管带有浓郁的神话色彩，但它们对于理解瑶族社会的早期形态及其文化起源具有重要意义。

随着社会的发展和阶级的形成，瑶族文学逐渐转向更为现实的历史事件和人物的描绘。《豆腐八王》《雷再浩的故事》和《黎水保的故事》等作品，围绕着历史人物和事件展开，不仅真实地记录了瑶族人民的历史，还反映了他们的生活方式和斗争精神。这些作品在史实上与汉族的历史记载大体相符，显示了其真实性和历史价值。

在瑶族文学中，特别是歌谣和民间歌曲方面，体现了瑶族历史的多个方面。如"信歌"记录了瑶族人民的迁徙历史，"历史歌"揭示了不同瑶族支系的来历，"纪事歌"讲述了瑶族人民的苦难经历。这些歌谣和歌曲不仅是瑶族历史的直接记录，也是研究瑶族社会、文化和历史的重要资料。

瑶族文学的这些特征表明，它不仅是文学创作，更是一种历史记录的方式。通过文学，瑶族人民把他们的历史、文化和生活方式传递给后世，使得这些宝贵的文化遗产得以保存和发扬。这些文学作品不仅是瑶族文化的组成部分，也是中华民族文化宝库中的璀璨明珠。

## （二）鲜明地反映了刚强的民族性格和反抗斗争精神

瑶族的文学作品不仅记录了他们的历史和文化，更鲜明地反映了瑶族人民刚强的民族性格和坚定的反抗斗争精神。这些作品在艺术上的表达和情感的抒发，深刻揭示了瑶族人民在面对外来侵略和内部压迫时所表现出的坚忍不屈的精神。

瑶族文学中的英雄人物和传说故事，往往体现了瑶族人民对自由和正义的不懈追求。例如，传说中的英雄人物如《密洛陀》中的创世神话人物，以及《格怀射太阳》中的射日英雄，都显示了瑶族人民对自然界和命运挑战的勇气和智慧。这些神话故事不仅是对古老传统的传承，更是对瑶族人民不屈精神的颂扬。

在瑶族的历史斗争中，民间传说和歌谣是反抗精神的重要表达形式。许多歌谣和故事描绘了瑶族人民抵抗外来侵略者和压迫者的英勇事迹，比如

第二章　瑶族的文化艺术研究

《豆腐八王》《金龙出大洞》等，都描绘了瑶族人民在面对压迫和挑战时的英勇和智慧。

瑶族歌谣中的某些歌词，如"上山砍柴不怕虎，下河捕鱼不怕龙"，不仅是对生活环境的生动描述，更体现了瑶族人民面对困难和挑战时的勇气和决心。这些歌谣不仅是对瑶族反抗精神的赞颂，也是瑶族人民坚强不屈精神的生动体现。

总之，瑶族文学的这些特征不仅丰富了中华民族的文化遗产，也为我们了解和研究瑶族的历史、文化和社会提供了重要的视角。通过这些文学作品，我们能够深入理解瑶族人民的历史遭遇、民族性格和文化特质，从而更全面地认识这一古老民族的文化与精神世界。

## （三）具有浓郁的民族色彩和生活气息

瑶族文学，通过其丰富多彩的表现手法，深刻地描绘了瑶族的历史、文化、生活方式和民族特色，展现出浓郁的民族色彩和生活气息。

首先，瑶族文学中对民族历史的描绘是其独特魅力的一部分。作品如《盘王的传说》不仅讲述了瑶族的起源和发展，而且展现了瑶族先民的信仰和图腾文化。这些故事为瑶族人民提供了文化认同感的同时，也让外界更深入地了解瑶族的历史和文化传统。

其次，瑶族文学生动地展现了瑶族的日常生活和习俗。例如，《达努节的传说》《长鼓的传说》生动描绘了瑶族的传统节日和习俗，呈现了一个充满生机和色彩的瑶族社会。这些作品不仅是瑶族文化传统的重要载体，也是瑶族社会精神生活的重要组成部分。

此外，瑶族文学在描述自然环境时，如《千家峒的传说》《圣堂山的传说》中的瑶山美景，不仅向读者呈现了瑶族地区的自然风光，而且反映了瑶族人民与自然的和谐共处。这些故事中的自然描绘，既是对瑶族地区美丽景观的赞颂，也是瑶族人民环保意识和自然崇拜的体现。

瑶族文学中还经常融入瑶族的民间艺术和手工技艺，如织布和染色。这些细节不仅丰富了瑶族文学的内涵，也展示了瑶族人民的生活智慧和艺术才能。通过这些生动的描写，瑶族文学成为了瑶族文化多样性和独特性的一个重要窗口。

### （四）对动物的描绘和描述，占据了相当大的比重

瑶族文学作品中对动物的描绘和描述，占据了相当大的比重。这一特点不仅反映了瑶族与动物之间的密切关系，也展现了瑶族人民对动物深厚的情感以及他们的自然观。

第一，动物在瑶族文学中经常被赋予人格化特征，成为故事的核心角色。例如，在瑶族的创世神话《密洛陀》中，动物如长尾鸟、聋猪、乌鸦、老鹰等在创造人类的过程中扮演了重要角色，其中老鹰的贡献尤为突出。这些故事反映了瑶族人民对自然界和动物的深切敬畏与尊重。

第二，瑶族文学中的动物故事通常充满想象力和寓意。动物不仅被描绘成能与人类交流的伙伴，还经常被赋予超自然的能力，成为传递道德和智慧的媒介。这些故事中的动物形象丰富多彩，既有真实动物的生活习性，也有富有幻想色彩的人格化特征。

第三，瑶族文学中的动物故事往往与瑶族人民的日常生活紧密相连。这些故事不仅是娱乐，更是瑶族人民教育后代、传承文化和表达世界观的重要途径。动物在这些故事中常常成为勇气、智慧、忠诚和爱的象征，传达了瑶族人民的价值观和世界观。

第四，瑶族的动物故事还体现了瑶族人民与自然的和谐共处。瑶族居住在山区，与各种动物共同生活，对动物有深刻的了解和情感。这种与动物和谐共处的生活方式被融入文学作品中，展现了瑶族人民对自然的尊重和爱护。

总之，瑶族文学中的动物故事不仅展现了瑶族人民对动物的深厚情感，也反映了他们对自然的敬畏和尊重，以及与自然和谐共处的生活哲学。这些作品是瑶族文化独特魅力的重要体现。

### （五）具有传授文化知识的特殊作用

瑶族民间文学作为传递和传授文化知识的重要工具，其作用不容小觑。

## 第二章 瑶族的文化艺术研究

瑶族由于历史上缺乏统一的文字系统，因此将大量文化知识、社会规范、历史故事等蕴含于口头文学中，如神话、传说、歌谣等。这些文学作品不仅承载着丰富的历史和文化信息，还在一定程度上起到了教育和传承的作用。

例如，瑶族的"字歌"通过创意将汉字融入歌谣，使得瑶族人民在享受音乐的同时，也能学习到汉字。这种方法在当时的瑶族社会中，是一种非常有效的文字教育方式，尤其对于那些无法接受正规教育的瑶族人民来说，这种方式无疑提供了学习和了解外界文化的窗口。

此外，瑶族的《何物歌》属于谜歌之类，则涉及到更广泛的知识领域，如自然现象、动植物特性、天文地理等。这些歌谣在娱乐的同时，也传递了大量实用的知识和信息，对于生活在自然环境中的瑶族人民而言，这些知识具有实际的应用价值。

更重要的是，这些文学作品以其独特的艺术形式，加强了知识传递的效果。它们不仅仅是干巴巴的知识传授，更融入了瑶族人民的情感和审美，使得知识传递变得更加生动和吸引人。这种艺术化的知识传递方式，不仅促进了文化的传承，还丰富了瑶族的精神文化生活。

综上所述，瑶族民间文学在传授文化知识方面具有特殊的作用。它不仅承载着瑶族的历史和文化，还在教育和传承知识方面发挥着重要作用，是瑶族文化传承的重要组成部分。

### （六）文学式样丰富多彩，表现手法绚丽多姿

瑶族文学的多样性和艺术性，通过其丰富的文学式样和绚丽的表现手法展现得淋漓尽致。这些作品不仅记录了瑶族的历史和文化，还展示了瑶族人民的思想情感和生活方式。

在瑶族文学的众多形式中，歌谣尤为显著，它们反映了瑶族的日常生活、历史记忆、情感表达和文化信仰。瑶族歌谣的形式多样，从叙事歌曲到情歌，从祭祀歌曲到劳动歌曲，每一种都具有鲜明的民族特色和深刻的生活内涵。例如，《撒旺》歌《香哩》歌等，不仅在形式上多样，而且在内容上富含情感和哲理，折射出瑶族人民的生活态度和文化精神。

在表现手法上，瑶族文学广泛运用了比喻、兴喻等修辞手法，使得作品

语言鲜活、形象生动。比如,瑶族情歌中常用自然界的景象或事物来比喻情感的深沉和复杂,如用山川、植物来象征爱情的恒久和纯粹,增强了文学作品的艺术感染力。

此外,瑶族文学中的排比、对仗等修辞手法也极为常见,尤其在歌谣中表现得尤为突出。这些修辞手法不仅使得作品语言节奏感强烈,而且深化了情感的表达和艺术的效果。

综上所述,瑶族文学的多样性和艺术性不仅丰富了中国民族文学的内涵,也为我们研究瑶族的历史、文化提供了珍贵的视角和丰富的素材。通过这些文学作品,我们可以更深入地理解瑶族人民的生活实践、情感世界和文化传统。

## 二、瑶族文学发展概况

瑶族文学,作为中国民间文学的重要组成部分,展现了瑶族丰富的文化传统和历史变迁。由于大多数瑶族文学作品无文字记载,主要依靠口头传承,这使得瑶族文学史的研究面临一定的挑战。然而,马克思主义文学理论认为文学是社会生活的反映,因此对瑶族文学作品的断代研究主要基于作品内容、艺术风格以及体裁产生的时代。

瑶族文学发展可大致分为四个时期:

(1)远古文学时期(隋代以前):这一时期的文学主要以神话和古歌为主,反映了瑶族先民对自然界和人类起源的朴素认识。代表作品如《密洛陀》神话和《盘瓠》神话等,展示了瑶族文化的特色。

(2)古代文学时期(唐代至清代):这一时期的瑶族文学更多地反映了民族斗争和阶级斗争的内容。在这一千多年的历史进程中,瑶族经历了多次迁徙和反抗斗争,产生了丰富的歌谣和传说,如《盘王歌》《侯大荀的传说》等。

(3)近代文学时期(鸦片战争至五四运动):这一时期的瑶族文学反映了更加尖锐的阶级矛盾,民间叙事诗、传说和故事在这一时期有了显著发展,如《里八洞》《桑妹与西郎》等。

（4）现代文学时期（1919年至今）：这一时期包括新民主主义革命文学和社会主义文学两个阶段。这一时期的文学作品主要歌颂中国共产党的领导和社会主义新生活，同时，书面文学也开始得到发展。

瑶族文学的这一分期虽然基于目前的研究成果，但可能并不完全符合瑶族社会和文学的实际发展。这需要我们继续深入探索和研究。

## 三、瑶族文学与其他民族文学的交流

几百年来，瑶族与汉族、壮族、苗族等多个民族共同生活、互相毗邻，在经济、政治上互动交流的同时，在文化领域也展开了广泛的交流，促进了瑶族文学与其他民族文学的互相影响和融合。

瑶族文学受到汉族文学影响尤为显著。例如，在民间歌谣方面，唐代著名诗人刘禹锡曾把汉族的歌谣带到瑶族地区，促进了瑶族文学的发展。瑶族的歌谣格式，如七言四句一首，明显受到汉族文学的影响。这种多样性反映了瑶歌受汉歌影响的一面。

在民间传说、民间故事和民间说唱方面，汉族的《梁山伯与祝英台》《董永》等故事在瑶族地区广为流传，并在传播过程中发生了变化，以适应瑶族的文化和生活习惯。例如，梁山伯在瑶族文学中的形象变为劳动人民的形象，而英台撕衣写情信的情节则显示了瑶族人民思想性格的独特性。此外，戏剧方面，汉族的桂剧和采茶戏等在瑶族地区的流传，为瑶族文学开拓了新的艺术领域。这些交流不仅丰富了瑶族文学的内容和形式，也促进了不同民族文化的相互理解和融合。

此外，瑶族与汉族、壮族、苗族等多个民族长期共处，使得瑶族文学在交流中吸收了其他民族文学的元素，同时也对其他民族文学产生了深远的影响。瑶族的许多民间故事，如《蛇郎》《两兄弟》《百鸟衣》，在瑶族以及壮族等民族中都有流传，且基本情节相似。这种现象表明，这些故事可能源于共同的文化传统或相互影响。例如，瑶族神话《格怀射日月》与苗族神话《杨亚射日月》的基本情节也颇为相似，这可能反映了这些民族在远古时期的文化交流。另一方面，瑶族文学对其他民族文学也产生了影响。例如，瑶族的盘瓠神话早在东汉末年就被纳入汉族的文献《风俗通义》，后来又引起了许多文人和学者的研究与讨论。这一神话在现代甚至引发了关于盘古神话起源的学术讨论，显示了其深远的影响力。在歌谣方面，瑶族与壮族的文学交流尤为密切。瑶族的"分讲"歌谣与壮族的"欢"有着密切的联系，两者在形式上相似，却各自保持着本民族的情调和风味。瑶族的"杂种歌"更是使用瑶、壮、汉三种语言，展现了瑶族文学的多元性和包容性。

值得一提的是，明清时期的汉族官员对瑶歌进行了研究并收录在史书中，这不仅促进了瑶族文学的传播，也加强了汉族与瑶族文学的交流。

总体而言，瑶族文学与其他民族文学的交流不仅丰富了瑶族自身的文化内涵，也为促进中国各民族文化的相互理解与交融作出了贡献。①

## 四、瑶族民间文学

### （一）瑶族民间文学的类型

1.神话

瑶族民间文学中的神话是一种古老而丰富的口头传统。这些神话不仅展现了瑶族先民对自然界的深刻认识，而且反映了他们在与自然斗争中表现出的坚忍不屈的精神。瑶族神话涵盖了各种主题，从天地和人类的起源到万物的诞生，再到图腾和斗争的故事，它们丰富多彩，深具民族特色和生活气息。

（1）天地起源神话：瑶族神话中关于天地起源的故事通常充满了神秘色彩，描绘了宇宙和自然界的形成。这些神话试图解释自然现象，如山川的形成、天气的变化等，展现了瑶族先民对世界的初步理解和想象。

（2）人类起源神话：这些神话讲述了人类及其社会生活的起源。瑶族的人类起源神话通常包括创造者或神灵的故事，解释了人类的起源和发展。

---

① 黄书光，刘保元.瑶族文学史[M]. 南宁：广西人民出版社，1988.

## 第二章 瑶族的文化艺术研究

（3）万物起源神话：这部分神话关注于动植物以及其他自然现象的起源，反映了瑶族先民对自然环境的观察和理解。这些故事中，动植物往往被赋予人格化特征，展示了瑶族文化中对自然的尊重。

（4）图腾神话：图腾神话在瑶族文化中占据重要地位，这些神话与瑶族的社会结构和宗教信仰密切相关。图腾神话通常涉及某种动物或自然现象，被视为某个部落或家族的神圣象征。

（5）斗争神话：斗争神话讲述了瑶族先民与自然力量、敌对部族或邪恶势力的斗争。这些故事展示了瑶族人民的勇气和智慧，以及他们对自由和正义的追求。

总的来说，瑶族的神话是对自然界和社会生活的一种原始而朴素的理解和解释。它们不仅反映了瑶族先民的思想和信仰，还包含了深刻的哲理和道德观念，是瑶族文化的重要组成部分。

2.传说

瑶族的民间传说是该民族文化的重要组成部分，蕴含了丰富的历史信息和生活经验。这些传说不仅反映了瑶族的历史和文化，还展现了他们的生活习俗、民风民情、习惯爱好和节庆活动。瑶族民间传说的特点是基于真实的历史事件或人物，但同时融入了一定程度的幻想性和传奇色彩，形成了具有浓郁民族特色的生动故事。

（1）风尚习俗传说：这类传说通常讲述瑶族的习俗和节庆活动的起源，例如《祝著节的传说》描述了布努瑶族最重要的节日的由来，而《长鼓的传说》则讲述了瑶族制作长鼓并用其来祭祀祖先的故事。

（2）地方风物传说：这些传说与瑶族人民的生活和命运紧密相关，通常涉及当地的特产、珍禽异兽、文物古迹和风景名胜。例如，《灵香草的来历》《金笋和银笋》等传说反映了瑶族长期居住在高山地区的生活方式和对自然资源的依赖。

（3）历史事件传说：这类传说以真实的历史事件或人物为基础，展现了瑶族人民对这些事件的看法和评价。如《大藤峡的传说》叙述了明代瑶族起义的历史，而《太平军过瑶寨》则讲述了太平天国军队经过瑶族地区并受到瑶民的支持和欢迎。

（4）瑶族民间传说中著名的作品有《漂洋过海的传说》《千家峒的传说》。《漂洋过海的传说》讲述了瑶族先民在连续三年的大旱灾后不得不离开家园，冒险出海寻找新的居住地的故事。《千家峒的传说》描述了瑶族人在一个肥沃的山间平原上建立家园，但由于一场意外的祸害，他们最终不得不离开这个地方。

这些传说不仅是瑶族文化的重要组成部分，也是了解瑶族历史、文化和社会结构的重要窗口。通过这些故事，我们可以深入了解瑶族的信仰、价值观和生活方式。

3.故事

瑶族民间故事，作为瑶族文化的重要组成部分，不仅丰富了中国民间文学的宝库，也深刻地反映了瑶族人民的生活、信仰、历史和文化传统。这些故事描绘了生活的多面性，传达了民族的智慧和情感。

（1）动物故事：瑶族民间故事中，动物故事占据了重要地位。由于瑶族长期以来与自然环境密切相连，他们创造了大量关于动物的故事，既有教育性也有娱乐性。这些故事常常解释和阐明动物的特征与习性，如《公鸡为什么会打鸣》《老虎身上斑纹的由来》《狗为什么撵黄獠》等。通过这些故事，瑶族人民展现了对自然世界的深刻理解和尊重。

（2）生活故事：这类故事与瑶族人民的日常生活紧密相关，通常围绕现实生活中的人和事进行叙述。它们反映了人间的日常生活和社会现状，歌颂坚贞的爱情，揭露社会不公和旧社会的陋习。例如，《五彩带》《贵哥与凤妹》《聪明的阿怒》等故事，既表现了瑶族人民对美好生活的追求，也展示了他们在生活斗争中的智慧和勇气。

（3）革命故事：瑶族民间革命故事反映了瑶族人民在近现代历史中的革命斗争。这些故事描绘了瑶族先烈们的革命事迹，如《洪杨带兵过瑶寨》《桐木江拜旗》《一堆铜板》等，激励着人们继续保持革命斗争的精神。这类故事不仅记录了历史，也传递了革命的理念和精神。

（4）受其他民族文化影响的故事：瑶族民间故事还受到了汉族、壮族等其他民族文化的影响。例如，《梁山伯与祝英台》《刘三姐》等爱情故事，在瑶族民间也广受欢迎，表明了文化间的交流和融合。

## 第二章　瑶族的文化艺术研究

综上所述，瑶族民间故事不仅是瑶族文化遗产的重要组成部分，也是了解瑶族历史、文化和社会生活的重要窗口。这些故事以其独特的风格和深刻的内涵，为瑶族文学的宝库增添了无限魅力。

4.歌谣

瑶族民间文学中的歌谣，是其文化传统中极为重要的组成部分。由于瑶族没有统一的书面文字，歌谣成为了重要的文化传承方式，承载了瑶族的历史、文化、情感和社会生活。

瑶族歌谣的历史悠久，可追溯至隋唐时期。例如，《盘王歌》就是瑶族用以祭祀祖先盘瓠的传统歌谣。这种歌谣形式不仅在祭祀活动中占据重要位置，也在瑶族日常生活中发挥着重要作用。瑶族人民无论年龄、性别，在田野、山坡、家中都喜欢唱歌，尤其在节日和集会上，歌声成为生活的重要部分。

瑶族歌谣种类繁多，内容丰富，包括创世歌、祭祀歌、历史和迁徙歌、情歌、生产劳动歌等。这些歌谣以其生动的表现形式和丰富的情感，反映了瑶族的历史、信仰、社会生活和自然环境。例如，《伏羲兄妹造人伦》《密洛陀》等神话性质的歌谣，反映了瑶族的创世观念和对自然界的认识。

情歌在瑶族歌谣中占据特殊位置，它们不仅是青年男女表达情感的方式，也是社会交往和文化传承的重要途径。通过歌谣，瑶族人民表达情感、交流信息，建立社会联系。

瑶族歌谣的表现形式多样，既有固定的韵律格式，如七言体，也有自由体的形式。歌谣通常以对唱形式进行，表现了瑶族人民的集体精神和社区文化。《盘王歌》作为瑶族歌谣的代表之一，内容丰富，涵盖了民族历史、文化信仰等多个方面，反映了瑶族社会的全貌。

综上所述，瑶族歌谣不仅是瑶族文化的重要表现形式，也是研究瑶族历史、文化、社会生活的重要资料。这些歌谣通过口头传承，成为瑶族文化传统的重要载体，展现了瑶族人民的智慧、情感和生活方式。

5.寓言

瑶族民间寓言是其丰富多彩的文化传统中的一部分，这些故事短小精悍，富含深刻的哲理和生活智慧。瑶族的寓言以动物或自然现象为主要角色，运用想象和拟人化的手法，生动地反映了日常生活、社会现象和民族特色，同时传达了道德教育和人生哲理。

例如，瑶族寓言中常见的《老虎和猫》《喜鹊老师》等故事，不仅反映了瑶族人民与自然和动物的密切关系，也揭示了瑶族人民对智慧和机智的崇尚。这些故事通常以简单明了的情节展现动物间的互动，通过动物的性格和行为来比喻人类社会的各种现象，从而传递道德教育、智慧和生活哲理。

瑶族寓言的独特之处在于它们深植于瑶族的文化和自然环境之中。瑶族长期居住于山区，与自然界的动物和植物有着紧密的联系。这种生活环境使得他们对动物有着深刻的认识和理解，这些认识和理解被巧妙地融入寓言故事中，使其既有教育意义，又具有娱乐性。

瑶族民间寓言在口头传承的过程中丰富了瑶族人民的精神生活，也成为他们社区文化的重要组成部分。这些寓言故事不仅为瑶族人民提供了道德指导，也成为了瑶族文化特色的重要体现。通过这些故事，瑶族人民传承了自己的文化、价值观念和生活智慧，同时也为研究瑶族文化和民间文学提供了宝贵的资料。

6.谜语与谚语

瑶族民间的谜语和谚语是该民族文化的独特体现，它们不仅蕴含着深刻的哲理，而且反映了瑶族人民的生活方式、社会经验和思维习惯。这些谜语和谚语在丰富多彩的瑶族文化中占有重要地位，是传统口头文学的珍贵遗产。

谜语是瑶族文化中的一种有趣的语言游戏，它不仅是智力活动的一种形式，也是一种社交活动。瑶族人民喜欢在闲暇时刻，通过猜谜来娱乐，同时也借此机会传递知识和信息。这些谜语通常简短精悍、含义深远，富有想象力和创造性，常常用生动的比喻和隐喻来表达深奥的道理，如"铜鼎锅，铁的盖，大人娃仔个个爱"（谜底是柿子），"白又白如雪，中间有个节，在水不见水，又在水中歇"（谜底是鱼鳔）。这些谜语展示了瑶族人民对自然界和社会生活的独到见解和深刻理解。

谚语则是瑶族人民生活智慧的结晶，简洁而富有哲理。它们通常是对生活经验的总结，以口头形式代代相传。谚语内容涉及天气预测、农事活动、

## 第二章 瑶族的文化艺术研究

人生哲理、社会观察等多个方面。例如,"先有瑶,后有朝"表现了对社会结构的认知,"见官不下跪,耕山不纳税"反映了瑶族人民对抗封建压迫的坚强意志。在农业生产方面,谚语如"早红雨,夜红火烧天""夜云天晴,星密有雨"等,体现了瑶族人民对自然现象的深刻理解和丰富经验。这些谚语不仅在瑶族人民的日常生活中起着重要作用,而且在文化传承和社会教育方面也发挥着重要的作用。

瑶族的谜语和谚语具有鲜明的民族特色,它们不仅展现了瑶族人民独特的生活方式和文化传统,也反映了他们的智慧和创造力。这些谜语和谚语在瑶族的口头文学中占有重要地位,是了解瑶族历史、文化和社会的重要窗口。通过研究和传承这些谜语和谚语,我们不仅能够更好地理解和欣赏瑶族文化的独特魅力,也能够更深入地认识到瑶族人民的智慧和创造力。

### (二)民间文学的搜集整理

瑶族民间文学的搜集和整理工作自清初年间开始,经历了几个重要阶段,为瑶族文化的传承和发展做出了巨大贡献。

早在清初,吴淇的《粤风续九》中就收录了瑶族歌谣,这是瑶族文学首次被系统搜集并刊于书中。五四运动后,学者开始对瑶族民间文学进行搜集和研究,有关成果在《歌谣》《民俗》等刊物上发表,为汉族读者所了解。

中华人民共和国成立后,瑶族民间文学工作得到了中国共产党和人民政府的大力支持。20世纪50年代,瑶族民间文学作品被广泛搜集、整理,并发表出版。例如,1954年的《中南少数民族山歌选》、1955年的《两广民歌散辑》、1959年的《中国少数民族歌谣》,都包含了大量瑶族文学作品。20世纪60年代初期,广西民间文学采风队对瑶族民间文学进行了全面搜集,编印了《瑶族民间文学资料》十三辑,为后续研究提供了宝贵资料。

此外,20世纪60年代以来出版的《谜歌》《盘古书》《密洛陀》《瑶族民间故事选》《瑶族民歌选》《瑶族风情歌》等作品,进一步丰富了瑶族民间文学的收录和研究。

瑶族民间文学的搜集和整理工作得到了瑶族及其他民族文化工作者的积极参与。刘保元、蓝正祥、蒙冠雄等瑶族文化工作者,通过长期的努力,搜集整理了大量的民间歌谣和民间故事，为瑶族文学的保存和发展做出了重要贡献。

刘保元和蓝正祥在瑶族文学搜集整理方面尤为突出。刘保元自1954年开始搜集瑶族民间文学资料，并参与编撰了多部重要作品。蓝正祥自1961年开始搜集整理瑶族民间文学，并发表了多篇故事和歌谣。

蒙冠雄自1954年开始从事民族文化工作，他搜集整理的《瑶族酒歌》和《密洛陀》等作品也具有一定的影响力。

瑶族民间文学的搜集、翻译和发表出版，不仅为瑶族文化的传承和发展提供了重要的科研材料，也促进了各兄弟民族之间的文学交流，丰富了社会主义民族文艺的内涵，为中华民族共同精神财富的积累做出了重要贡献。

## 五、作家文学

瑶族作家文学是中国文学宝库中的一颗璀璨明珠，它不仅继承了瑶族民间文学的传统，还深受汉族等其他民族文化的影响。自鸦片战争至中华人民共和国成立前，瑶族地区的教育发展使得一些瑶族子弟开始学习汉文，从而催生了一批作家和诗人。

在这一时期，雷再浩等历史人物不仅展现了武力，也展示了他们的文才。《讨满檄文》等作品体现了瑶族人民对社会黑暗和清王朝残酷统治的反抗。19世纪中后期，赵坤元、赵荣卿、石鼎元等文人创作了众多诗作，如赵荣卿的《赵玉林》等作品反映了当时社会黑暗现实，并展现了瑶族人民的生活状态和情感。

中华人民共和国成立后，瑶族的文化教育取得了显著进步，涌现出了大量优秀的瑶族作家。他们的作品不仅深受民间文学的影响，而且在内容上展现了瑶族人民的生活和斗争。作家如莫义明、蓝怀昌、李肇隆等通过他们的诗歌、小说、散文集等作品，展现了瑶族文化的鲜明特色和瑶族人民的精神面貌。

莫义明的作品，如《剪禾把》等，反映了改革开放以来瑶山新生活的变化；蓝怀昌的作品，如《波努河》《珍藏的符号》等，不仅赢得了文学奖项，

## 第二章 瑶族的文化艺术研究

也为社会提供了丰富的精神食粮；李肇隆不仅是诗人，还是民间文艺研究家，其作品如《彩娥与东郎》等，以及他所整理出版的民间故事集，体现了他对瑶族文化的深刻理解和推广。

其他如蓝汉东、李波、唐克雪、唐玉文、唐剑明等瑶族作家和诗人，他们的作品也展现了浓郁的乡土气息和民族风格，为瑶族文学的发展作出了重要贡献。这些作家的共同点在于他们善于从民间文学中吸取养分，创作出具有瑶族民族特色和风格的文学作品，丰富了瑶族乃至中国的文化遗产。

瑶族作家文学的发展，不仅展现了瑶族文化的丰富性和多样性，也是中国多民族文化共融共生的生动体现。这些作品不仅是瑶族文化的传播者，也是中华民族共同精神财富的重要组成部分。通过这些作品，我们可以更深入地理解瑶族文化，感受瑶族人民的智慧、才华和对美好生活的追求。

# 第三章 瑶族形象符号举隅与设计再运用

　　瑶族文化中的形象符号丰富多样，富有独特的文化内涵。这些符号传递着瑶族人民的情感、思想和价值观。自然符号、动物符号、人物符号和物象符号等，都在瑶族的文学艺术中扮演着重要的角色，它们象征着瑶族人民的文化传统和信仰。通过对这些符号的深入研究和设计再运用，可以让更多人更好地认识和了解瑶族的文化，促进不同民族之间的交流和理解。同时，也会促进文化创意产业的兴起，为当地经济的发展做出积极的贡献。

# 第一节　瑶族文学艺术中的形象符号举隅

## 一、瑶族雷神形象的演变及其文化意蕴

### （一）瑶族的雷神崇拜概况

瑶族是中国的一个少数民族，主要分布在广西、云南、贵州等地。瑶族有着独特的地理位置和生活环境，生产方式相对落后，粮食产量较低。因此，瑶族人民对自然条件的依赖性非常强。瑶族人民对雷神的崇拜是他们传统信仰的一部分，体现了他们对自然的敬畏和对丰收的渴望。这种信仰在瑶族社会中扮演着重要的角色，并且一直延续至今。

在瑶族文化中，雷神被视为司雨主旱之神，成为瑶族人民祈求丰收的对象。瑶族人认为雨水是由雷电引起的，因此他们将雷神视为能够掌控雨水的神灵。雷神崇拜在瑶族社会中一直延续至今，成为他们的传统信仰之一。瑶族人民通过举行祭祀仪式、祈福活动等方式来向雷神祈求雨水丰收。他们会在特定的节日或重要的农事活动中，向雷神祈祷，希望能够获得丰收和好运。雷神崇拜不仅是瑶族人民对自然的敬畏和感恩之情的表达，也是他们对自身生活和农业产出的期望和希望的寄托。[1]

由于雷神崇拜的信仰基础，关于雷神的神话故事也广泛流传于瑶族地区，《伏羲兄妹的故事》就是瑶族地区广为流传的一则关于雷神的神话故事。根据传说，伏羲兄妹是雷神的化身，他们具有神奇的能力和力量。

故事的背景是在古代的瑶族聚居地区，人们过着艰苦的生活，经常受到干旱和风灾的困扰。为了解决这个问题，瑶族人民开始崇拜雷神，希望能够得到雷神的庇佑和帮助。在故事中，伏羲兄妹被描绘为雷神的化身，他们拥有神奇的力量和智慧。他们能够降雨，使农作物丰饶增产，带来丰收和富

---

[1] 伍妍，陈杉.瑶族雷神形象的演变及其文化意蕴[J].中华文化论坛，2018（1）：75-80.

饶。瑶族人民对他们的崇拜和信仰源远流长。然而，雷神的力量不仅限于降雨和丰收。根据传说，雷神也可以通过发洪水来惩罚人类。当人们犯下罪行或违背了雷神的意愿时，雷神会发动洪水来惩罚他们，使他们受到严厉的惩罚和警戒。通过这个故事，瑶族人民传承着对雷神的崇拜和敬畏之情。他们相信雷神不仅是自然界的主宰者，也是正义和公正的象征。他们希望通过对雷神的信仰和敬畏，能够得到雷神的庇佑和祝福，保护他们免受自然灾害和不幸的侵袭。

这个故事反映了瑶族人民对雷神的信仰和敬畏之情，以及他们对自然力量的崇拜和敬畏。雷神在瑶族文化中扮演着重要的角色，成为人们生活中不可或缺的一部分。

### （二）瑶族雷神形象的演变与发展

1.动物形

雷神的形象在不同文化中有不同的表现，但通常与力量、威严和神秘性相关联。在一些文化中，雷神被描绘为拥有某种动物形象，并且具备龙的特征。龙在许多文化中被视为强大、神秘和超自然的存在，因此将雷神与龙形象结合起来，可以进一步强调雷神的威力和神性。

龙形象本身是由多种动物特征合并而成的图腾化表现。在不同文化中，龙的形象可能与蛇、鸟、鱼等动物有关。这种合并动物特征的方式使得龙形象具有独特的外貌和象征意义。通过将某种动物形象与遥不可及、深不可测的雷神形象对应，人们可以更好地满足对雷霆之威的想象和理解。

需要注意的是，雷神的形象在不同文化中可能存在差异，因此具体的描绘和象征意义可能因文化背景而异。这种多样性反映了人类对雷神形象的理解和想象的丰富性。

2.人格化

随着历史的推进，人们对雷神形象逐渐赋予更多的"人"的因素。在战国时期楚国诗人屈原的《楚辞·远游》中，出现了雷神以"雷公"这一称呼的最早文献记录。这表明雷神在人们的想象中具有了更加人性化的形象。雷公一词意味着雷神具有统治、保护和守护的特质，显示了人们对雷神的尊崇和敬畏之情。这种赋予雷神以人的特质的趋势在后来的文化中得到了进一步发展和丰富，雷神成为了许多文化中的重要角色，如北欧神话中的雷神托尔和希腊神话中的宙斯。

### 3.雷神邓元帅形象

雷神邓元帅是中国民间传说中的一位神灵形象，常被描绘为一位威严庄重的战神。他被尊称为邓公、邓爷爷等，被认为是掌管雷电、保护人民免受灾害的神祗。

邓元帅的形象通常被描绘为一个身穿战袍、手持雷电法器的武装将领。他的面容庄重，眉宇间透露着威严和正义。他的形象象征着力量、勇气和保护，被视为抵御邪恶势力、驱散灾难的象征。

在中国传统文化中，邓元帅常常被祭祀和崇拜，特别是在雷电多发的地区或者是农村地区。人们相信他能够带来平安和福祉，保护他们免受雷电灾害的侵袭。在雷电天气来临之前，人们会祈求邓元帅的保佑，希望他能佑护生灵平安。

邓元帅形象的传承和崇拜在中国各地有所差异，但总体上是他代表了人们对雷电力量的敬畏和对保护安全的渴望。雷神邓元帅的形象在中国民间信仰中扮演着重要的角色，展示了人们对自然力量的敬畏与崇拜。

## （三）瑶族雷神信仰的文化意蕴体现

### 1.天人关系的变化

瑶族雷神形象的演变反映了中国道家思想中天人关系的转化。起初，瑶族人对雷电一无所知，对其产生了恐惧。然而，随着他们逐渐了解雷电的特性和规律，他们逐渐将雷神纳入道教教义中可供"策役"的对象之一。这种转变体现了瑶族人对天人沟通的渴望和对造化力量的理解。他们希望能够通过与雷神的互动，获得更多的智慧和力量，以应对生活中的挑战。在这个转变过程中，瑶族雷神的形象逐渐融入了道家的理念。雷神不再被简单地视为一个外在的神灵，而是被理解为自然界中的一种力量和法则。雷神的形象与天地万物融为一体，成为自然的表现和象征。

这种转化反映了瑶族人民对于天人关系的新的认识和理解。他们逐渐认识到人与自然、人与天地之间的紧密联系，强调人与自然的和谐共生，追求与自然相融合的生活方式。

瑶族雷神形象的演变过程充分展现了中国道家思想中天人关系的转化。这种转变体现了对于自然的敬畏和尊重，以及对于人与自然和谐共生的追求。这也反映了中国传统文化中对于天人合一的价值观的重要性。

瑶人的雷神信仰历程，正是王充在《论衡·雷虚篇》里"缘人以知天，宜尽人之性"的写照和体现。《论衡》是中国古代著名的辩论文集，作者王充在其中提出了许多关于天地、人类和宇宙的思考。在《论衡·雷虚篇》中，王充探讨了雷电现象，并提出了人类应该通过观察自然现象来认识天地的观点。

王充在《雷虚篇》中强调了人类通过观察自然现象来认识天地的重要性。他认为，人类应该以自己的天性为基础，通过观察和思考来理解天地的运行规律。这与瑶族人对雷神信仰的演变过程有一定的相似之处。

瑶族人最初对雷电的恐惧是基于对未知力量的恐惧，但随着他们对雷电的观察和思考，逐渐认识到雷电是天地运行的一种自然现象。这种观察和思考的过程使得瑶族人能够更好地理解和利用雷电的力量，将雷神视为可供利用的对象。

王充在《论衡·雷虚篇》中提出了"缘人以知天，宜尽人之性"的观点，强调了人类应该通过自身的天性和能力来认知天地。瑶族人对雷神信仰的演变过程正是在这一思想指导下进行的。他们通过观察和思考雷电现象，逐渐了解雷神的特性和规律，并将其纳入道教教义中可供"策役"的对象之一。

因此，瑶人的雷神信仰历程可以看作是王充在《论衡·雷虚篇》中观点的一种体现。瑶族人通过观察和思考雷电现象，以及对雷神的理解和利用，展示了他们以人类的天性和能力来认知天地的努力和追求。这与王充提出的"缘人以知天，宜尽人之性"的观点相契合。

2.社会伦理的映射

瑶族雷神在瑶族文化中扮演着重要的角色，其职能随着雷神形象的发展逐步完善。现今的瑶族雷神邓元帅不仅具备呼风唤雨的基本职能，还承担着惩恶扬善、驱除邪灵和消除灾祸等神职。

首先，瑶族雷神具备惩恶扬善的职能。他们被视为正义的化身，负责惩罚邪恶行为，保护善良的人们。瑶族人相信，雷神能够审判恶人，为社会带来公正和秩序。

其次，瑶族雷神还能够驱除邪灵。在瑶族信仰中，邪灵被认为是带来不幸和疾病的神秘力量。雷神被赋予了消除邪灵的能力，可以保护人们免受邪恶力量的侵害。

此外，瑶族雷神还承担着消除灾祸的重要职责。他们被视为能够掌控自然力量的神灵，可以通过调节天气和自然元素来减轻或消除灾害。瑶族人相信雷神的力量可以带来丰收、健康和幸福。

瑶族雷神信仰的传承和发展反映了瑶族人民对社会伦理的思考和对善恶、正邪等价值观念的判断。通过崇拜雷神，瑶族人希望获得正义、安全和幸福，同时也倡导善行和道德行为。雷神的形象和职能的完善反映了瑶族文化的演变和人们对于宇宙秩序和道德规范的理解。

3.瑶人精神的展示

瑶族的雷神崇拜反映了瑶族人民不畏艰苦、崇尚劳作的精神。根据高尔基在《苏联的文学》中的说法，神并非抽象概念或幻想，而是具有现实性的人物，用劳动工具武装起来的存在。瑶族对雷神的崇拜，就像对地方保护神密洛陀女神的崇拜一样，体现了这种观念。雷神司雷降雨、惩恶扬善等职能，密洛陀女神则创造人类、英勇杀敌，这些神灵都具备常人无法企及的能力，瑶族通过崇拜他们来获得心理平衡和精神满足。

正是因为受到像雷神这样的"劳动英雄"的影响，瑶族能够在艰苦异常的自然环境中生存和繁衍，他们具有蚍蜉撼树的坚韧精神和信念。这种崇拜和信仰使得瑶族人民能够保持自强不息的态度，不畏困难，积极面对生活中的挑战。雷神崇拜成为他们的精神支柱，激励他们不断努力，克服困难，并在艰苦的环境中生活得更好。

雷神崇拜在瑶族社会中具有重要的功能和意义。它不仅是一种宗教信仰，更是瑶族人民凝聚力和认同感的来源。通过雷神崇拜，瑶族人民能够感受到与自然力量的联系，获得心灵的慰藉和力量。雷神崇拜也在一定程度上影响了瑶族人民的价值观和行为准则，促使他们尊重自然、和谐相处。

总之，瑶族雷神崇拜作为瑶族重要的信仰文化，体现了瑶族百姓的精神需求和对自身文化的传承。它不仅是瑶族社会、生活、经济、宗教信仰和艺术审美等领域的真实反映，也是瑶族与其他民族交流中保持独特性并发展自我的象征。瑶族雷神崇拜信仰文化丰富了中华民族的文化多样性，为我们理解和尊重不同民族的信仰和文化提供了重要的参考和启示。

## 二、盘瓠形象及其在瑶族文化史上的影响

### （一）瑶族神话的盘瓠形象

《盘王的传说》是瑶族中一个古老的关于图腾崇拜的神话故事。故事讲述了盘王（又称盘瓠），一个五色斑斓的"龙犬"，为瑶族保家卫国，替平王战胜高王的经过，塑造了盘瓠这一为瑶族打败异族入侵的民族英雄形象，并最终成为瑶族的图腾。龙犬形象的塑造表现了瑶族先民对未来美好生活的渴求和向往。

### （二）盘瓠形象对瑶族习俗的影响

瑶族将龙犬作为自己的祖先来崇拜，并将其作为氏族的标志。在中国的古籍中，有大量关于瑶族祭祀盘瓠的祖先崇拜仪式的记载。干宝在《搜神记》中提到了瑶族祭祀盘瓠的仪式。他描述说，瑶族人会用掺杂鱼肉的食物，敲击容器并呼喊，以此来祭祀盘瓠。这种仪式的传统一直延续至今。这些记载表明，瑶族对盘瓠的崇拜和祖先崇拜的仪式在瑶族文化中具有重要的地位。龙犬作为瑶族的祖先和标志，被视为他们的精神支柱和守护者。这种崇拜仪式的传承反映了瑶族对盘瓠和祖先的尊敬，以及他们对自己文化和传

统的重视。

盘瓠形象对瑶族习俗的影响还体现在瑶族的图腾禁忌上。崇拜盘瓠的瑶族人禁止吃狗肉，也不杀狗，狗死后还要举行隆重的丧礼。这是因为盘瓠被视为瑶族的图腾，象征着保护和祝福，因此瑶族人对狗抱有特殊的尊敬和敬畏之情。

瑶族在服饰方面也体现了对先祖盘瓠的纪念。瑶族的女性在服装上使用五彩的布料装饰在两袖上，前襟延伸至腰部，后幅垂至膝盖以下，这种服装被称为"狗尾衫"。狗尾衫的设计意味着瑶族人不忘记他们的祖先，是对盘瓠的敬意和纪念。这种服装反映了瑶族对盘瓠形象的尊敬和对狗的特殊意义的认知，同时也展示了瑶族传统文化和信仰的表达。

瑶族的婚俗与盘瓠神话中所反映的情节相符。根据神话中的描述，当盘瓠去世后，他的六个儿子和六个女儿互相成为配偶。因此，瑶族的婚姻制度不限制同姓的结婚。这意味着瑶族人可以与同姓的人结婚，这与其他文化中普遍的禁止同姓婚姻的观念不同。这种婚姻制度反映了瑶族特有的文化传统和价值观，同时也展示了他们对盘瓠的崇拜和信仰的影响。

瑶族文学艺术中的还有很多关于动物形象的符号，这些文学艺术的动物形象展现了它们既拥有动物的本性，又具备人类的性格特征。这些动物形象各具特色，有些为人类的生存和幸福做出了杰出贡献，如勇敢而威猛的龙犬；而有些则给人类的生存和幸福带来了巨大威胁，如危险而凶猛的老虎。同时，这些动物形象也代表了不同的品质和行为，例如聪明勇敢的青蛙能够战胜凶猛的老虎和贪婪的土司，而凶恶狡猾的人熊婆最终却在弱小的女孩手中失去了生命。田螺能够变成美丽能干的姑娘，帮助善良的小伙子，而老虎则可以伪装成迷人的小伙子，欺骗天真的姑娘的感情。通过这些动物形象的刻画，瑶族人民表达了他们对爱与憎、褒与贬、取与舍等思想观念的态度，同时也通过这些象征性的形象反映了人类社会生活的方方面面和人际关系的复杂性，具有深刻的社会主题。

在今天多元文化的时代，保护和传承少数民族的文化遗产变得尤为重要。瑶族的文学艺术作为瑶族文化的重要组成部分，不仅是瑶族人民的精神财富，也是中华民族宝贵的文化遗产。通过对瑶族文学艺术中的形象符号的研究和传承，可以更好地弘扬瑶族的文化传统，促进中华民族的文化多样性和共同繁荣。让我们共同努力，保护和传承瑶族的文学艺术，让它们绽放出永恒的光芒。

## 第二节 瑶族牛形象陶瓷饰品设计与实践

### 一、关于瑶族牛形象的研究

牛被认为是人类最早驯化的家畜之一，它在人类文明的发展过程中起到了重要的作用。驯化牛的历史可以追溯到早期的游牧社会和农耕社会。在早期的游牧社会中，人们开始驯化野生的牛种，利用其提供的肉食、皮革和劳动力。随着农业的兴起，人们逐渐将牛用于耕作和运输，发挥了重要的劳动力作用。牛的驯化和驯养为农耕社会带来了许多好处。首先，牛可以用来耕地，帮助农民开垦土地、翻耕和种植作物。牛的力量和耐力使得农民能够更高效地进行农业生产，提高了农作物的产量。其次，牛还可以用来拉车和运输货物，方便了交通和贸易的发展。此外，牛也提供了肉食、乳制品和皮革等重要的资源，满足了人们的食物和物质需求。牛的驯化和利用为人类社会的农业生产和经济发展提供了重要的支持。牛的使用改变了人类的生产方式，促进了农业的发展和社会的繁荣。牛也成为了人类社会的重要财富和资源，影响了社会的结构和经济的格局。牛的驯化过程是人类与动物之间密切合作的结果，也是人类文明进步的重要里程碑之一。

（一）牛在瑶族中的文化内涵

对于瑶族等从事农耕的民族来说，牛与他们的生产生活可以说是息息相关。他们用牛来耕地、拉车、运输货物等，此外，瑶族人眼中的牛还有着多种用途。牛在瑶族社会中可以作为交换物，用来获取稀缺资源，如盐等。在过去的社会中，盐是一种重要的稀缺资源，对于人们的生活和食品保存至关重要。瑶族人可以用牛作为交换价值，与其他族群进行贸易，获取所需的盐等物品。这种交换活动不仅满足了瑶族人的需求，也促进了不同族群之间的交流和合作。牛在瑶族人的饮食中也有重要的地位。在某些时期或地区，食物可能会匮乏，特别是在农作物收获不足或自然灾害发生时。在这种情况下，瑶族人可以将牛作为食物的来源，以缓解食物短缺的状况。牛的肉食和乳制品都可以提供营养和能量，满足人们的生活需求。因此，牛在瑶族人的生活中具有重要的经济价值和食物价值，满足了他们的物质需求。随着时代的演变，牛逐渐被赋予了独特的文化内涵，瑶族人对牛有着特别的崇拜观念，将其视为一种精神寄托，并赋予了其多样的文化内涵。

第一，瑶族人将牛视为祭祖尽孝的情感寄托。瑶族人认为牛是祖先的化身，代表着祖先的灵魂。他们相信祖先的灵魂寄宿在牛身上，因此对牛的崇拜也是对祖先的敬意和怀念。瑶族人会在重要的祭祀活动中以牛为祭品，表达对祖先的孝道之情。

第二，瑶族人将牛视为财富地位的象征。在瑶族社会中，拥有牛被视为财富和社会地位的象征。牛的数量和品质被视为家庭财富的重要指标。拥有更多牛的家庭通常被认为更富裕，享有更高的社会地位。牛也被视为一种经济资源，能够提供劳动力和农产品，带来丰收和繁荣。

第三，瑶族人将牛视为团结正义的象征。瑶族人将牛视为团结和正义的象征。牛在瑶族文化中被赋予了勇敢、坚强和忠诚的品质。瑶族人希望通过崇拜牛来追求社会的团结和正义，希望个体能够像牛一样奉献和忠诚于集体，共同创造美好的社会。

第四，瑶族人将牛视为丰产安康的象征。瑶族人对牛的崇拜也反映了他们对丰产和安康生活的渴望。牛在农耕社会中扮演重要角色，能够帮助人们获得丰收和繁荣。因此，瑶族人将牛视为带来丰收和幸福的象征，希望通过崇拜牛来祈求丰收和安康的生活。

总的来说，瑶族人对牛的崇拜不仅仅是对一种动物的崇拜，更是一种文化信仰和情感寄托。牛在瑶族文化中具有丰富的象征意义，代表着祭祀、财富、团结和丰产安康等多个方面，体现了瑶族人对传统价值的追求和美好生活的向往。

### （二）瑶族与牛有关的节日

瑶族对牛有着特殊的重视和敬爱。瑶族人民为了表达对牛的重视和敬爱，瑶族人民设立了许多与牛有关的节日，其中主要包括舞春牛、牛王节、敬牛节等。

舞春牛是瑶族传统的节日，通常在农历正月或二月举行。在这个节日中，人们会穿上传统的服装，载歌载舞，表演舞蹈，其中最重要的表演就是舞春牛。舞春牛是一种模仿牛的舞蹈，舞者们扮演牛的形象，用动作和音乐表达对牛的敬意和祝福。这个节日不仅展示了瑶族人对牛的喜爱和崇拜，也寓意着祈求丰收和幸福的美好愿望。

牛王节是瑶族人民另一个重要的与牛相关节日，通常在农历六月或七月举行。这个节日是为了纪念瑶族祖先中的一位牛王，并祈求牛的保佑和祝福。在牛王节期间，人们会举行祭祀仪式，向牛王祈福，表达对牛的敬意和感激之情。同时，还会有各种庆祝活动，如舞蹈、歌唱和体育竞技等，以增进社区的团结和欢乐。

敬牛节是瑶族人民为了让牛得到休息和放松而设立的节日。在敬牛节这一天，人们会煮糯米饭给牛吃，以示对它们的关怀和尊重。这个节日旨在让牛停止劳作，享受一天的休息。

十月初一尝新节也是一个与牛有关的节日。在这一天，人们会用糍粑喂牛，并将糍粑粘在牛的角、腰、尾等处。糍粑是一种由糯米制成的传统食品，用来喂牛象征着对它们的关爱和祝福。这个节日也是瑶族人民庆祝丰收和新年的重要活动之一。

这些与牛有关的节日不仅是瑶族人民传统文化的重要组成部分，也体现了他们对牛的崇拜和感恩之情。通过这些节日的举办，瑶族人民表达了对牛的重视与敬爱，同时也加强了瑶族人民的凝聚力、传承了传统文化。

随着时代的演变，牛逐渐被赋予了独特的文化内涵。在一些农耕社会中，牛被视为神圣的动物，与土地、丰收和生育等概念联系在一起。牛在宗教仪式、节日庆典和民间传说中扮演重要角色，成为了文化符号和象征。牛的形象也常出现在绘画、雕塑和传统手工艺品中，反映了人们对牛的崇拜和敬畏之情。

## 二、关于中国陶瓷文化及陶瓷饰品的研究

### （一）中国的陶瓷文化

中国作为瓷器大国，拥有悠久的制瓷历史。早在公元前1600年左右的商代晚期，中国就开始制作陶瓷器。随着时间的推移，中国的陶瓷制作技术不断发展和完善，逐渐形成了独特的陶瓷文化。

陶瓷文化是指以陶瓷为载体，融入人们的生产和生活中，并形成独特的艺术风格和审美观念的文化现象。陶瓷作为一种日常生活用品，不仅具有实用功能，还承载着人们对美的追求和审美情趣。在中国的传统文化中，陶瓷被视为一种高雅的艺术形式，它不仅具有实用性，还具有深厚的文化内涵。

中国的陶瓷文化在长期的生活实践中逐渐形成，并成为中国传统文化的重要组成部分。陶瓷制作技术的传承和创新，以及对陶瓷艺术的推崇和发展，使得中国的陶瓷文化独具特色。中国的陶瓷作品在造型、装饰和釉彩等方面都展现出独特的风格，体现了中国人民对美的追求和对生活的热爱。

陶瓷文化也是中国民族文化高质量发展的产物与结晶。陶瓷作为中国传统文化的重要组成部分，不仅在艺术领域有着卓越的成就，还在经济、科技、社会等方面发挥着重要作用。中国的陶瓷制作技术和文化传统不仅为世界提供了优秀的艺术作品，还促进了陶瓷产业的繁荣和发展。

### （二）中国的陶瓷饰品

中国的陶瓷制作历史可以追溯到几千年前，具有悠久的传统和丰富的文化内涵。现代陶瓷饰品的发展相对较短，起步较晚。在过去几十年里，中国的陶瓷饰品设计确实相对保守，没有完全打破传统的设计思维，容易受到传

统观念的局限。这种保守状态可能有多方面原因。首先，传统陶瓷工艺在中国有着深厚的根基，人们对传统陶瓷的制作和装饰方法非常熟悉，更容易接受和传承。其次，市场需求也是一个影响因素。在一段时间内，人们对传统陶瓷饰品的需求较高，制作和销售传统风格的陶瓷饰品更容易获得市场认可和回报，这也降低了设计创新的动力。

近年来，随着社会的发展和人们审美观念的变化，一些陶瓷设计师开始尝试打破传统观念，创新陶瓷饰品的设计。他们融入了现代艺术和设计元素，通过材料、形状、装饰等方面的创新，使陶瓷饰品展现出更多样化的风貌。这些设计师的努力逐渐改变了人们对陶瓷饰品的认知，也为中国的陶瓷饰品行业带来了新的发展机遇。

总的来说，尽管中国的陶瓷制作历史悠久，但现代陶瓷饰品的设计确实相对保守，受到传统观念的局限。随着时间的推移和人们审美观念的变化，越来越多的设计师开始尝试创新，打破传统思维，为陶瓷饰品注入新的活力和创意。这将有助于推动中国陶瓷饰品行业的进一步发展和创新。

## 三、瑶族牛形象陶瓷饰品设计的意义

瑶族是中国的一个少数民族，其文化传统丰富多样。瑶族牛形象陶瓷饰品设计具有以下意义。

瑶族牛在瑶族文化中具有重要的象征意义。牛在瑶族传统生活中扮演着重要的角色，被视为吉祥、勤劳、富饶和繁荣的象征。设计瑶族牛形象的陶瓷饰品可以传承和表达瑶族文化，让人们更好地了解和欣赏瑶族的价值观和生活方式。

瑶族牛形象陶瓷饰品设计可以融入艺术审美和创意表达，通过艺术的手法和设计的构思，展现瑶族牛的形象和特征，使陶瓷饰品更具观赏性和艺术性。这样的设计作品可以成为艺术收藏品、礼品或装饰品，丰富人们的生活和文化体验。

瑶族牛形象陶瓷饰品作为一种特色文化产品，具有一定的经济价值和市场需求。在旅游业和文化创意产业的发展中，瑶族牛形象陶瓷饰品可以成为地方特色产品，吸引游客和消费者，促进地方经济的繁荣和发展。

综上，瑶族牛形象陶瓷饰品设计的价值体现在文化传承、艺术表达和经济发展等多个方面。通过这样的设计作品，可以传承和弘扬瑶族文化，展示瑶族的独特魅力，同时也为人们提供了一种欣赏艺术和体验文化的方式。

## 四、关于瑶族牛形象陶瓷饰品设计实践

### （一）瑶族牛形象陶瓷饰品设计的初期阶段

在瑶族牛形象陶瓷饰品设计的初期阶段，进行消费用户的问卷调查和文献查找是非常有帮助的。这些调研手段可以为设计师提供重要的参考和指导，帮助他们对饰品设计进行大致定位，并更好地满足消费者的需求。通过对消费用户进行问卷调查，设计师可以了解他们对陶瓷饰品的喜好、购买习惯、价值观等方面的信息。这样的调查可以帮助设计师把握市场需求，确定设计的风格、形式和功能。此外，通过对文献进行查找，设计师可以深入了解瑶族传统文化中与牛相关的符号、寓意和故事等方面的内容。这些文献资料可以为设计师提供丰富的灵感和参考，帮助他们在设计中融入瑶族传统文化的元素，并使设计更具深度和内涵。总之，通过问卷调查和文献查找，设计师可以更好地理解消费者的需求和瑶族传统文化的特点，从而进行饰品设计的定位和创作。这样的调研工作不仅能带动瑶族传统文化的传承和发展，还有助于实现陶瓷饰品的经济效益，满足市场需求，提高产品的竞争力和市场占有率。

### （二）瑶族牛形象陶瓷饰品设计思路

首先，从外在形象的角度进行抽象化可以给设计师更大的创作空间。设计师可以将牛的形象进行艺术化的加工和改变，以突出特定的主题或情感。通过变形、夸张、简化等手法，设计师可以创造出独特而富有艺术感的牛形

象，使其更具视觉冲击力和表现力。这种抽象化的设计方式可以使陶瓷饰品更加独特和与众不同。

其次，从瑶族的文化内涵角度思考也是非常重要的。瑶族文化拥有丰富的象征意义和传统寓意，设计师可以通过深入研究瑶族文化，提取其中与牛相关的元素和寓意，并将其巧妙地融入陶瓷饰品的设计中。这样的设计方式可以使陶瓷饰品具有更深层次的文化内涵，同时也能传递瑶族文化的价值观和精神。

综合考虑外在形象和瑶族的文化内涵，设计师可以创作出独特而具有意义的牛形象陶瓷饰品。此外，陶瓷材料具有可塑性强的特点，设计师可以充分利用这一特性，创作出形象鲜明、细节丰富的牛形象。通过精细的雕刻、绘画和装饰等工艺技巧，使牛形象更加生动、立体，并突出其独有的特征和个性。这样的设计作品既能体现设计师的创造力和审美观念，又能传承和弘扬瑶族文化，为陶瓷饰品带来新的发展和市场机遇。

### （三）瑶族牛形象陶瓷饰品设计的意义

瑶族是中国的少数民族之一，拥有悠久的历史和独特的文化传统。瑶族牛形象陶瓷饰品设计具有以下几方面的意义。

1.有利于文化传承与表达

瑶族牛形象陶瓷饰品设计是对瑶族传统文化的传承和表达。牛在瑶族文化中具有特殊的象征意义，被视为吉祥、勤劳和富饶的象征。通过设计制作牛形象的陶瓷饰品，可以将瑶族的文化符号传递给后代，保护和弘扬瑶族的传统文化。

2.具有艺术表现力与美学价值

瑶族牛形象陶瓷饰品设计是艺术表现的一种形式，具有独特的美学价值。设计师可以通过陶瓷材料的特性和工艺技巧，将牛形象赋予生动的表现力和艺术感。这些饰品不仅可以作为装饰品点缀家居空间，还可以被视为艺术品欣赏和收藏。

### 3.有利于传统工艺的创新发展

瑶族牛形象陶瓷饰品设计可以将传统工艺与现代创新相结合。瑶族陶瓷工艺源远流长，有着独特的技法和风格。设计师可以在传统工艺的基础上进行创新，结合现代设计理念和技术手段，打造出更具现代感和时尚感的陶瓷饰品，使其更好地适应当代社会的审美需求。

### 4.创造文化符号

陶瓷制品经过文创设计后，往往具有独特的形象和符号意义，成为代表特定文化或群体的象征。这种文化符号的创造和传播，有助于提升陶瓷制品的文化价值和市场竞争力。

### 5.有利于文化交流与推广

瑶族牛形象陶瓷饰品设计可以促进不同文化之间的交流与互动。这些饰品可以作为礼品、纪念品或旅游商品，向外界展示瑶族的文化特色和艺术魅力。通过与其他地区或国家的人们分享和交流，可以增进彼此的了解和友谊，推广瑶族文化，促进文化多样性的保护和发展。

### 6.促进经济发展

陶瓷文创设计的发展不仅仅是文化产业的发展，也是经济发展的重要组成部分。通过文创设计，可以提升陶瓷制品的附加值和市场竞争力，扩大陶瓷行业的市场规模，促进相关产业链的发展，为经济增长和就业创造更多机会。

综上所述，瑶族牛形象陶瓷饰品设计非常有前景。将新的设计理念融入陶瓷饰品设计中，可以打破传统的设计模式。提取瑶族牛文化与牛形象，并注入新时代的审美理念，可以为陶瓷饰品带来更多的创新和活力。

通过将新发展的设计理念与瑶族牛文化与牛形象相结合，设计师可以创作出独特而有吸引力的陶瓷饰品，展现出丰富的文化内涵和时代精神。这样的设计作品既具有观赏性和艺术性，又能传承和弘扬瑶族文化，为陶瓷饰品行业带来新的发展机遇。

# 第三节 瑶族婚俗文化品牌形象设计及应用

## 一、瑶族婚俗文化概况

瑶族是一个有着悠久历史和独特文化的民族，其婚俗文化受到瑶族社会结构、宗族制度、信仰观念等多方面的影响。瑶族传统婚姻制度以包办婚姻为主，男女双方的婚姻往往是由父母或长辈安排。瑶族的婚姻形式主要包括"入赘"和"嫁女"两种。

入赘：入赘是瑶族婚姻中的一种形式，指的是男方成年后离开自己的家庭，嫁到女方家庭生活。男方成为女方家庭的一员，居住在女方家中，参与女方家庭的劳动和生活。这种婚姻形式体现了瑶族社会的母系氏族特征，女方在家庭中占有主导地位，男方则居于次要地位。

嫁女：嫁女是瑶族婚姻中的另一种形式，指的是女方离开自己的家庭嫁给男方，成为男方家庭的一员。在这种婚姻形式中，女方会迁移到男方的家庭，与男方的家人共同生活，并承担起家庭劳动和生育的责任。

瑶家男女从相识到结合要经过双方对歌、会歌堂、坐歌堂、求婚、看家、送日子、坐离娘月、吃鞋子饭、哭嫁、入郎家等一系列的瑶族特有的婚嫁形式。这些环节和仪式在瑶族婚嫁过程中具有重要的意义，代表着男女双方的感情交流、家族的认可和祝福以及新生活的开始。每个环节都有其独特的象征意义和文化内涵，展示了瑶族婚俗文化的丰富多样性。

随着社会的变迁和现代化的影响，瑶族婚俗文化也在不断演变和发展。一方面，瑶族人民积极保护和传承传统婚俗文化，通过举办各种文化活动和节庆来弘扬瑶族文化。另一方面，现代化的影响也带来了一些变化，如婚姻自由化、个性化的婚礼形式等。

总的来说，瑶族婚俗文化是瑶族人民世代相传的宝贵文化遗产，它不仅体现了瑶族人民的价值观和生活方式，也是瑶族文化多样性的重要组成部分。在当代社会，瑶族人民积极传承和发展婚俗文化，既保留了传统的特色，又与现代社会相结合，展现出瑶族文化的魅力。

## 二、瑶族婚俗文化品牌形象设计的意义

瑶族是中国的一个少数民族，分布在广西、湖南、贵州等地。瑶族婚俗文化是瑶族人民生活中重要的组成部分，它承载着瑶族人民的历史、传统和价值观念。而瑶族婚俗文化品牌形象设计的意义在于传承和弘扬瑶族文化，提升瑶族婚俗文化的认知度和影响力。

### （一）有利于传承瑶族的历史和传统

瑶族有着悠久的历史和丰富的文化遗产，婚俗文化作为其中的重要组成部分，承载着瑶族人民对婚姻、家庭、亲情的理解和追求。通过品牌形象设计，可以将瑶族婚俗文化的精髓和内涵传递给更多的人，让他们了解和认同瑶族文化的价值，从而促进瑶族文化的传承和发展。

### （二）有利于推广和宣传瑶族婚俗文化

瑶族婚俗文化独具特色，包括婚礼仪式、婚俗习惯、婚庆活动等方面，这些都是瑶族文化的重要组成部分。通过品牌形象设计，可以将瑶族婚俗文化打造成具有吸引力和影响力的品牌，吸引更多的人关注和了解瑶族婚俗文化，从而推广和宣传瑶族文化，增加瑶族文化的影响力和知名度。

### （三）有利于促进文化交流和融合

在当今社会，文化交流和融合是非常重要的，它可以促进不同民族、不同文化之间的相互了解和学习。通过品牌形象设计，可以将瑶族婚俗文化与其他文化进行对话和交流，吸取其他文化的优点和经验，进一步丰富和发展瑶族婚俗文化，也能够让其他民族了解和尊重瑶族文化，实现文化的多元共融。

## （四）有利于瑶族婚俗产业的发展

婚俗产业是一个庞大的产业链，它涉及到婚庆服务、婚纱摄影、婚礼策划等多个方面。通过品牌形象设计，可以将瑶族婚俗文化打造成一个有影响力和竞争力的品牌，吸引更多的人参与和投资瑶族婚俗产业，推动婚俗产业的发展，带动当地经济的繁荣。

瑶族婚俗文化品牌形象设计可以让更多的人了解和认同瑶族文化的价值，实现文化的传承和发展，同时也为瑶族人民带来经济和社会的福祉。

## （五）有利于瑶族婚俗品牌的文化识别

品牌文化是一个品牌在社会中存在的根源力量，而瑶族的婚俗文化是少数民族中代表性的婚嫁艺术之一，具有丰富而深刻的文化内涵。将瑶族婚俗文化理念融入品牌形象设计的过程中，可以不断发掘品牌自身的价值内涵和情感内涵，形成独特的婚俗文化理念识别，这已经成为品牌形象设计的新趋势。

通过将瑶族婚俗文化融入品牌，可以传递品牌的独特价值观和情感内涵。品牌可以通过吸纳瑶族婚俗文化的元素和符号，展示其对传统文化的尊重和珍视，同时也表达对多元文化的包容和开放态度。这种文化的融入可以增强品牌的社会性，使其在社会中更具认同感和吸引力。

品牌形象设计中融入瑶族婚俗文化的理念，还可以为品牌赋予独特的身份和个性。瑶族婚俗文化具有独特的仪式、服饰、音乐等方面的特点，将这些元素融入品牌形象设计中，可以使品牌在市场竞争中脱颖而出，形成与众不同的品牌形象。

此外，融入瑶族婚俗文化的理念还可以激发品牌与消费者之间的情感共鸣。婚俗文化是人们生活中重要的仪式和庆祝活动，具有浓厚的情感色彩。通过品牌形象设计中传递瑶族婚俗文化的情感内涵，可以引起消费者的情感共鸣，增强他们对品牌的认同感和忠诚度。

综上所述，将瑶族婚俗文化融入品牌形象设计中，可以为品牌赋予独特的社会性，增强品牌的认同感和吸引力。这种对品牌文化内涵的塑造已经成为品牌形象设计的新趋势，可以帮助品牌在市场竞争中脱颖而出，与消费者建立更深层次的情感连接。

## 三、瑶族婚俗文化品牌的塑造与创新应用

### （一）瑶族婚俗文化品牌形象的视觉识别设计

1.瑶族婚俗文化品牌的色彩设计

色彩设计在瑶族婚俗文化品牌形象中起着重要的作用，合适的色彩可以表达和强调品牌的定位和文化，从而有效传播品牌的特色和文化。在考虑瑶族婚俗文化品牌形象的色彩选择时，需要考虑以下因素。

（1）环境气氛：根据瑶族婚俗的环境氛围，选择与之相符合的色彩。例如，如果瑶族婚俗注重庄重和神秘感，可以选择较为深沉的色彩，如深红色或深蓝色，以营造热烈而庄重的氛围。

（2）色彩组合：不同的婚嫁形式可能需要不同的色彩组合来传达特定的意义。例如，如果品牌形象要表达喜庆和欢乐的氛围，可以选择鲜艳的色彩组合，如红色或黄色。而如果要表达温馨和浪漫的氛围，可以选择柔和的色彩组合，如粉色或浅紫色。

（3）传达对象：考虑品牌形象的传达对象，即目标受众的特点和喜好。瑶族婚俗文化品牌形象的色彩选择应该与目标受众的文化背景和审美观念相契合，以便更好地传达品牌的特色和文化。

2.瑶族婚俗文化品牌的文字设计

在设计江华瑶族婚俗文化品牌文字时，需要注意以下几点。

（1）明确的说明性：品牌文字应该清晰地传达品牌的名称，并强化品牌形象和品牌诉求。字体的设计可以使文字具有辨识度和辨认度，让人一眼就能识别出品牌。

（2）突出瑶文化特征：品牌文字应该具体凸显瑶文化的特征，体现品牌所代表的文化价值和传统。这可以通过选择瑶族传统文字的元素或者在字体

## 第三章　瑶族形象符号举隅与设计再运用

设计中融入瑶族文化的图案和符号来实现。同时，设计要符合时代审美的要求，使文字在传递瑶文化的同时也能引起现代人的共鸣。

（3）字体的系统性和延展性：选择合适的字体是设计品牌文字的关键。字体应该具有系统性，即在整个品牌形象中保持一致，形成统一的风格。同时，字体还应具有延展性，能够适应不同媒体和材料的制作需求，如在广告宣传中的印刷品、网页设计中的字体显示等。

品牌标准字是品牌形象识别系统中的重要组成部分。与普通印刷字体相比，品牌标准字需要更具观赏性，字体的结构和比例要合理，线条清晰且易于辨识。这样可以凸显婚俗品牌的内涵，强化品牌形象和品牌诉求力。品牌形象文字的设计应根据瑶族婚俗文化的个性进行。通过分析和探讨字体的形态特点和编排组合，把握文字之间的韵律和节奏，使文字的表现形式与品牌文化和谐统一。广告宣传文字是品牌广告语的视觉化表现。其内容应简短易记，突出品牌特点，并传递鲜明且独特的信息。通过巧妙设计，广告宣传文字能够吸引消费者的注意力，增强品牌的认知度和记忆度。品牌功能性文字是对瑶族婚俗文化中各个主题内容的概括说明，具有记录性特点。它可以让消费者轻松高效地获取品牌中的有效信息，快速抓住消费者的思维。通过品牌功能性文字的设计，消费者在接收信息的过程中会无形中被瑶族婚俗文化所吸引。

3.瑶族婚俗文化品牌的标志设计

品牌标志设计在品牌视觉识别系统中起着关键作用。它是品牌的核心视觉符号，能够有效地传达一个企业、行业或产品的特征、作用、文化和精神给社会大众。通过这种可识别的视觉形式，人们可以在类似品牌或产品中进行区分和选择，从而增强品牌在消费者心中的认知和忠诚度。品牌标志的设计必须与品牌的诉求相一致，它是品牌内涵的外在视觉表现。设计标志时需要遵循识别性、符号化和标准化的原则。

第一，标志的设计应该具有辨识度，即人们能够轻松地从标志的形态上识别出品牌。标志的视觉表达应该清晰地传达品牌的理念和特点，使人们能够迅速理解和记忆。

第二，标志应该具有符号化的特点，即通过标志可以引起人们对品牌的认知和联想。符号化的标志有助于提升品牌形象，使品牌在消费者心中建立起独特的印象和价值。

第三，标志的设计应该符合标准化的原则，即建立规范的视觉模式，确保整个品牌视觉识别系统的一致性和完整性。标准化的标志设计可以使品牌在不同的媒体和渠道上呈现出统一的形象，增强品牌的认知度和影响力。

品牌标志设计在品牌视觉识别系统中具有重要的地位。通过设计良好的标志，可以有效地传达品牌的特点和价值，帮助品牌在竞争激烈的市场中脱颖而出。因此，在进行品牌标志设计时，需要注重识别性、符号化和标准化的原则，以实现品牌形象的塑造和传播。

关于瑶族婚俗文化的品牌标志设计，具体可以考虑以下几点。

（1）注意地域特征和文化根源的表现。品牌标志设计应该充分考虑瑶族婚俗文化的地域特征和文化传统，通过标志来展现和传达瑶族的独特魅力和风格。

（2）提取瑶族特色的色彩、图形或图腾样式。由于瑶族人民有着独特的图腾信仰和色彩偏好，可以从婚嫁物品中的服饰、陪嫁物、首饰等图案元素入手，提取并整合成品牌的语言符号，并融入标志中，以突出瑶族文化的独特性和辨识度。同时，设计师还可以运用象征性的色彩和形状来增强标志的表达力。例如，选择具有瑶族特色的颜色，如鲜艳的红色、绿色或蓝色等，以及与瑶族文化相关的形状，如花朵、动物等，来丰富标志的视觉效果和文化内涵。

（3）标志与其他宣传形式的灵活组合。在设计标志时，可以将瑶族图案元素进行分析、排列和整合，使标志更加简洁、强烈，并且富有品牌属性和艺术性。通过对图案元素的提炼和重组，可以创造出一个独特而具有辨识度的标志，能够有效地传达瑶族婚俗文化的特点和价值。品牌标志应该具备灵活性，能够与其他宣传形式相结合，例如在广告、海报、网站等不同媒体上的应用，以增强品牌形象的一致性和传播效果。

（4）重构、修饰、分解、转换、强化元素。将江华瑶族本地的代表图腾、婚嫁物品中的纹样等元素进行抽象处理，通过重构、修饰、分解、转换、强化等手法，使标志具有艺术感染力和视觉冲击力。

（5）考虑实际应用表现和延展功能。在设计标志时，要考虑其在各种印

第三章　瑶族形象符号举隅与设计再运用

刷制品和传播媒体上的实际应用表现，以适应不同的环境和材料。标志应该具备良好的延展性，能够在不同的媒介和尺寸上保持清晰和识别性。

综上所述，针对江华瑶族婚俗文化的品牌标志设计需要注重地域特征和文化根源的表现，融入瑶族特色的图形或图腾样式，与其他宣传形式灵活组合搭配，重构、修饰、分解、转换、强化元素，并考虑实际应用表现和延展功能。这样的设计能够更好地传达江华瑶族婚俗文化的特点和精神，并在不同的媒体和环境中展现出良好的视觉效果。

### （二）瑶族婚俗文化品牌延伸品的创新应用

1. 品牌的吉祥物设计

吉祥物是一种可爱形态的角色或符号，被用来代表一个品牌、组织或活动。它们通常具有平易近人、动感欢快的形象，旨在唤起社会大众的好感并吸引消费者的注意力。吉祥物在品牌识别系统中扮演辅助性的视觉元素的角色，通过象征和寓意的设计手法，将品牌的抽象文化理念和品牌精神转化为具体、直观、实在的品牌形象。吉祥物的设计通常考虑到目标受众的喜好和文化背景，以便更好地与他们建立情感连接。它们可以是动物、人物、物体或抽象的形象，具有独有的特征和个性。通过与品牌形象的结合，吉祥物能够传达品牌的价值观、个性和使命，同时提升品牌的可识别性和记忆度。吉祥物在品牌推广中发挥重要作用。它们可以出现在广告、包装、产品标识、活动宣传等多个渠道，与消费者进行互动，增强品牌的影响力和认知度。通过与吉祥物的互动，消费者能够建立情感连接，并将这种情感转化为对品牌的忠诚度和购买决策。

以1984年美国洛杉矶夏季奥运会的吉祥物"Sam"为例，它采用了拟人化的设计手法，将老鹰作为吉祥物的形象表现。这种设计使得吉祥物更加生动有趣，能够更好地传达洛杉矶奥运会的精神理念。通过"Sam"的形象，洛杉矶奥运会成功地展示了自己的活力和激情，吸引了全球的关注和参与。这样的成功案例证明了品牌吉祥物在品牌形象塑造中的重要性。

通过创作一个有趣、独特且与品牌形象相符的吉祥物，企业可以吸引消费者的眼球，增加品牌的知名度和认可度。品牌吉祥物还可以成为品牌与消费者之间互动的桥梁，促进消费者对品牌的情感投入和忠诚度。因此，在品牌形象系统中创作品牌吉祥物是一种有效的营销策略，能够帮助企业与消费者建立更紧密的联系。瑶族婚俗文化是围绕男女结合而衍生出来的文化主题，寓意着美满幸福的含义。在设计品牌吉祥物时，可以运用象征和寓意的手法，并结合品牌的文化理念、精神特质和民族特性等因素。选择瑶族婚俗的主题色彩、服饰造型和婚嫁物品作为设计的题材，通过艺术构思，采用生动有趣的卡通人物形象作为吉祥物的造型设计。在吉祥物的造型设计中，可以将品牌标志的图形视觉元素和辅助图形元素作为造型装饰，并融入婚俗文化中的民族元素。这样的设计能够使吉祥物的形象更加贴近现实生活，引起消费者的好感和共鸣。

通过将瑶族婚俗文化与吉祥物的设计相结合，可以达到以下效果。

（1）增强瑶族婚俗文化品牌与目标受众之间的情感连接：通过吉祥物形象中融入瑶族婚俗文化的元素，能够引发目标受众对自身文化的认同感，从而增强与品牌的情感连接。

（2）提升瑶族婚俗文化品牌的认知度和记忆度：具有独特、有趣的吉祥物形象能够吸引人们的注意力，使品牌更易于被记住和辨识。

（3）传递瑶族婚俗文化品牌的文化理念和民族特色：吉祥物形象的设计可以通过视觉元素和符号传达品牌的文化理念和民族特色，进一步加强品牌形象的塑造和传播。

吉祥物作为品牌文化的"浓缩形象"具有广泛的应用价值。它不仅可以在品牌宣传中起到媒介的作用，还可以成为传承瑶族婚俗文化的有效手段。品牌吉祥物可以根据不同的媒体形式灵活运用。在品牌宣传、庆典、推广或展览等场合，吉祥物的形象可以被运用，以展现品牌独特的婚俗特色和文化风貌。通过吉祥物的形象，品牌能够与众不同，引起人们的兴趣和关注，进而深入人心。吉祥物可以在各种媒体渠道上进行推广，如广告、宣传册、网站、社交媒体等。通过吉祥物的形象和故事，品牌能够与消费者建立情感连接，增强品牌的认知度和记忆度。同时，吉祥物的形象也可以被应用于产品包装、商标设计等方面，进一步强化品牌的形象和特色。

通过品牌吉祥物的运用，瑶族婚俗文化品牌能够更好地传承和弘扬瑶族婚俗文化。吉祥物形象可以承载瑶族婚俗的特色元素和传统符号，使品牌与

## 第三章 瑶族形象符号举隅与设计再运用

文化相结合，传达瑶族婚俗的价值观和精神内涵。这样的设计能够让消费者更加深入地了解和认同瑶族婚俗文化，进而推动文化的传承和发展。

2.广告宣传系统的应用

广告宣传对于品牌传播十分重要，特别是对于瑶族婚俗品牌来说，它能够通过直观、宣传性强的方式将品牌信息传达给消费者，同时清晰地传递品牌形象。广告宣传系统通过各种形式的媒介手段，将瑶族的嫁娶文化传达给消费者，使人们在接触和了解该品牌的过程中更加深入地了解瑶族当地人的婚嫁习俗。这样的宣传方式有助于传承和保护瑶族宝贵的民族婚俗文化，并使其在现代社会中得到更好的传承和发展。

通过广告宣传系统，瑶族婚俗品牌可以选择合适的媒体渠道，如电视、广播、报纸、杂志、互联网等，以覆盖最广泛的受众群体。这样可以确保品牌信息能够真实地传播出去，并且在传递过程中能够引起消费者的兴趣和共鸣。

广告宣传系统还可以利用视觉和声音等多种手段，通过精心设计的广告内容和形式来传递瑶族婚俗品牌的核心价值和特点。例如，可以运用瑶族传统婚礼的场景、服饰、乐器等元素，让消费者直观地感受到瑶族文化的魅力和独特性。同时，通过广告语、音乐、配乐等方式，可以进一步强化品牌形象，增加广告的吸引力和说服力。

瑶族婚俗品牌的广告系统主要包括印刷制品和路牌广告这两个方面。

（1）印刷制品广告

印刷制品广告是指通过印刷媒介，如传单、宣传册、海报等形式来传播品牌信息和瑶族婚俗文化的广告。这些印刷制品可以在商店、旅游景区、文化活动等场所进行分发，或者通过邮寄、投递等方式传递给目标受众。

印刷制品广告的特点是可以提供丰富的信息内容，通过图文并茂的方式展示瑶族婚俗的特点、传统婚礼的场景、服饰、习俗等，让消费者更加直观地了解品牌和瑶族文化。此外，印刷制品广告还可以通过精美的设计和高质量的印刷工艺，增加广告的吸引力和品牌形象的表达效果。

（2）路牌广告

路牌广告是指在道路、街道、广场等公共场所设置的广告牌，用于向行人和车辆传递品牌信息和瑶族婚俗文化。这些广告牌通常采用耐候性强的材料制作，如金属、塑料等，以确保其长期的展示效果。

路牌广告的特点是可以在公共场所广泛展示，吸引更多的目标受众的注意力。通过设计独特的广告内容和形式，如瑶族元素的运用、醒目的颜色和文字等，可以让行人和车辆在经过时快速获取品牌信息和瑶族婚俗文化的内容。

总之，通过印刷制品广告形式和路牌广告形式的相互补充，可以快速传递品牌信息和瑶族婚俗文化的内容，让消费者更加了解品牌和瑶族文化。

## 第四节 瑶族盘王节 品牌视觉形象设计

### 一、瑶族盘王节概况

#### （一）江华瑶族盘王节发展历史

瑶族盘王节是瑶族人民最重要的传统节日之一，也是瑶族文化的代表性活动。它通常在农历正月初八至十五之间举行，持续一周左右。瑶族是中国的一个少数民族，主要分布在广西、湖南、云南等地，盘王节是他们丰收祈福、祭祀祖先、庆贺新年的重要方式之一。

江华瑶族盘王节源于瑶族祭祀祖先盘王的传统仪式，被称为"还盘王愿"。传说瑶族先民迁徙渡海时遭遇狂风大浪，处于绝望之际，他们向盘王祈求平安、许下愿望，并表示将感恩和酬谢盘王。令人惊讶的是，不久后他们果然平安抵达岸边。为了庆祝这一奇迹，上岸后的瑶族人举行盛大的庆祝活动，包括蒸糯米、打糍粑、套野猪等祭祀仪式，同时尽情歌舞欢庆，庆祝瑶族人的新生。

第三章　瑶族形象符号举隅与设计再运用

## （二）瑶族盘王节活动内容

盘王节是瑶族文化的重要组成部分。在这一节日里，瑶族人民穿着传统的节日服饰，参与各种庆祝活动，表达对盘王的敬意和感恩之情。祭祀仪式是盘王节最重要的环节之一。瑶族人民会在村庄的祭坛上摆放丰盛的祭品，如水果、米酒、糕点等。然后，盘王和村民们会齐声祈祷，祈求盘古保佑他们平安、健康和丰收。祭祀仪式通常伴随着歌舞表演、打鼓、放炮等庆祝活动。

此外，盘王节还有一些特色的民俗活动，如舞龙、舞狮、踩高跷等。瑶族人民会穿上传统的节日服饰，载歌载舞，展示他们的文化和艺术才华。同时，还有一些传统的体育竞技活动，如射箭、摔跤等，增加了节日的喜庆氛围。

瑶族盘王节不仅是瑶族人民的重要节日，也吸引了许多游客前来观赏和参与。这个节日展示了瑶族的风俗习惯、宗教信仰和艺术表演，是了解和体验中国少数民族文化的绝佳机会。同时，盘王节也促进了瑶族人民的凝聚力和文化传承，使他们更加自豪和自信。

总之，瑶族盘王节是中国瑶族人民举办的一项重要传统节日，通过祭祀、庆祝和民俗活动，表达对盘古的崇拜和感恩之情，展示瑶族的文化传统和艺术表演，是瑶族人民团结、庆贺丰收和祈求吉祥的重要方式之一。

## （三）瑶族盘王节节庆价值

江华瑶族盘王节作为瑶族的传统节日，不仅具有文化和历史价值，还对促进区域的文化旅游产业发展具有重要的经济价值。

1.文化价值
（1）保护和传承瑶族文化
瑶族盘王节是瑶族人民传统的重要节日，通过庆祝活动和仪式，有助于保护和传承瑶族的文化遗产。节日中的歌舞、音乐、服饰和习俗等元素，展示了瑶族独特的艺术形式和生活方式，有助于让年轻一代了解和尊重自己的文化传统。

（2）增进族群凝聚力

瑶族盘王节是瑶族人民共同参与的庆祝活动，有助于增强族群的凝聚力和认同感。人们在节日中相聚，共同参与庆祝活动，加强了社区意识和归属感。这种集体参与和共同体验的过程，有助于加强族群内部的联系和团结。

（3）促进交流与互动

瑶族盘王节是一个重要的社交平台，人们可以通过节日活动结识新朋友、拜访亲友，以及与其他族群进行交流与互动。这种交流和互动有助于促进不同族群之间的了解、友谊和合作，推动社会和谐与发展。

2.经济价值

（1）促进旅游业发展

江华瑶族盘王节是一个具有吸引力的文化旅游节庆活动。每年举办的节庆活动吸引了大量的游客和观众前来参与和观赏。游客可以欣赏到瑶族传统的歌舞、音乐、民俗表演等精彩节目，体验瑶族的独特文化。这为当地的旅游业带来了经济收入，促进了旅游设施、酒店、餐饮等相关产业的发展。

（2）促进文化创意产业发展

江华瑶族盘王节的举办为文化创意产业提供了良好的发展机遇。在节庆期间，可以推出各种与瑶族文化相关的创意产品和手工艺品，如传统服饰、工艺品、纪念品等。这些产品可以吸引游客的购买和收藏，促进当地的手工艺品制作和文化创意产业的发展。

（3）增加就业机会和收入

江华瑶族盘王节的举办为当地居民提供了就业机会。节庆活动需要人员组织、演出、摊位经营等各种工作，为当地居民提供了临时性的就业机会。此外，节庆活动的举办还带动了当地商业活动的增加，为商家和摊贩创造了收入来源。

（4）推动基础设施建设

随着江华瑶族盘王节的发展，为了满足节庆活动的需求，需要提升基础设施建设。这包括道路、交通、酒店、场馆等方面的建设和改善。这些基础设施的建设不仅为节庆活动提供了便利，也为当地的发展和提升提供了契机。

总的来说，江华瑶族盘王节的举办不仅具有保护和传承瑶族文化的价值，还对促进区域的文化旅游产业发展具有重要的经济价值。

## 二、瑶族盘王节品牌视觉形象设计策略

### （一）注重文化传承，展现民族特色

盘王节应该充分利用瑶族文化资源优势，将各种节庆活动与瑶族民俗、歌舞、技艺等文化资源进行联动。在节庆活动中，可以安排瑶族民俗表演，如长鼓舞、斗龙灯、耍歌堂等，让游客亲身感受和参与其中。同时，可以举办手工技艺展示和体验活动，让游客了解瑶族传统的手工艺术，如织布、编织、陶艺等。此外，特色饮食也是重要的一部分，可以推出瑶族传统美食，让游客品味地道的瑶族烹饪。

此外，还可以安排瑶族歌舞表演，让游客欣赏瑶族独特的音乐和舞蹈，感受瑶族文化的魅力。在活动中，可以设置互动环节，让游客参与到瑶族文化中来，例如学习瑶族舞蹈动作、体验瑶族音乐乐器等。

通过这样的综合展示，盘王节可以成为一个全面展现江华瑶族文化的平台，吸引游客、促进文化传承和发展。这样的活动不仅可以增加游客的参与度和满意度，还有助于提升江华县的知名度和吸引力。

### （二）挖掘文化符号，强化品牌内涵

盘王节作为瑶族文化的重要组成部分，它具有独特的文化符号和庆祝方式。为了完善品牌形象，强化品牌内涵，可以采取以下措施。

1.强调瑶族文化符号

将盘王节与瑶族文化紧密联系起来，突出瑶族的传统、价值观和习俗。通过展示瑶族特有的服饰、舞蹈、音乐和美食等元素，加强品牌与瑶族文化

的关联，使消费者在参与盘王节庆祝活动时能够深入了解和体验瑶族文化。

2.建立差异化品牌个性定位

通过独特的活动和服务，将盘王节品牌与其他节庆品牌区分开来。例如，可以组织特色的瑶族音乐会、传统手工艺品展览、瑶族美食品尝等活动，吸引消费者的兴趣和参与度。同时，提供与瑶族文化相关的产品或服务，如瑶族传统服饰、手工艺品或瑶族文化体验活动，以满足消费者对瑶族文化的需求。

3.定位全国瑶族文化符号

虽然江华地域文化在盘王节中有一定的影响力，但为了将品牌定位为全国瑶族节庆品类领先者，可以适度弱化江华地域文化符号的突出性。这并不意味着完全忽视江华地域文化，而是在品牌传播和推广中更加强调全国性瑶族文化的独特性和吸引力。

4.利用自身资源优势

品牌可以充分利用自身的资源优势，如地理位置、人才和场地等，打造独特的盘王节庆祝活动。例如，在盘王节期间举办大型的瑶族文化展览，邀请知名瑶族艺术家和文化专家举办讲座和表演，吸引更多的参与者和媒体关注。还可以以游客喜闻乐见的瑶族文化展示体验为主题，打造独特的节庆活动，提供原生态的瑶族民俗体验，以吸引更多的游客和参与者。这样不仅可以使民俗风情充满魅力，提升品牌的竞争地位和知名度。同时，这也有助于推动瑶族文化的传承和发展，促进当地旅游业的繁荣和经济的发展。具体有以下方式。

（1）瑶族民居建筑展示

利用当地的瑶族民居，打造一个展示瑶族建筑特色和生活方式的场所。游客可以参观瑶族村落，了解瑶族人民的居住环境和传统建筑技艺，体验瑶族文化的独特魅力。

（2）歌舞游艺表演

组织瑶族歌舞表演，展示瑶族的音乐、舞蹈和戏剧艺术。通过精彩的演出，让游客感受到瑶族文化的热情和活力，增强他们对瑶族文化的兴趣和认知。

（3）饮食文化体验

提供瑶族特色的美食品尝活动，让游客品味正宗的瑶族菜肴，了解瑶族食材的特点和烹饪技艺。同时，可以组织瑶族传统饮食文化的展示和讲解，让游客了解瑶族人民的饮食习惯和文化背景。

（4）服饰技艺展示

展示瑶族传统服饰的制作过程和技艺，让游客亲自参与或观摩瑶族服饰的制作，了解瑶族服饰的丰富多样和独特之处。这不仅可以传承瑶族服饰技艺，也可以为游客提供一种参与感和互动体验。

在视觉图形应用中，可以强化与瑶族文化相关的符号语言，如瑶族图腾、传统纹样等，以突出节庆主题和瑶族风情。设计标识、海报、宣传册等视觉元素时，可以采用淳朴本真、热情好客的瑶族风格，以增强品牌的视觉识别性和吸引力。

通过以上措施，盘王节品牌可以在消费者心目中树立起全国瑶族节庆品类领先者的形象，从而吸引更多的消费者参与和关注，提升品牌知名度和美誉度。同时，还可以促进瑶族文化的传承和发展，为瑶族地区的经济和社会发展作出贡献。

## （三）打造文化空间，丰富游客体验

1. 文化展厅

设立一个专门的文化展厅，展示盘王节的历史源流和瑶族文化的丰富内涵。在展厅中可以展示盘王节的起源、发展历程、传统习俗、瑶族服饰、音乐舞蹈等内容，通过图片、文字、视频等多种形式，让外来游客对盘王节和瑶族文化有更深入的了解和认知。同时，可以设置互动展示区域，让游客参与其中，增添旅途的文化趣味。

2. 文化体验区域

划分专门的文化体验区域，为开展瑶族非遗文化体验活动和打造互动性旅游产品提供场所。在这个区域内，可以设置各种传统手工艺品制作工坊，如瑶族刺绣、染色、编织等，让游客亲身参与其中，学习和体验瑶族传统手工艺的魅力。此外，还可以组织一些非遗技艺表演和互动活动，如瑶族舞蹈表演、民俗游戏等，让游客感受瑶族文化的独特魅力。

3.节庆文化纪念品销售区域

设置一个节庆文化纪念品销售区域，满足游客个性化消费需求。在这个区域内，可以提供各种与盘王节和瑶族文化相关的纪念品和手工艺品，如传统服饰、饰品、工艺品、瑶族特色食品等。这些纪念品可以作为游客留念和礼物，也可以帮助游客更好地了解和传播盘王节和瑶族文化。

通过设立文化展厅、划分文化体验区域和设置节庆文化纪念品销售区域，可以为游客提供一个全面的盘王节文化体验空间。游客可以在这里了解盘王节的历史和文化，参与瑶族非遗文化体验活动，购买纪念品等，从而满足不同游客的需求，增添节庆的文化魅力和趣味性。

## （四）增加宣传媒介，拓展受众空间

盘王节的信息传播链条单一，无法满足互联网时代的传播需求。为了增强品牌宣传效果，应盘王节采取多链传播模式，增加线上和线下多样化的宣传媒介形式。

盘王节可以在线上平台扩大宣传，如建立官方网站、社交媒体账号和移动应用程序等。通过这些渠道，可以发布节庆信息、活动安排、参与方式等内容，吸引更多的游客关注和参与。同时，可以利用社交媒体的分享功能，鼓励游客将自己的盘王节体验分享给朋友，扩大传播范围。

盘王节可以利用线下宣传媒介增加品牌曝光度。例如，在城市中心的广告牌、公交车站、地铁站等热门地点投放宣传海报或广告，吸引人们的注意。此外，可以与当地旅游景点、商场、酒店等合作，展示盘王节的特色和吸引力，吸引更多游客前来参与。

除了多样化的宣传媒介形态，还可以通过完善品牌视觉触点应用体系来增强游客对盘王节的识别性。这包括设计独特的节庆标志、口号、形象等，使其在各种宣传媒介中都能够被游客轻松辨识和联想到盘王节。

为了优化游客在旅游消费中的服务体验，盘王节可以提供更多的便利设施和活动。例如，提供免费的导览服务、优惠的旅游套餐、丰富多彩的文化表演等，让游客在参与盘王节的同时享受到更好的服务和体验。

通过以上措施，盘王节可以建立起多链传播模式，增加品牌曝光度和影响力，吸引更多游客参与和关注，进而推动盘王节品牌的发展。

## 三、江华瑶族盘王节品牌视觉形象设计方法

### （一）提取特色符号，传达品牌个性

品牌视觉形象设计的内涵表达离不开视觉符号作为物质媒介。在江华瑶族盘王节品牌视觉形象的设计过程中，也应当提取与江华瑶族盘王节的文化背景和内涵相联系的特色符号，使品牌视觉形象具有文化性，并显现出独树一帜的品牌个性。

第一，设计师需要资料搜集，深入了解江华瑶族盘王节的历史、传统、意义和庆祝活动等方面的信息。这可以通过研究相关的书籍、文献资料、图片、视频等途径进行。同时，与江华瑶族盘王节相关的人士、专家或当地居民的访谈也是获取深入了解的重要方式。

第二，设计师需要梳理符号的造型和色彩特征。符号可以是具体的图形、图案、标志或象征性的元素。设计师可以通过分析和归纳搜集到的资料，找出其中的共同特征和重要元素。这些元素可能与江华瑶族盘王节的特定活动、传统服饰、器物、建筑等有关。同时，色彩也是视觉符号中重要的表达方式之一。设计师可以根据江华瑶族盘王节的特点和氛围，选择适合的色彩方案来表达品牌视觉形象的特色和个性。

第三，设计师需要运用平面设计手段对符号进行转译和变换。平面设计手段包括构图、排版、字体选择、色彩运用等等。通过这些手段，设计师可以将搜集到的符号元素进行组合、变形和演绎，以创造出独特的品牌视觉形象。设计师还可以运用平面设计手段来突出符号的文化性，让江华瑶族盘王节的文化特色得以体现和传递。

## （二）强化标志图形，突显品牌内核

江华瑶族盘王节需要建立品牌标志，深入了解江华瑶族盘王节的历史、传统和文化内涵。这将有助于理解节庆活动的特点和独特之处，为品牌标志设计提供灵感。之后收集与江华瑶族盘王节相关的文化符号、图案和图形。这些符号可以是与盘王节相关的传统服饰、器物、建筑等，也可以是与瑶族文化相关的图腾、纹饰等。从中提取出核心元素，这些元素应能够代表江华瑶族盘王节的独特性和个性。可以考虑使用瑶族特有的图案、色彩或者与盘王节相关的象征性元素。利用提取到的核心元素进行品牌标志的设计，可以考虑使用图形、字体、颜色等元素来表达品牌的独特性和个性，确保设计简洁、易于识别且与江华瑶族盘王节的形象相符合。

制定品牌标志的应用规范，包括标志的大小、颜色、比例等。确保品牌标志在不同的应用场景中都能保持一致性和清晰度。这将有助于消费者建立对品牌标志的认知，并提高品牌的可识别性。

将品牌标志应用到不同的视觉触点上，如宣传海报、活动场馆装饰、网站设计等。在设计中注意品牌标志的合理布局和与其他元素的协调，确保品牌形象的统一性和完整性。

通过以上步骤，可以建立起突显品牌内核的江华瑶族盘王节品牌标志，并规范其在品牌视觉触点设计中的应用方式。这将有助于提升消费者对节庆活动内涵与个性的感知程度，并增强品牌的认知度和辨识度。

## （三）运用色彩对比，加强视觉呈现

在设计江华瑶族盘王节的视觉形象时，红色作为主要色彩是合适的选择，因为红色在中国文化中代表着喜庆和热情。大面积运用红色可以传递节庆到来时瑶民的欢庆和鼓舞的喜悦情绪，给游客留下深刻的印象。过于单一的色彩会让设计感觉单调乏味，并且难以与其他节庆形成视觉上的区分。在设计过程中，可以考虑适当增加其他色彩，丰富和加强节庆视觉形象的呈现。

在选择其他色彩时，可以结合节庆的定位和实际需要。例如，可以选

## 第三章　瑶族形象符号举隅与设计再运用

择与红色相衬的色彩，如金色、橙色或黄色，增加视觉对比度和活力。这些颜色也与节庆的喜庆氛围相符合。此外，还可以考虑使用一些与江华瑶族文化相关的色彩元素，以突出地域特色和文化传统。例如，瑶族传统服饰中常见的蓝色、绿色和紫色等颜色，可以用于设计中，以展示瑶族的独特魅力。

综上所述，适宜的色彩搭配是设计节庆视觉形象中的重要考虑因素。通过增加其他色彩和运用色彩对比，可以丰富和加强江华瑶族盘王节的视觉形象，使其更具吸引力和独特性。

### （四）丰富辅助图形，营造节庆氛围

在江华瑶族盘王节品牌视觉辅助图形的设计过程中，重视节庆文化的民族性和地域性是非常重要的。设计师应该深入了解江华县的历史和文化，特别是瑶族的风俗、手工技艺、聚落建筑和文化遗迹等方面的资源。这些文化资源可以作为设计的灵感和元素，用于提炼出代表江华瑶族文化特色的视觉图形。

设计师可以通过整理和研究这些文化资源，找到其中具有代表性的图形元素，如特定的图案、纹饰、器物等。这些图形元素可以被运用到品牌视觉触点的应用设计中，如标志、海报、宣传物料等，丰富江华瑶族盘王节品牌辅助图形的设计内涵。

在设计过程中，设计师可以运用各种视觉语言和呈现方式，如线条、色彩、构图等，来展现江华瑶族文化的丰富性和复杂性。这些辅助图形应该能够传达出欢乐、热闹和喜庆的活动氛围，强化节庆品牌对旅游者的吸引力。

总之，通过充分重视江华瑶族文化的民族性和地域性，整理和提炼具有代表性的视觉图形元素，并巧妙地运用到品牌视觉设计中，可以帮助丰富中华民族大家庭的世界品牌。

# 第五节 瑶族织锦的品牌形象创新设计

瑶族织锦作为瑶族文化的重要组成部分，具有代表性和象征意义。瑶族织锦的纹样和色彩反映了瑶族人民的精神寄托和对美好生活的向往，同时也见证了瑶族历史的发展历程。瑶族织锦的纹样多样且独特，常以花鸟、动物、人物等为主题，图案精细而富有创意。这些图案往往融入了瑶族人民对自然、生活和宗教信仰的理解和追求，展现了他们对美的追求和独特的审美观念。同时，瑶族织锦的色彩也非常鲜艳丰富，常使用红、绿、蓝等明亮的颜色，给人以活泼、欢快的感觉。这些色彩不仅仅是装饰性的，更承载了瑶族人民对生活的热爱和对幸福的追求。瑶族织锦作为一种传统手工艺品，不仅仅是瑶族人民的日常生活用品，更是他们文化传承和身份认同的重要象征。通过织锦的制作和传承，瑶族人民将自己的文化价值和生活方式传递给后代，同时也展示了他们对美和艺术的独特见解。然而，随着传统文化的复兴，其他地区的织锦开始积极进行创新，湖南江华瑶锦却一直处于相对较低的知名度和发展水平。瑶锦面临着缺乏发展资金和创新人才的支持，产品也缺乏创新，因此瑶锦品牌建设显得尤为重要。通过品牌建设，可以提升瑶锦的知名度和市场竞争力，吸引更多的关注和资源投入，为瑶锦的创新发展提供有力支持。同时，品牌建设还能激发创新意识，推动瑶锦产品的设计和工艺水平的提升，以满足现代消费者的需求和时尚潮流。因此，加强瑶锦品牌建设是为了推动瑶锦走向创新发展的必要举措。[①]

---

[①] 曲金海.湖南江华瑶族织锦的品牌形象创新设计研究[J].品牌与标准化，2023（A1）：31-34.

# 第三章 瑶族形象符号举隅与设计再运用

## 一、瑶族织锦概述

### （一）瑶族织锦的阐释

瑶族织锦的对瑶族人民来讲不仅仅是一种手工艺品，更是瑶族文化的重要组成部分，代表了瑶族人民的精神追求和文化传统。它的独特性和艺术性使其成为了瑶族文化的珍贵遗产，也为人们了解和欣赏瑶族文化提供了一个窗口。瑶族织锦属于湖湘四大著名织锦。湖湘四大著名织锦是指湖南省四大传统织锦，分别是土家族织锦、侗族织锦、苗族织锦和瑶族织锦。这些织锦都是当地少数民族的传统手工艺品，具有悠久的历史和独特的工艺技巧。

### （二）瑶族织锦的文化的价值

瑶族织锦以其精湛的技艺和独特的图案而闻名，其中有一种特殊的织锦称为"经锦"。"经锦"是指在织锦过程中，经线（纵向的线）不仅用于支撑织物结构，还用来形成花纹和色彩。传统的织锦通常是经线只起支撑作用，而花纹和色彩是通过纬线（横向的线）来表现的。但是瑶族织锦中的"经锦"独特之处在于，经线不仅起到支撑作用，还参与了花纹和色彩的形成。这种技艺要求织锦工匠在织布过程中，根据设计要求将不同颜色的经线交织在一起，形成复杂的图案和色彩效果。这样一来，经线不仅仅是织锦的结构基础，还成为了织锦的重要组成部分，起到了装饰作用。瑶族织锦的"经锦"技艺在中国传统织锦中是独一无二的，它展示了瑶族人民对织锦工艺的深厚造诣和创造力。这种织锦工艺不仅在瑶族地区得到了广泛的应用和传承，也成为了中国文化遗产中的一部分。[1]

由于经花工艺相对纬花工艺来说限制较多，因此在现代纺织技术的发展中，经花工艺逐渐被淘汰或者较少应用。然而，在瑶族织锦中，经锦的技艺

---

[1] 曲金海.湖南江华瑶族织锦的品牌形象创新设计研究[J].品牌与标准化，2023（A1）：31-34.

得以保留并发扬光大，使得瑶族织锦成为了一种独特的纺织工艺。正是由于瑶族织锦中经锦的存在，使得瑶族织锦在织锦艺术中具有独特的价值。瑶族织锦被称为"少数民族织锦活化石"，意味着它保留了古代纺织工艺中的一些特殊技艺和传统，成为了一种珍贵的文化遗产。现存的瑶族织锦手工艺人可以说是中国古代纺织工艺的最后传承者。他们通过世代相传的技艺和经验，保持了织锦的独特工艺和高水平的手工艺品质。他们不仅仅是手艺娴熟的织锦工匠，更是承载着历史文化的守护者和传统工艺的守望者。

瑶族织锦的传承和发展不仅对于瑶族文化的保护和传播具有重要意义，也为纺织工艺的研究和传统工艺的保护提供了宝贵的资源。通过继续传承和弘扬瑶族织锦的工艺，我们能够更好地了解和欣赏中国古代纺织工艺的精髓和魅力。

### （三）瑶族织锦发展历史

在宋朝时期，瑶族织锦开始出现并逐渐得到发展。宋朝是中国历史上一个重要的文化时期，对于各个民族的文化交流和发展都起到了推动作用。瑶族织锦在这个时期开始受到更多的关注和赞赏。宋朝时期，瑶族织锦的制作技艺逐渐成熟，图案设计也更加丰富多样。瑶族织锦的技术传承主要通过口耳相传的方式进行，技艺在民间得到了广泛传播和发展。瑶族织锦在这一时期的发展主要以满足本民族的需求为主，用于制作服装、家居用品等。

明清时期是瑶族织锦发展的黄金时期。在这个时期，瑶族织锦的工艺水平得到了进一步提高，图案设计更加精细。明清时期的社会经济繁荣为瑶族织锦的发展提供了有利条件，瑶族织锦逐渐成为了一种重要的商品交换品，不仅在瑶族地区有市场，而且还远销他地。明清时期，瑶族织锦的制作工艺和技术得到了更加系统和规范的总结和传承。瑶族织锦的制作过程更加精细，对于纺织材料的选择、染色、织造等环节都有更高的要求。同时，瑶族织锦的图案设计也更加丰富多样，不仅保留了传统的民族元素，还吸收了外来的艺术影响，形成了独特的风格。

瑶族人民在宋朝时期开始进入湖南江华，并在明洪武初年开始在江华定居。在江华，瑶族人民自己种植棉花和染料，并且家家户户都会纺纱织布，甚至连被子的被里和被面也是自己制作的。瑶族女子在织被子时，会先用蓝靛染成蓝青色，间色为白色。然后，她们会从市场购买彩色棉线，用来丰富被子图案的颜色。这样，她们就能织出彩色的被单。这种自给自足的生产方式体现了瑶族人民的勤劳和智慧，同时也展示了他们对美的追求。瑶族的纺织技艺在当地具有悠久的历史和独特的文化价值，对于研究中国少数民族的历史和文化具有重要意义。

隋唐时期的政治稳定和经济繁荣为瑶族织锦的发展提供了有利的条件。当时的社会需要各种奢华的服饰和装饰品，瑶族织锦正好满足了这一需求。因此，瑶族织锦在这个时期可能得到了较大的推广和应用。

总的来说，瑶族织锦作为瑶族传统手工艺的代表之一，具有悠久的发展历史和独特的艺术风格。通过几千年的发展演变，瑶族织锦不仅成为了瑶族人民生活的一部分，更是展现瑶族文化魅力的窗口。在当今社会，我们应该共同努力，保护和传承瑶族织锦这一宝贵的非物质文化遗产，让其继续闪耀着瑶族文化的光芒。

### （四）瑶族织锦发展现状

在瑶族织锦的发展过程中，瑶族人民不断吸收和融合了外来文化的影响，使得织锦的艺术风格更加丰富多样化。瑶族织锦以其独特的图案和色彩而闻名，常常以鸟兽、花草、山水等自然元素为主题，结合瑶族人民的生活和信仰，展现出瑶族文化的独特魅力。

随着社会的变迁和经济的发展，瑶族织锦也逐渐走向了市场化。在现代，瑶族织锦已经成为了一种重要的民族特色产业，为瑶族地区的经济发展和文化传承做出了积极贡献。越来越多的人开始关注和欣赏瑶族织锦的独特魅力，这也促使着更多的年轻人投身于织锦的创作和传承之中。随着现代化的发展和市场经济的冲击，瑶族织锦也面临一些问题。

1.传承困难

由于现代生活方式的改变和年轻一代对其他职业的吸引力，传统手工艺技能的传承面临困难。老一代的织锦艺人年龄逐渐增长，而年轻一代对于学习和继承这一技艺的兴趣不高,导致传统技艺面临失传的风险。

2.市场需求下降

随着现代化生产和工业化的发展,大规模生产的工业制品对手工艺品的市场需求产生了冲击。瑶族织锦作为手工制品,其生产周期长、成本高,无法与大规模生产的工业品竞争,导致市场需求逐渐下降。

3.设计创新不足

瑶族织锦的设计创新相对较少,多数产品仍停留在传统的图案和样式上。缺乏新颖的设计和时尚元素,使得瑶族织锦在年轻消费者中的吸引力减弱,限制了其市场拓展和发展潜力。

4.市场营销不足

瑶族织锦的市场营销手段相对滞后,缺乏有效的推广和宣传,使得一些人了解和认识瑶族织锦的价值和魅力受到闭塞。缺乏市场营销的支持,瑶族织锦很难在竞争激烈的市场中脱颖而出。

## 二、瑶族织锦独特特征

### (一)瑶族织锦的色彩

瑶锦是中国瑶族传统的手工织锦,具有悠久的历史和独特的工艺技术。瑶锦的颜色包括白、黑、黄、赤、青五种色彩。这五种颜色的搭配体现了"好五色衣服、衣裳斑斓"的特征。从瑶锦发展看,瑶锦的颜色在不同的时期存在一定程度的差异,这主要受到当时染料技术和材料的限制所影响。在以天然染料为主的时期,瑶锦所使用的染料主要来自于植物、动物和矿物等天然材料。当时的染色技术尚未成熟,无法实现高明度和饱和度的染色效果。因此,瑶锦所采用的棉线染色多以靛蓝、土黄和青绿等颜色为主。这些颜色相对较为自然,与当时的染料技术和材料相匹配。随着时间的推移,染料技术不断发展和创新,瑶锦的颜色也逐渐丰富和多样化。在后来的时期,

# 第三章　瑶族形象符号举隅与设计再运用

随着染料工艺的改进和新型染料的引入，瑶锦的颜色范围得到了扩展，出现了更多明亮、鲜艳的色彩。同时，人们对于染色技术的研究和探索也使得瑶锦的颜色更加丰富多样。

### （二）瑶族织锦的纹样和图案

几何纹样在瑶锦中被广泛应用，纹样的线条清晰、简洁，没有繁琐的细节，使得整体看起来非常整齐和有序。同时，瑶族织锦的纹样还常常运用对称和重复的原则，增强了整体的美感和平衡感。这些对称和重复的元素使得纹样显得稳定而和谐。在瑶锦上使用几何纹样，不仅可以增加其视觉吸引力，还可以传达一种神秘的感觉。几何纹样的选择和排列方式可以根据设计师的创意和意图来进行。设计师可以根据瑶锦的整体风格和主题来选择适合的几何纹样，并将它们巧妙地融入瑶锦的设计中。通过运用不同的几何纹样，可以创造出各种独特的效果，使瑶锦更加丰富多样。

盘王纹是瑶族文化中的一种纹饰，用于表达对盘王的敬仰和崇拜。瑶族相信盘王是他们的始祖，是创造世界的神灵。因此，盘王纹常常被用于瑶族的织锦作品中，作为一种神圣的符号和象征。盘王纹通常以线条和几何图案的形式呈现，具有独特的美学风格。这些图案可能包括圆形、螺旋、交叉等元素，以及象征着自然界的动植物、山水等图案。通过织锦作品中的盘王纹，瑶族人民表达了对盘王的敬仰和感恩之情，同时也展示了他们对自然界和宇宙的敬畏和赞美。

盘王纹不仅是瑶族文化的重要组成部分，也是瑶族织锦艺术的独特之处。这些织锦作品经常被用于瑶族的传统仪式、节日庆典以及日常生活中，作为装饰品和礼品。通过盘王纹的呈现，瑶族人民传承和弘扬了自己的文化传统，同时也展示了他们对盘王和自然界的崇敬之情。

八宝被是瑶锦中最为典型的织物之一。八宝被以其独特的图案和精湛的工艺而闻名。八宝被的图案通常由八种不同的宝物组成，如花卉、鸟类、动物、宝石等。这些图案以细腻的刺绣和织锦的方式呈现，色彩鲜艳且富有层次感。八宝被的制作过程非常繁琐，需要经过细致的设计、选材、织造和刺绣等多个环节。瑶锦八宝被不仅具有很高的艺术价值，还有实用性。它们通常用作床上用品，可以保暖和增添房间的装饰效果。在中国传统文化中，八宝被也被视为一种吉祥的象征，常常作为婚嫁礼品或重要节日的礼物赠送。

瑶族织锦的纹样是瑶族人民智慧和勤劳的结晶，它展示了瑶族人民对自然界的敬畏和对美好生活的追求。瑶族织锦不仅是一种艺术形式，更是瑶族文化的重要组成部分，它承载着瑶族人民的历史和传统，是一种珍贵的文化遗产。我们应当珍惜和传承这一宝贵的文化瑰宝，让瑶族织锦的纹样继续闪耀着独特的光芒。

## 三、江华瑶锦品牌形象设计的意义

江华瑶锦是一种传统的中国丝织品，具有悠久的历史和独特的文化价值。品牌形象设计对江华瑶锦来说非常重要，它具有以下意义。

### （一）传承文化

江华瑶锦作为一种传统工艺品，代表着中国丝织文化的瑰宝。通过品牌形象设计，可以传达江华瑶锦的历史、文化背景和工艺技艺，帮助人们更好地了解和认识这一文化遗产。

### （二）提升认知度

品牌形象设计可以帮助江华瑶锦在市场上建立独特的形象和品牌标识，提升品牌的知名度和认知度。通过设计独特的标识、商标和品牌元素，可以使江华瑶锦在众多竞争对手中脱颖而出，吸引消费者的注意力。

### （三）增加竞争力

通过品牌形象设计，可以打造江华瑶锦的独特品牌价值和竞争优势。良好的品牌形象可以赋予江华瑶锦更高的品质和价值感，提高产品的附加值，从而在市场上获得更多的竞争力。

### （四）建立信任

品牌形象设计可以帮助江华瑶锦树立信任和好感度。通过设计符合目标消费者喜好和期待的品牌形象，可以建立起消费者对江华瑶锦的信任和认可，使其成为消费者心目中的首选品牌。

### （五）推动销售

良好的品牌形象设计可以有效推动江华瑶锦的销售。通过传递品牌的核心价值和独特卖点，吸引目标消费者的兴趣和购买欲望，从而促进产品的销售和市场份额的增长。

综上所述，品牌形象设计对江华瑶锦来说具有重要的意义，它可以传承文化、提升认知度、增加竞争力、建立信任和推动销售，为江华瑶锦的品牌发展和市场竞争提供有力支持。

## 四、江华瑶锦品牌形象创新设计路径与策略

### （一）瑶锦品牌设计思路

就瑶锦品牌的基本视觉形象设计而言，需要突出其独特特征。举例来说，瑶锦常采用菱形纹样和几何图形，因此相关标志和视觉形象设计应凸显这些特点。在瑶锦品牌的生态链发展方面，瑶锦拥有特定的传习所，可以规划传习所为江华瑶锦传习体验馆，让更多人亲身体验瑶锦编织的技艺，提升对瑶锦文化的认知和对瑶锦产品价值的认可。基于此，还可发展当地旅游产业，形成完整的产业生态链。在树立瑶锦品牌形象后，可利用品牌形象推出瑶族其他特色产品，并设计独具瑶锦特色的包装，以拓展多样化的瑶锦产品种类，提高瑶锦品牌的竞争力。从长远来看，建立瑶锦品

牌可提升大众的认可度，吸引更多当地年轻人从事瑶锦技艺传承，扭转当前瑶锦传承断代的不利局面，最大程度地发挥瑶锦文化的影响力，更好地传承和发展织锦文化。

### （二）瑶锦品牌形象的创新设计方法

瑶族织锦作为瑶族人民的传统手工艺品，承载着丰富的文化内涵和历史价值。为了使瑶锦能够在现代市场中焕发新的生命力和竞争力，瑶锦品牌形象设计的首要任务是保持传统特色，同时在传承中进行创新。传统的瑶锦具有独特的工艺和文化内涵，这些传统特色是品牌的核心竞争力和独特之处。因此，在设计品牌形象时，应该注重保留和弘扬这些传统特色，让消费者能够感受到瑶锦的独特魅力和历史文化。

品牌符号化设计可以通过提取瑶锦的独特元素和图案，将其转化为具有辨识度和艺术美感的品牌标识。这个标识可以融合瑶族文化的符号、色彩和纹样，以突出瑶锦的独特性和传统价值。同时，标识的设计要符合现代审美需求，使其在市场中更具吸引力和竞争力。

品牌创新设计可以通过结合瑶锦的传统工艺和现代设计理念，推出更多具有创新性和时尚感的产品系列。例如，可以探索新的材料、工艺和制作技术，将瑶锦应用于时装、家居用品、艺术品等领域，以满足现代消费者对个性化、品质和文化内涵的需求。

在品牌形象设计和创新设计的过程中，需要注重传承与创新的平衡。一方面，要尊重和保留瑶锦自身的悠久文化底蕴，传承瑶族人民的智慧和技艺。另一方面，要与时俱进，注入新的元素和理念，使瑶锦能够与现代社会相融合，具备更广阔的市场前景和发展空间。

通过品牌符号化设计和品牌创新设计，瑶锦可以赋予更多的可能性，实现文化的活态传承。这不仅可以推动瑶锦产业的发展，还可以增强瑶族文化的影响力和竞争力，让更多的人了解和喜爱瑶锦，为瑶族文化的传承和发展作出贡献。

第三章　瑶族形象符号举隅与设计再运用

## （三）瑶锦品牌形象的创新设计路径

瑶锦品牌可以加强与校企方的合作，构建数字化平台。与高校和企业合作可以为瑶锦品牌带来新的创意和技术支持。通过与高校合作，可以吸引年轻的设计师和艺术家加入瑶锦品牌塑造，注入新的活力和创新思维。与企业合作可以实现资源共享和互利共赢，共同推动瑶锦品牌的发展。

瑶锦品牌还可以考虑跨界联名合作，与其他品牌或艺术家合作推出联名产品。跨界合作可以为瑶锦品牌带来更广泛的曝光和市场影响力，吸引更多的消费者关注和购买。同时，跨界合作也可以带来创新的设计理念和市场推广策略，为瑶锦品牌带来新的机遇和发展空间。

总之，瑶锦品牌形象设计要坚守传统特色，在传承中进行创新。加强瑶锦与校企方的合作，构建数字化平台，以及跨界联名合作，是推动瑶锦品牌发展的重要策略。通过这些措施，瑶锦品牌可以在传统与现代、文化与市场之间找到平衡，实现品牌形象的升级和发展。

# 第四章　广西金秀大瑶山的重要地位

　　金秀大瑶山位于广西壮族自治区桂林市金秀瑶族自治县，山峦起伏，峰峦叠嶂，瀑布飞泻，溪流潺潺。金秀大瑶山还被誉为"万宝山"，因为这里蕴藏着丰富的矿产资源、珍贵的植物和动物物种，这些资源对于生态保护和科学研究具有重要价值。除了自然景观，大瑶山还有丰富的人文历史和文化遗产，总之，金秀大瑶山是一个自然与人文相融合的宝地，展现了大自然的壮丽和人类文明的智慧。

# 第一节　瑶山与瑶民

## 一、富饶雄伟的瑶山

### (一) 地貌方面

　　大瑶山是广西壮族自治区中部的一座山脉，其地势高大、坡陡、谷深。山脉呈东北、西南走向，从边缘向中心逐渐拔高，山脊突起。大瑶山上有727座海拔800米以上的山峰，其中最高峰是圣堂山，海拔1979米，也是广西中部地区最高的山峰。大瑶山的景色异常美丽壮观，丹峰、碧水、朱崖、绿树相互交织，形成了独特而迷人的自然景观。大瑶山的美景吸引了众多游客和摄影爱好者前来观赏和拍摄。登上山峰，可以俯瞰山脉的壮丽景色，感受大自然的宏伟和力量。[1]

　　大瑶山的天然林海是广西地区最大的，它从东北部的天堂岭一直延伸到西南面的圣堂山和五指山，总长度超过百余华里。这片天然阔叶林茂密丰盛，拥有丰富的植被生态系统，包括各种珍稀的植物和动物物种。在大瑶山的植被中，常见的有乔木、灌木、藤本植物等。其中，乔木包括杉木、柏木、樟木等，它们高大挺拔，形成了茂密的树冠。灌木和藤本植物则在地面上蔓延，形成了一片繁密的植被层。大瑶山的动物资源也非常丰富多样。这里栖息着一些珍稀的动物物种，此外，还有许多鸟类、爬行动物和昆虫等生物多样性丰富的物种。大瑶山的景色壮丽，给人一种宏伟、神秘的感觉。山峦起伏，峰峦叠嶂，云雾缭绕，形成了独特的自然风光。

　　因为其独特的自然环境和景观，大瑶山吸引了众多的游客和自然爱好者前来探索和欣赏。人们可以在这里进行徒步旅行、观鸟、摄影等活动，感受大自然的美妙和宁静。同时，保护大瑶山的生态环境也十分重要，以确保这

---

[1] 莫金山.金秀大瑶山 瑶族文化的中心[M].南宁：广西民族出版社，2006.

片宝贵的天然林海能够长久地存在下去。

## （二）气候方面

大瑶山气候宜人，四季如春，冬温夏凉，给人一种舒适的感觉。中心地区的最高气温一般不超过30摄氏度，最低气温一般不低于零摄氏度。全年平均气温为17摄氏度，温差较小。夏季是大瑶山气候最为宜人的时候。即使在三伏天，也能感受到清风习习、凉爽宜人的气候。晚上睡觉时，人们仍然需要加盖棉被来保暖。因此，大瑶山成为了一个理想的避暑胜地。这样宜人的气候条件也为大瑶山的生态环境提供了绿色保障。温暖而湿润的气候有利于植物的生长，使得大瑶山的植被茂密丰盛。同时，这样的气候也为动物提供了适宜的生存环境，保护了大瑶山丰富的动物物种。[①]

总的来说，大瑶山拥有宜人的气候，冬温夏凉，四季如春。这里的夏季尤其宜人，即使在三伏天也能感受到凉爽的气息。这样的气候条件加上壮丽的自然风光，使大瑶山成为了人们避暑休闲的理想去处。

## （三）自然资源方面

1.水资源

大瑶山位于广西中部，是该地区最大的水源山之一。它被誉为"天然绿色水库"，因为山上的植被茂密，每年蓄积了大量的水资源，约达24亿立方米。这些水资源通过25条呈放射状的河流分别流经周围七个县区，最终汇入浔江和黔江。沿途的河流直接为周围七个县区的1500万亩良田提供了灌溉水源。

这片广阔的水源山区不仅为当地提供了丰富的水资源，还起到了保护生态环境的重要作用。山上茂密的植被能够减少水土流失，保持水源的稳定性，同时提供了丰富的生物多样性。大瑶山的存在对于当地的农业、生态环

---

① 莫金山.金秀大瑶山 瑶族文化的中心[M].南宁：广西民族出版社，2006.

境和人民的生活起到了积极的影响。

2.动植物资源

金秀是桂中地区最大的天然动物园，拥有丰富的动物资源如"瑶山鳄蜥"、娃娃鱼等，它们是国家重点保护的珍稀动物。

瑶山地区还以其丰富的土特产品而闻名，其中八角、竹笋、冬菇、肉桂、茶叶和灵香草是最著名的。当地民众流传着一首歌谣："罗运村的八角贵，青山村的好生姜，六竹村的竹笋脆，山茶村的茶叶好芬芳。平林村的肉桂好，平道村的木耳靓，金秀白沙好灵香。"这反映了当地土特产品的高品质和丰富性。

在瑶山地区特有的植物中，有一些值得一提的物种，如松叶蕨、南方铁杉、长苞铁杉、鸡毛松、三尖杉、白豆杉、穗花杉、红豆杉以及木兰科、八角科、五味子科、金缕梅科等。这些特有植物在瑶山地区有着较高的分布密度。

瑶山地区的动植物资源丰富，对于保护和研究动植物多样性具有重要意义。这些动植物不仅是当地生态系统的重要组成部分，也具有重要的经济和科学价值。

3.矿产资源

地质方面，金秀大瑶山地区地层复杂，包括了各种岩石类型，如花岗岩、片麻岩、石英岩等。这些岩石的存在为该地区的矿产资源提供了基础，如金、银、铜、铅、锌等金属矿产，以及煤炭、石灰石等非金属矿产。这些矿产资源的开采对于当地的经济发展和工业建设具有重要意义。

总的来说，金秀大瑶山地区凭借其特殊而复杂的自然条件，拥有丰富的自然资源，包括矿产资源、水资源和森林资源等。这些自然资源为当地的经济发展和生态保护提供了重要支撑。

## 二、神秘勇敢的瑶民

大瑶山地区位于金秀县，是瑶族人的聚居地。根据他们使用的语言和遵

## 第四章 广西金秀大瑶山的重要地位

循的习俗的差异，瑶族可以分为盘瑶、茶山瑶、花蓝瑶、坳瑶和山子瑶这五个支系。瑶族的语言属于汉藏语系苗瑶语族瑶语支，其中茶山瑶的语言与壮侗语相近，而花蓝瑶的语言则与苗语相似。瑶族在历史上没有发展出自己的文字，一般人使用汉语进行交流。他们已经在大瑶山地区定居了数百年，有些家族甚至可以追溯到近两个世纪前。由于当时瑶族的文化水平相对较低，大瑶山地区的早期历史逐渐湮没在岁月的尘埃之中。尽管官方的历史记录中有一些简短的记载，但很难详细了解当时大瑶山社会的情况。因此，直到20世纪20年代，对于大瑶山地区的社会状况，人们几乎一无所知，使得大瑶山在人们心中既模糊又神秘。[1]

在中华人民共和国成立之前，大瑶山地区的瑶族人生产力非常低下，他们的农业主要依靠刀耕火种的方式进行，种植的旱地作物收成甚微，广种薄收。每亩土地的产量只有数十斤，水田的亩产一般也不超过两三百斤。因此，每年他们只能自给自足的粮食约占总需求的50%至70%不等。为了弥补粮食的不足，他们除了将土特产品和木材运出山区换取一些粮食外，还不得不采野菜来维持生计。为了应对生活的困难，狩猎对于瑶族人来说也是一项重要的生产和生活活动。瑶族人普遍对狩猎有浓厚的兴趣和习惯，在农闲的时候，上山进行狩猎是一件常见的事情。他们使用各种工具进行狩猎，包括套绳、石按、铁夹、鸟盆和砂枪等。这些工具可以帮助他们捕捉小动物、鸟类和其他野生生物，以获得额外的食物和资源。狩猎不仅是一种补充粮食的手段，也是瑶族人保持生活多样性和丰富性的一种方式。

### （一）金秀瑶族

金秀长毛瑶的恋爱婚姻比较自由，这意味着他们在选择伴侣和结婚的过程中有较大的自主权。他们的婚礼通常很简单，不像盘瑶那样复杂和隆重。在金秀长毛瑶的传统中，娶方通常会送给嫁方一只鸡和一二十斤的酒作为礼物。这些礼物可能象征着对新娘的尊重和关爱。同时，媒人也会收到一些小

---

[1] 莫金山.金秀大瑶山 瑶族文化的中心[M].南宁：广西民族出版社，2006.

礼物，通常是二三斤的猪肉。与之相比，盘瑶的婚礼仪式更为复杂和隆重，花费也更高。这可能是因为盘瑶的文化背景和传统习俗不同于金秀长毛瑶。盘瑶可能注重婚礼的庄重和仪式感，并且愿意为此花费更多的金钱和精力。

需要注意的是，这些描述可能只是对金秀长毛瑶和盘瑶婚礼的一般概括，并不适用于所有个体和情况。每个人和每个家庭的婚礼习俗可能有所不同，受到地域、宗教、家庭传统等多种因素的影响。

金秀瑶族人民喜爱唱歌是他们文化的重要组成部分。瑶族的歌曲内容非常广泛，包括了各种不同类型的歌曲。

首先是"生产歌"，描述了生产过程和总结生产经验。这些歌曲通常用来传承和分享瑶族的农业、手工艺和其他生产技能。通过歌曲的形式，人们可以更加生动地理解和学习相关的知识和技术。

其次是"历史歌"，叙述了瑶族的重大历史事件和传统。这些歌曲帮助人们了解瑶族的历史，传承和弘扬瑶族的文化和价值观。

还有"恋爱歌"，是青年男女表达爱情和谈论情感的方式。这些歌曲表达了他们对爱情的渴望、欢乐和痛苦，是瑶族青年人之间感情交流和谈婚论嫁的重要方式。

此外，还有其他类型的歌曲，如"苦歌""风俗歌""盘问歌""婚礼歌""信歌""滑稽歌"等等。这些歌曲涵盖了瑶族生活的方方面面，从表达苦难和辛劳，到描述风俗习惯、庆祝喜庆场合、幽默搞笑的内容等等。

总的来说，金秀瑶族的歌曲丰富多样，反映了他们的生活、历史、情感和文化。这些歌曲不仅是娱乐和表达的方式，也是瑶族文化的传承和宝贵的文化遗产。

## （二）中瑶民

瑶族的朴实大方、热情好客和助人为乐等美德确实令人钦佩。他们在集体上山打猎时，猎物通常会平均分给所有参加者，体现了平等和分享的价值观。在山上，他们对他人的财物非常尊重，只要有茅标，表示该物品属于他人，任何人都不会擅自动它。同样地，当主人外出时，他们只需用一根木棍横插在大门上，而不用锁，这显示了他们对和谐社区的信任。在劳动过程

## 第四章 广西金秀大瑶山的重要地位

中,瑶族人常常将自己的衣物和饭包等物品放在路边,但绝不会有人乱拿。他们的谷仓通常建在村外,但很少发生偷盗现象。对于来往行人,只要进入家门,就会受到热情的接待。这种待人亲切的态度体现了他们对他人的尊重和关心。此外,瑶族人之间的互助精神也非常强烈。当一家有事情时,四邻村民和亲朋好友都会自动前来帮忙,而且他们不期望得到任何报酬。在修路搭桥等公益劳动中,大家也都非常自觉地参与其中。这些行为体现了他们对团结、互助和公共利益的重视。[①]

瑶族的这些美德,在建设社会主义精神文明的今天,得到了进一步的发扬。这些价值观和行为对于社会的和谐发展和人与人之间的和睦关系有着积极的影响。他们提醒我们在现代社会中,也应该尊重他人、关心他人,并且乐于助人,以营造一个更加温暖和谐的社会。

中华人民共和国成立后,金秀县大瑶山瑶民的生产生活情况得到了显著改善。

(1)农业方面。瑶民主要从事农业生产,种植水稻、玉米、蔬菜等作物。在国家的支持下,农业生产得到了技术、资金和市场的支持,农民收入逐渐增加。政府推行农村土地承包制度,使农民能够长期占有和经营土地,激发了农业生产的积极性。

(2)教育方面。瑶民地区的教育水平得到了提升。政府加大了对农村教育的投入,修建了学校和教育设施,提供了更好的教育资源。学校开设了普通教育和职业教育,为瑶民提供了更多的学习机会,提高了他们的综合素质。

(3)基础设施建设方面。瑶民地区的交通、通信和电力等基础设施得到了改善。政府修建了公路、桥梁和电力供应网络,使得瑶民地区与外界的联系更加便捷,为经济发展提供了支撑。

(4)医疗卫生服务方面。瑶民地区的医疗卫生条件得到了改善。政府加大了对农村医疗卫生的投入,建设了卫生院和社区诊所,提供了更好的医疗服务和健康管理。同时,加强了对疾病防控的工作,提高了瑶民的健康水平。

---

[①] 莫金山.金秀大瑶山 瑶族文化的中心[M].南宁:广西民族出版社,2006.

（5）扶贫政策方面。瑶民地区是一个相对贫困的地区，政府出台了一系列扶贫政策，帮助瑶民脱贫致富。通过发放贷款、提供技术培训和推动产业发展等措施，瑶民的生活条件得到了明显改善。

总的来说，中华人民共和国成立以来，金秀县大瑶山中瑶民的生产生活情况得到了显著改善。政府的政策支持和投入，以及社会发展的大力推动，使得中瑶民享受到了更好的教育、医疗和基础设施条件，农业生产水平和农民收入也有了明显提高。

# 第二节 金秀大瑶山是中国瑶族文化的中心

## 一、世界瑶族文化的中心在中国

瑶族拥有悠久的历史和独特的文化传统，被誉为中国文化的瑰宝之一。瑶族文化的发展与中国悠久的历史密不可分。瑶族人民在长期的历史演变中，与其他民族形成了紧密的联系和交流。中国作为瑶族文化的发源地，承载着瑶族文化的根基和传统，为其发展提供了坚实的基础。下面将探讨世界瑶族文化的中心在中国的原因，并分析中国在保护和传承瑶族文化方面所做的努力。

（一）"世界瑶族文化的中心在中国"的原因

我们之所以说"世界瑶族文化的中心在中国"，主要有以下原因。

1.中国境内的瑶族人口占全球瑶族人口的绝大多数

中国境内的瑶族人口占据了全球瑶族人口的绝大多数，这使得中国成为瑶族人口最为集中的国家之一。由于人口众多，中国境内的瑶族社区形成了

## 第四章　广西金秀大瑶山的重要地位

独特而丰富的瑶族文化。在中国，瑶族人口主要分布在广西、云南、湖南等地，形成了各具特色的地方瑶族文化。瑶族人民通过世代相传的习俗、传统服饰、音乐舞蹈等方式，传承和发展了瑶族的文化特色。因此，中国境内的瑶族社区可以说是瑶族文化的核心和重要承载者。

2.海外瑶族支系少，文化内容单一

瑶族是一个多支系的民族，不同的支系在语言、风俗习惯、音乐舞蹈等方面都有自己独特的特点。然而，在海外瑶族社区中，由于人口数量有限且主要集中在少数几个支系，其他支系的文化元素相对较少。这种情况导致海外瑶族的文化内容相对较为单一，无法展现瑶族文化的全貌和多样性。

值得一提的是，文化的传承和发展需要特定的环境和社区支持。由于海外瑶族人口相对较少，他们在保持和传承传统文化方面可能面临一些挑战。因此，海外瑶族的文化内容相对较为有限，主要集中在少数几个支系的传统习俗和文化表达方式上。[1]

3.海外瑶族皆从中国迁出，且历史并不长远

海外瑶族人口大多是从中国境内迁徙至其他国家或地区的后裔。这些迁徙可以追溯到不同的历史时期，如19世纪末至20世纪初的瑶族起义和战乱时期，以及更近期的经济发展和劳动力流动等原因。相比之下，中国境内的瑶族人口具有更为悠久的历史。瑶族是中国的少数民族之一，其历史可以追溯到古代。在中国境内，瑶族人口在相对固定的当地发展和繁衍已经有数百年的历史，形成了独特的社会结构、文化传统和生活方式。而海外瑶族的历史相对较短，迁徙时间较近。这意味着海外瑶族的文化传承和发展相对较短，对于中国境内瑶族文化的保留和传统的延续可能存在一定的挑战。尽管历史不长远，海外瑶族仍然保持着他们的瑶族身份和文化传统，并通过各种方式努力保持联系和传承。

需要指出的是，尽管海外瑶族的历史相对较短，他们仍然是瑶族大家庭的一部分，他们的身份和文化根源仍然可以追溯到中国境内的瑶族社区。因

---

[1] 莫金山.金秀大瑶山 瑶族文化的中心[M].南宁：广西民族出版社，2006.

此，海外瑶族与中国境内的瑶族仍然有着紧密的联系和文化共同点。

4.海外瑶族与中国境内的瑶族在风俗习惯和语言方面有相似性的联系

随着时间的推移，虽然一些瑶族人民迁徙到了海外，但他们仍然保持着与内地瑶族相同的根源和文化传统。他们仍然重视家庭和社区的联系，注重祭祀和宗教仪式。瑶族人民对自然界有着深厚的崇拜和尊重，他们的传统习俗中常常涉及到与自然相关的活动和仪式。此外，他们也保留了瑶族特有的服饰、舞蹈和音乐等文化元素。

在语言方面，海外瑶族通常仍然使用瑶族的语言，这与中国境内的瑶族使用的语言相同或相近。瑶族语言属于壮侗语系，有多个方言和变体。虽然海外瑶族可能会受到所在国家或地区的语言环境的影响，但他们通常会努力保持自己的语言传统，并通过口头传承将其传递给后代。

总的来说，尽管有的瑶族已经迁徙到海外其他地区，他们与中国境内的瑶族仍然保持着相似性和联系，无论是在风俗习惯还是语言方面。这种联系可以追溯到他们共同的根源和文化传统。

5.海外学者收集的瑶族资料少，研究成果不多

瑶族是中国的一个少数民族，主要分布在中国南部地区，特别是广西、云南、贵州等地。相对而言，海外瑶族人口数量较少，远远不及在中国境内的瑶族人口规模。因此，海外学者在进行瑶族文化研究时，面临的样本数量和资源有限，这限制了他们的研究深度和广度。

由于海外学者在瑶族地区的接触和调研机会较少，他们收集到的瑶族资料相对有限。瑶族文化具有独特的特点和传统，但这些传统往往是口头传承的，没有被书面记录下来。因此，海外学者需要在实地调研时面临语言障碍、文化差异和社会接触等问题，这使得他们难以获取到全面准确的瑶族文化资料。

海外学者在进行瑶族文化研究时，可能面临研究经费和研究机构支持的限制。瑶族文化研究需要投入大量的时间、精力和资源，包括实地调研、语言翻译、文献搜集等。如果海外学者在这方面受到限制，就会影响他们对瑶族文化的深入研究和成果产出。

尽管如此，随着全球化的发展和学术交流的加强，越来越多的学者开始

# 第四章　广西金秀大瑶山的重要地位

关注瑶族文化，并致力于推动瑶族文化研究的进展。希望未来能有更多的海外学者参与到瑶族文化的研究中，为我们了解和传承瑶族文化做出更多贡献。

### （二）中国在保护和传承瑶族文化方面的努力

1.保护瑶族文化遗产

中国政府将瑶族的传统村落、古建筑、传统音乐等列为重点保护对象，加强了对瑶族文化遗产的保护和修复工作。通过修缮古建筑、整理文献资料、记录口述历史等方式，保留了大量珍贵的瑶族文化遗产。

2.传承瑶族语言

中国通过在学校开设瑶族语言课程、培训瑶族语言教师等方式，促进了瑶族语言的传承和发展。同时，中国还积极利用现代技术手段，如互联网和移动应用程序，推广和传播瑶族语言，使更多的人了解和使用瑶族语言。

3.促进瑶族文化交流

中国积极推动瑶族文化与其他民族文化的交流与合作。中国举办了多次瑶族文化节、艺术展览和文化交流活动，吸引了世界各地的观众和学者。这些活动不仅增进了瑶族文化的国际影响力，也促进了不同文化之间的相互理解和交流。

4.弘扬瑶族文化艺术

瑶族文化源远流长，具有浓厚的地方特色和独特的艺术风格。瑶族人民以勤劳、善良和勇敢著称，他们崇尚自然，尊重祖先，注重家庭和社区的团结。瑶族文化中的音乐、舞蹈、绘画、手工艺等艺术形式，均展现了瑶族人民的智慧和创造力。瑶族的服饰、建筑、饮食等方面也有独特的特点，体现了他们对生活的热爱和追求。

中国鼓励瑶族人民传承和发展瑶族的音乐、舞蹈、绘画、手工艺等艺术形式。政府组织了一系列的瑶族文化艺术节和比赛，提供了展示才华的平台，激发了瑶族人民的创作热情。

中国政府高度重视少数民族文化的保护和传承。政府制定了一系列政策和措施，保护和弘扬瑶族文化。例如，设立了瑶族文化研究机构和博物馆，开展了瑶族文化的研究和展览活动。同时，中国还加强了瑶族文化教育，推动瑶族语言的传承和发展，培养了一大批瑶族文化的传承人和研究者。

中国是世界瑶族文化的中心，这既是历史的必然，也是中国政府和瑶族人民共同努力的结果。中国政府高度重视瑶族文化的保护和传承，通过一系列的政策和措施，加强了瑶族文化的研究、传承和发展。中国的努力不仅使瑶族文化得到了有效的保护，也为世界了解和认识瑶族文化提供了重要的机会。相信在中国政府和瑶族人民的共同努力下，世界瑶族文化的中心将更加璀璨辉煌。

## 二、中国瑶族文化的中心在广西

### （一）地理因素

广西是中国西南地区的一个省份，地处南亚热带和北亚热带过渡地带，拥有得天独厚的自然环境和地理条件。广西境内山川壮丽，河流纵横，气候温暖湿润，适宜农业和人类居住。这种独特的地理环境为瑶族人民的生活和文化发展提供了良好的基础。

### （二）历史渊源

广西是瑶族人民的发祥地之一，瑶族历史悠久，可以追溯到古代的南越国时期。在漫长的历史过程中，瑶族人民与其他民族有着密切的交流和融合，形成了独特的文化传统。广西作为瑶族的发源地和聚居区，自然成为中国瑶族文化的中心。

## 第四章　广西金秀大瑶山的重要地位

### （三）广西是中国瑶族人口最多的省区之一

广西是中国瑶族人口最多的省区之一。瑶族是中国的一个少数民族，主要分布在广西、广东、湖南、云南、贵州和江西等六个省区。根据统计数据，广西是瑶族人口最多的地方，也是瑶族人民的重要居住地。

广西瑶族不仅是中国瑶族人口的主体，还是中国实行瑶族区域自治的主体之一。中国实行少数民族区域自治制度，为少数民族提供了保护和发展自己的文化、语言、宗教和习俗的权利。广西壮族自治区成立于1958年，是中国首批设立的少数民族自治区之一。广西壮族自治区内的瑶族人口众多，瑶族人民在政治、经济、文化和社会等方面享有自治权利。

广西壮族自治区设有自治区人民政府和自治区人民代表大会，瑶族代表参与自治区的决策和管理。自治区政府在教育、文化、语言、卫生、经济发展等方面积极推动瑶族的发展，并保护和传承瑶族的传统文化和习俗。

通过实行民族区域自治，中国政府致力于促进各民族的和谐发展，保护少数民族的权益，促进民族团结和社会稳定。广西壮族自治区作为中国瑶族人口最多的地区，在瑶族文化保护和发展中起到了重要的作用。

### （四）语言特点

瑶族拥有独特的语言系统，瑶族语属于汉藏语系壮侗语族，分为多个方言和次方言。其中，广西的瑶族方言最为典型，被广大瑶族人民广泛使用。瑶族语言是瑶族文化的重要组成部分，它承载着瑶族人民的思想、价值观和生活方式，是他们与外界交流的重要工具。

### （五）文化传承与保护

广西作为中国瑶族文化的中心，一直致力于瑶族文化的传承和保护工作。政府加大了对瑶族文化遗产的保护力度，修复了许多古建筑和文物，建立了瑶族文化研究机构和博物馆。同时，广西还鼓励瑶族人民积极参与文化活动，举办各种展览、演出和比赛，激发了瑶族人民对自身文化的自豪感和认同感。此外，瑶族音乐和舞蹈是中国民族音乐文化的重要组成部分，也是瑶族文化的瑰宝。瑶族音乐以竹乐器为主要演奏工具，旋律优美动听，表达了瑶族人民对自然和生活的热爱。瑶族舞蹈形式多样，有舞龙、舞狮、舞鹰等，舞姿翩翩起舞，展示了瑶族人民的豪放和热情。广西是瑶族音乐与舞蹈的发源地和传承中心，每年都有丰富多彩的音乐舞蹈节目在这里举行，吸引了众多游客和艺术爱好者。

## （六）广西的学者在收集记录瑶族资料方面作出很大贡献

广西的学者在收集记录瑶族资料方面做出了很多工作，并且有丰富的研究成果。

广西是中国瑶族人口最多的地区之一，瑶族文化在这里得到了广泛的传承和发展。广西的学者通过深入研究和实地调查，积极收集和记录瑶族的历史、语言、文学、音乐、舞蹈、宗教信仰、民俗习惯等方面的资料。

在广西的研究机构、大学和学术团体中，有专门从事瑶族研究的学者团队。他们通过田野调查、文献研究、口述历史记录等方式，积累了大量的瑶族资料。这些资料包括瑶族的民间传说、传统医药知识、农耕技术、手工艺制作方法等，为瑶族文化的保护、传承和研究提供了重要的依据和参考。

广西学者的研究成果丰富多样，涉及瑶族的各个领域。他们在瑶族历史、语言学、文学、音乐学、人类学、社会学等学科领域做出了重要贡献。这些研究成果不仅丰富了学术界对瑶族文化的认识，也为广大社会公众提供了更多了解瑶族的途径。

通过广西学者的努力，瑶族的文化遗产得以保存和传承，瑶族的历史和传统得到了更加全面和深入的研究，为促进瑶族的发展和民族团结做出了积极的贡献。

中国瑶族文化的中心在广西，这是由地理、历史、语言、等多种因素共同决定的。广西作为瑶族的发源地和聚居区，拥有得天独厚的地理环境和丰富多样的文化资源，成为瑶族文化的中心地带。广西政府和瑶族人民一直致力于瑶族文化的传承和保护，为瑶族文化的繁荣发展做出了积极的贡献。相信在广西的努力下，中国瑶族文化将继续焕发出独特的魅力，为中华民族的

第四章　广西金秀大瑶山的重要地位

多元文化做出更大的贡献。

## 三、广西瑶族文化的中心在金秀大瑶山

广西壮族自治区是中国一个多民族的地区，其中瑶族是广西的重要少数民族之一。瑶族以其独特的文化和传统而闻名，而广西瑶族文化的中心可以说是位于金秀大瑶山。

金秀大瑶山位于广西壮族自治区桂林市金秀瑶族自治县境内，是广西最大的瑶族聚居区之一。这座山脉不仅拥有壮丽的自然风光，还是瑶族人民的精神家园和文化传承的重要场所。

### （一）金秀大瑶山是瑶族人民的聚居区

瑶族是中国的一个古老民族，他们在历史长河中形成了独特的文化和社会制度。而金秀大瑶山作为瑶族人民的聚居地，承载着瑶族人民的历史记忆和文化传承。瑶族人民在这片土地上生活、劳作、繁衍，形成了独特的生活方式和社会结构，这些都是广西瑶族文化的重要组成部分。

### （二）金秀大瑶山是瑶族文化的重要象征

瑶族人民对大瑶山有着深厚的情感和崇拜之情。在瑶族的传统观念中，大瑶山是神圣的山脉，被视为瑶族的祖地和灵魂所在。瑶族人民相信大瑶山是神灵的居所，是他们与神灵交流的桥梁。因此，瑶族人民在大瑶山举行各种宗教仪式和传统节日，以表达对神灵的崇敬和感恩之情。这些宗教仪式和传统节日是广西瑶族文化的重要组成部分。

### （三）金秀大瑶山还是瑶族文化的重要研究和保护基地

瑶族文化作为中国传统文化的重要组成部分，一直受到学者和文化爱好

者的关注。金秀大瑶山作为广西瑶族文化的中心，吸引了大量的学者和研究者前来考察和研究。他们通过对瑶族人民的生活方式、语言、艺术、宗教等方面的研究，为广西瑶族文化的传承和发展提供了重要的理论支持和实践指导。同时，金秀大瑶山还承载着广西相关机构和组织的保护和传承任务，他们通过开展各种文化活动和项目，努力保护和弘扬广西瑶族文化。

综上所述，广西瑶族文化的中心可以说是位于金秀大瑶山。这座山脉不仅是瑶族人民的聚居地，也是瑶族文化的重要象征和研究保护基地。金秀大瑶山承载着瑶族人民的历史记忆和文化传承，也为广西瑶族文化的传承和发展做出了重要的贡献。我们应当珍视和保护金秀大瑶山，传承和弘扬广西瑶族文化，让这一独特的文化宝藏继续在历史长河中闪耀光芒。

## 第三节　金秀瑶族是中国瑶族的缩影

### 一、金秀瑶族包含了中国瑶族的主要支系

瑶族是一个以母系氏族制为基础的民族群体，其社会组织和文化形态具有浓郁的特色。目前，瑶族可以分为10个支系，分别是红瑶、青瑶、白瑶、黑瑶、蒙古瑶、小苗瑶、大苗瑶、瑶罗、高山瑶和元瑶。金秀瑶族属于青瑶支系，是瑶族中的一个重要分支。青瑶支系主要分布在广西壮族自治区的桂林市、南宁市、柳州市等地，金秀瑶族就是其中之一。金秀瑶族在语言、服饰、习俗等方面与其他瑶族有一定的相似性，同时也有一些独特的文化特点。作为中国瑶族的主要支系之一，金秀瑶族在保留传统文化的同时，也积极融入现代社会发展，为瑶族文化的传承和发展做出了贡献。[1]

---

[1] 莫金山.金秀大瑶山 瑶族文化的中心[M].南宁：广西民族出版社，2006.

# 第四章　广西金秀大瑶山的重要地位

金秀瑶族可分为盘瑶、坳瑶、山子瑶、花蓝瑶和茶山瑶五个集团。根据语言学家的研究，盘瑶、坳瑶和山子瑶使用的是一种称为"勉语"的语言，其语言和语法基本相同，属于汉藏语系苗瑶语族瑶语支。花蓝瑶使用的是一种称为"炯奈语"的语言，属于汉藏语系苗瑶语族苗语支。茶山瑶使用的是一种称为"拉珈语"的语言，属于汉藏语系壮侗语族侗水语支。茶山瑶仅在金秀大瑶山地区存在，其他地方没有该支系。

在金秀大瑶山地区，中国瑶族的三个主要支系（集团）都有分布。因此，金秀瑶族包含了中国瑶族的主要支系。根据民族语言学家毛宗武的观点，全国范围内只有金秀瑶族自治县这五个不同自称的瑶族，使用了这三种瑶族语言。

## 二、金秀大瑶山是中国瑶族居住环境的典型代表

金秀大瑶山是中国瑶族居住环境的典型代表之一。金秀大瑶山地处广西壮族自治区金秀瑶族自治县，是瑶族人口较为集中的地区之一。这片山区地势崎岖，山高林密，河流纵横，水资源丰富，气候温暖湿润，为瑶族人民提供了适宜的生存和发展条件。

瑶族人民在金秀大瑶山地区世代居住，形成了独特的山地农耕文化。他们依山傍水，修筑梯田，种植水稻、玉米、红薯等农作物，养殖家禽家畜。瑶族人民以农耕为主要生产方式，同时也从事手工艺制作、织布、编织等传统手工业，保留了丰富多样的手工艺技艺。

金秀大瑶山地区的瑶族人民还保留了独特的民俗风情和传统习惯。他们世代相传的歌舞、音乐、服饰等文化元素，展现了瑶族独特的艺术风格和审美观念。此外，他们还积极参与各种传统节日和庆典活动，如瑶族花山节、瑶族火把节等，这些活动丰富了瑶族人民的生活，也吸引了许多游客前来体验和了解瑶族文化。

因此，金秀大瑶山作为中国瑶族居住环境的典型代表，展示了瑶族人民丰富的文化遗产和独特的生活方式。

## 三、金秀瑶族是中国瑶族生产生活的缩影

金秀瑶族被称为中国瑶族生产生活的缩影，有以下三方面的理由。

### （一）居住类型

中国瑶族可以分为定居和游居两种类型，而金秀瑶族正好代表了这两种类型。长毛瑶是定居瑶族，他们在大瑶山已经定居了五六百年，一直过着固定居住的生活。而过山瑶（盘瑶、山子瑶）则是游居瑶族，他们在进入大瑶山之前就已经有200多年的历史，几乎一直以游耕游居的方式生活。

### （二）生产类型

中国瑶族的生产方式可以分为两种类型：一种是以稻米、饭菜、鱼类为主要生产对象的"稻饭羹鱼"类型，另一种是以杂粮（如玉米、高粱、豆类等）为主要生产对象的类型。而金秀大瑶山的瑶族正好代表了这两种类型。长毛瑶从事稻耕，他们主要种植稻米，并以稻米为主要食物来源，同时也从事饲养鱼类等活动。而过山瑶则从事杂粮的耕种，他们主要种植玉米、高粱、豆类等杂粮，以及采集山区的野菜、果实等作为食物补充。

### （三）经济类型

中国瑶族的经济类型可以分为以农为主、农林结合的多种经营和以林为主、林农结合的多种经营。而金秀瑶族也正好符合这两种类型。长毛瑶属于以农为主、农林结合的经济类型，他们主要从事农业生产，种植稻米和其他农作物，并且与林业结合，进行木材的采伐和林产品的开发。过山瑶则属于以林为主、林农结合的经济类型，他们主要依靠山林资源，从事木材采伐、竹木制品加工、草药采集等活动，并且也进行一定的农业生产。

## 四、金秀大瑶山是观察中国南方民族关系的最好窗口

金秀大瑶山位于中国广西壮族自治区,是一个重要的观察中国南方民族关系的地区。金秀大瑶山地区有丰富的民族风情和民族特色,可以观察到不同民族之间的互动和交流。可以见证瑶族人民的日常生活,了解他们的传统服饰、民俗活动和宗教信仰。此外,还可以品尝到瑶族的传统美食,欣赏他们的歌舞表演和手工艺品。除了瑶族,金秀大瑶山地区还有其他少数民族,如壮族、苗族等。在这里,可以观察到不同民族之间的相互影响和融合,了解民族之间的关系和互动。

总之,金秀大瑶山是一个独特而重要的地区,可以提供丰富的观察中国南方民族关系的机会。无论是对于学术研究、文化交流还是旅行探索,这里都是一个值得一去的地方。

金秀瑶族作为中国瑶族的缩影,展现了瑶族文化的独特魅力和丰富多彩。同时,金秀瑶族也向世人展示了瑶族人民的智慧、才华和热情。我们应该珍视和保护金秀瑶族的文化遗产,让这份瑶族的瑰宝继续闪耀光芒,为中华民族的多元文化增添更多的色彩。

# 第五章 广西金秀大瑶山的民俗与文化

广西金秀大瑶山承载着深厚的民俗与文化传统，是一个充满活力与独特魅力的地方。瑶族文化在这片土地上根植深厚，表现于丰富多彩的传统服饰、独特的民族舞蹈等等。这里的民俗活动如瑶家大宴、传统婚礼等，展现了瑶族人民淳朴、热情的生活方式。大瑶山以其独特的风情、丰富的传统民俗和深厚的文化底蕴，吸引着游人领略这片神秘而美丽的土地。

## 第一节　金秀大瑶山的风俗与习惯

### 一、婚姻习俗

#### （一）入赘

在古陈村，一种特有的社会现象广泛存在，那就是坳瑶男子的入赘。与其他地区不同，这一传统在村中不仅不受耻笑，反而在花蓝瑶区也是司空见惯的婚姻形式。值得注意的是，这种文化现象在这个村庄中是被接受且平等对待的，没有受到歧视或异样的眼光。

当坳瑶男子成为姑爷，走进女方家庭时，女方的父母并不对他们另眼相待。相反，他们对待入赘的姑爷就像对待亲生儿子一样，没有任何歧视现象。在分家产时，入赘的姑爷与亲生儿子享有相同的权益，这种平等对待的态度使得入赘成为一种社会认可的婚姻形式。

与此形成鲜明对比的是在汉族地区，有时汉族男子上门则可能受到人们的轻视。这突显了不同地区之间文化观念的多元性和差异。

古陈村还存在着另一种现象，即招郎上门。家中因为没有儿子，或者其他子女尚幼，缺乏劳动力的情况下，父母就需要招郎来做工。有些父母由于舍不得女儿，不愿分离，因此选择招郎上门来共同生活。

对于赘婿而言，他们上门后会保留原姓，而其子女也会随父姓。一些赘婿在岳父母去世后，甚至可以带着妻子和子女回到自己原来的家。即便妻子早亡，赘婿也有权回到本家，只需在农忙时不定期地到岳父母家帮忙。这种灵活性使得入赘成为一种相对宽松的婚姻形式。

帮家屯的李祖先就是一个典型的例子。他在邓建才家上门五年后，由于妻子触电而亡。在这种情况下，李祖先选择带着一男一女两个小孩回到自己的李家，只在秋收季节回到邓家帮忙收割，平时很少露面。这显示了在入赘文化中，个体有一定的自主权，可以根据实际情况做出适应性的选择。

## （二）招男转

招男转。像招郎上门一样，女方父母因家中无儿子，或其他子女尚小，家庭缺乏劳动力时，往往就采取招男转的形式。待到儿子或其他子女长大成人，有了充足的劳动力后，女婿就可以带着自己的妻儿离开岳父母家回到自己的家庭。

## （三）两边走

瑶族青年男女结婚后，并不被固定在哪一方家中居住。这一制度被称为"两边走"，意味着夫妇可以在女方家居住一段时间，然后再回到男方家，或者相反，轮流在两方家中居住。这种居住方式的长短受到农活、生产节令以及家庭劳力等多种因素的影响。有的夫妇在一方居住时间较短，只有十天半月或一个生产季节，而有的则可能长达半年。尽管居住地不断变换，夫妇对于老人及兄弟姐妹都表现出十分关心，家庭关系一直保持着和睦。

"两边走"的夫妇对男女双方的父母都负有照顾赡养的义务，他们积极参与两家的农事劳动，共同分担家庭的责任和负担。这种灵活的居住方式在劳动力匮乏、负担沉重的家庭中得以普遍存在，为家庭生活注入了一种共同奋斗的氛围。

从某种意义上说，男方上门只是换了一个生活环境，与他原来的家庭仍然有着千丝万缕的联系。这种联系不仅表现在感情上，更体现在瑶族的姓氏传承方式上，被称为"两头顶"。

在"两头顶"制度中，所生子女都要分半，一半随父姓，另一半从母姓。这种独特的传承方式使得子女在姓氏上既能延续父亲的家族烟火，又能与母亲的家族保持紧密联系。按照惯例，第一个子女，不论性别，都要从母亲姓，第二个才随父姓，第三个又从母姓，如此推之。这并非一成不变的规定，如果男方要求必须有一个男孩随其姓，双方可以通过协商改变这一顺序。

## （四）断卖和买断

在大瑶山的历史长河中，瑶族的婚姻制度曾经历了一些独特而令人注目的变迁，其中包括了断卖和买断两种制度。

在旧时代，由于瑶族家庭中女儿多、经济困难等原因，一种被称为"断卖"的现象在一些地方存在。这是指家庭为了生计，不得已将女儿卖出。一旦女儿被卖出，她就不再回家，同时失去了父母及兄弟的支援。这种过时的形式在现代的大瑶山已不复存在，历史上其实也很少发生，只是在一些少部分地方曾经存在。这是因为断卖对女儿和父母而言都是一件伤心的事情，只有在十分万不得已的情况下，家庭才会做出这样的决定。

另一种瑶族婚姻制度是"买断"。这是指婚后，男方选择从属于女方，成为女方家中的一员。在这种情况下，他不再负担赡养生身父母的义务，而且婚后改从妻姓，子女也要随母姓。实际上，男方成为女家的人，而女方需要给他的父母提供很多钱粮。这种形式的婚姻多半源于男方家庭兄弟众多而又贫困的情况。随着中华人民共和国成立后生活水平的提高，这种买断的婚姻形式已经在现代不复存在。

随着社会的不断进步，大瑶山的婚姻制度经历了深刻的演变。断卖和买断这两种制度的消失，标志着社会对于个体权利和尊严的更大关注。如今，瑶族社会更加注重家庭的和谐与共同奋斗，婚姻不再仅仅是经济因素的交换，更多地强调感情的培养和家庭的支持。

## （五）婚宴上的礼乐

在瑶族的婚宴上，礼乐扮演着不可或缺的角色，为整个仪式增添了一抹独特的音乐风采。乐队由五人组成，其中两个唢呐手、一个钹手、一个锣手和一个鼓手，共同谱奏出一场宏大的音乐交响。

整个婚宴礼乐分为九个精彩的曲目，每个曲目都承载着瑶族文化的深厚内涵。当客人到齐时，乐手们奏起了"摆桌"曲，为整个婚礼拉开了序幕。负责后勤的男青年随之将八套杯、筷及匙羹摆放整齐，为宾客们的入座做好了准备。接着，一曲"请客上桌"奏响，客人们纷纷找到自己的位置坐下，

## 第五章　广西金秀大瑶山的民俗与文化

场面热闹非凡。

随着"请客回桌"曲的奏响,后勤人员将各式美味端上桌面,香气扑鼻。在"安位兄弟"曲中,宾客们被邀请尽情享受美食,不必客气,大口畅饮,大快朵颐。这一时刻,人们感受到了瑶族热情好客的待客之道。

当客人们吃得半饱时,"敬烟茶"曲奏响,三个瑶妹和一个瑶哥登场,倒茶、托碗、奉茶,展现出独特的仪式感。瑶哥更是敬烟,寓意着好事成双,为整个婚礼增色不少。接下来的"皇帝登殿"和"六合成双"曲目中,主家的家长亲自给每位客人敬酒,这是一种互敬互尊的传统礼仪,使婚宴更显隆重而神圣。

在"慢合杯"曲目中,人们开始放慢节奏,悠闲地享受美食和美酒,感受生活的美好。而在每桌客人酒足饭饱后,"收桌"曲奏响,负责后勤的小伙子们迅速整理桌面,为下一轮宴会做好准备。

由于人数众多,每餐都分成三四批来吃,每批客人就餐时,礼乐不断响起,如一曲悠扬的交响乐引导着整个婚宴的进行。在整个婚礼场面中,唢呐手和锣手扮演着主角,他们不停地吹打着激昂的旋律,将整个礼仪推向高潮,而钹手则宛如整个乐队的总指挥,引领着每个乐章的和谐进行。

盘瑶婚宴上的礼乐,不仅是音乐的交融,更是文化的传承。它以独特的方式展现了瑶族人民对待婚礼的热情和对传统仪式的敬重,为这个特殊时刻增色不少,让人们沉浸在音乐和美食的欢乐中。

### (六) 盘瑶拜堂一百八十拜

在盘瑶的婚礼中,拜堂是一项极为重要而庄严的仪式。这一传统仪式凸显了盘瑶文化中对祖宗的尊敬和对婚姻的神圣认可。在拜堂仪式中,各种独特而细致的步骤表达了新人对祖宗的敬畏之情,以及对未来婚姻幸福的祈愿。

首先,道公在神龛前准备了一块特制的垫子,由干稻草和毛毯制成,象征着丰收和温暖。在拜堂开始时,新娘由一位中年妇女领出,而新郎则由一位中年男子引领至神龛前,男左女右站好。这个过程展现了一种传统的仪式秩序,强调了婚姻的正式性和庄严性。

在拜祖宗的过程中，道公站在神龛下，指挥新娘和新郎进行拜堂。整个仪式分为站拜和跪拜两个阶段，通过丰富的动作和仪式表达了对祖宗的尊敬之情。特别是在跪拜时，新郎的手中夹着一块灰白色的布，象征着一种庄严的契约。

整个拜堂过程涵盖了男七十二拜和女十八拜，新郎一共进行了一百四十四次拜礼，而新娘则进行了三十六次。这不仅展示了对祖宗的深切崇敬，也象征着新人对婚姻的执着和尊重。道公通过祈祷和念经，引导着整个拜堂仪式，传承着丰富的宗教文化。

在拜堂的高潮时，道公在灵台上摆上两杯酒，进行敬酒仪式。这个过程不仅象征着对新人幸福生活的祝福，也代表了家族的传承和团结。整个仪式中，酒杯的混合和交叉的步子，都寄托着对新婚生活的期望和祝愿。

随着时代的变迁，盘瑶的拜堂仪式也经历了一些变化。在过去，一场婚礼可能需要拜二百多次，持续整夜，而如今，社会的进步使得这一传统仪式变得更为简洁。除了典型的拜堂仪式外，盘瑶还有一种简单的形式，新郎和新娘分别进行站拜和跪拜，整个仪式更加简便。

这些仪式不仅是对祖宗传统的传承，也是盘瑶文化的独特表现。拜堂不仅仅是一场婚礼，更是一场传统仪式，通过独特的动作和仪式，表达了对婚姻和家族传承的尊重。在这个特殊的仪式中，新人和家族共同沐浴在祝福和传统的光辉中，迎接新生活的开始。

## 二、丧葬习俗

### （一）茶山瑶丧葬

茶山瑶族的丧葬仪式是一场充满仪式感和深刻寓意的仪式。在亡者临终之际，亲人以温水或鸡汤喂养，表达最后的敬意。在最后时刻，一枚银币被放入亡者口中，象征着他们将要进入阴间过上富有的生活。整个丧葬过程充满了仪式感，传承着瑶族深厚的文化传统。

在亡者身边的亲人在其沐浴、装殓和坐堂之后将其放入棺材。丧葬仪

## 第五章 广西金秀大瑶山的民俗与文化

式中，孝子孝女及血缘亲近的晚辈会前往河边"买水"给亡者沐浴。这个过程不仅仅是一种仪式，更是一种对逝者的敬意。在汲水之前，他们会向"河神"烧香化纸，并向河中投放钱币，以祈求亡者在阴间过上幸福安康的生活。

沐浴完成后，亡者身体由孝子或孝女帮助洗净，然后穿上三套民族盛装。接着，丧家报丧，如果亡者是女性，则首先向外家报丧，外家代表未到不能盖棺。随后，道公被请来超度亡魂，进行一系列仪式和祭祀，包括写挽、焚香、准奏等。

超度仪式由众多道公共同进行，他们会焚香、点烛、化纸，并根据亡者生辰八字和卒时的时辰选择出殡时间和确定打斋日期。如果亡者是师公或道公，打斋可能会进行七天至九天以上，而一般的亡者可能在三五天内完成。

在丧期内，孝子孝女及血缘亲近的晚辈都要守夜，睡在禾秆铺的地面，守护在棺前。每天下午和晚上，道公会进行超度仪式，分为不同的场次和节目，包括《拜忏》《叹落无灯》《叹地轮灯》《叹天轮灯》《叹女婿灯》《叹王宫灯》《叹九华灯》《叹高台灯》。这些仪式中，鸣枪、放铁炮，以及悲恸的歌声和哭泣声交织在一起，营造出一种悲壮而庄重的氛围。

夜晚的超度仪式尤为隆重，道公在各种仪式中带领众人祭祀、念经、跳舞，场面热烈而悲切。整个丧葬过程不仅是对逝者的告别，更是对瑶族传统文化的传承和珍视。在这个过程中，人们通过仪式感人的举动，表达对逝者的深深怀念和对生死的深刻思考。[①]

在茶山瑶族的葬礼仪式中，除了火葬外，存在多种独特的葬法，每一种都承载着丰富的宗教和文化内涵。

首先，茶山瑶族的一种传统葬法是"停棺捡骨葬"。在这种葬礼仪式中，尸体先用棺材装殓，然后经过打道出殡后，抬至村外的山冲停放。在这个临时的茅棚里，尸体得到遮盖，一段时间后，通常是两三年，选择吉日开棺捡骨。捡骨后，将骨灰装入一个高约二尺、腹围约一尺的陶坛中，再选择适宜的地点进行安葬。

---

① 金秀大瑶山瑶族史编纂委员会.金秀大瑶山瑶族史[M].南宁：广西民族出版社，2002.

其次，茶山瑶族还有一种葬法称为"浮厝捡骨葬"。在平道、道江等地，棺材用土覆盖，然后过几年再进行捡骨葬的仪式。这种方式延续了茶山瑶族对逝者的一种特殊敬意和纪念。

另外，茶山瑶族还有"深埋捡骨葬"的传统。在一些地方，尸体被深埋数年后，再进行捡骨的仪式，将骨灰装入陶坛，选择"风水"好的地方进行最终的安葬。这显示了茶山瑶族对于墓地选址的重视和对风水的信仰。

此外，未成年人的葬礼中，茶山瑶族采用了"土葬"的方式。未成年人使用小棺材，且他们的墓地与成年人分开，清明时节也不进行扫墓仪式。这体现了茶山瑶族对于未成年人的特殊纪念和对于墓地的细致管理。

最后，茶山瑶族的独特之处还在于他们的"挂葬"仪式。认为生育是花婆神的赐予，因此，在小孩五六岁之前，会进行一种名为"还花"的祭祀仪式，以感谢花婆神。对于未经"还花"仪式的小孩，如果不幸离世，则采用挂葬的方式。这个简单的仪式包括将尸体包裹在破絮、破衣、棕皮等物品中，然后装入竹筐，悬挂在树枝上。这种特殊的葬法旨在让小孩的灵魂回到花婆神那里，便于再次投胎转世。

## （二）花蓝瑶丧葬

花蓝瑶丧葬仪式在金秀瑶族自治县境内的中部和西南部展现出丰富的文化传统，其中不同地区存在一些独特的仪式和习俗。在中部的龙华、六团、丈二等村寨，以及西南部的六巷、门头、黄桑、古浦、大凳等村庄，花蓝瑶族人对于丧葬的仪式有着详尽的规定。

在花蓝瑶族中部地区，成人丧葬的流程开始于死者家庭向近亲和外家报丧。外家成员会前来观看死者的装殓和入棺过程，以确保死者非冤死。在病人即将临危时，家人需口含一半银币，象征为死者更换牙齿，并在洗身后穿上新衣，鞋上套一对草鞋，为其在"西方"之旅做好准备。死者脸上覆盖纸蒙，双眼各放一枚铜钱，然后将尸体放入棺材。在尸体入棺之前，根据生前身份的不同，道公、师公等有着各自的仪式。

中部花蓝瑶族的葬礼中，死者入棺后会覆盖几层白布，并且进行道场超度。在出殡和安葬的日子选择上，要避开忌重丧、三丧、三煞、流财等日子。棺材停留在家中数天，其间要放禾把一束，表示死者的食粮。每天都需要进行道场超度。出殡时，孝子会伏在棺材下的禾把上，以防止死者将食粮带走，而死者所需的粮食则会随着棺材一同送走。

在西南部的花蓝瑶族地区，丧葬仪式与中部基本相同，但存在一些差异。在这里，人死时同样口含半枚银币，但另一半则由家人保藏，以确保死者灵魂不会空手出门，免于贫困。棺材使用薄板临时合成，不得抬进屋内。尸体装洗后，用竹席盛着抬往门外，而且棺材在大路边停留时会进行一些特殊的仪式，包括揭开絮被，放入鲱肉和谷种，并搭建临时棚场遮盖。

## （三）坳瑶丧葬

坳瑶族的丧葬仪式是一项充满独特传统和仪式感的文化活动，充分体现了他们对逝者的尊重和对来世的关怀。在病人临死前，他们采取一系列独特的仪式，以确保逝者在阴间得到充足的粮食和平安。

首先，逝者在临终之际会接受柚叶和生姜的洗浴，这是一种清洁和净化的仪式。而后，逝者穿戴着装殓的衣帽鞋袜等，为了在阴间时能够有所准备。逝者身后，家人将银币放入口中，并用小纸包裹三团饭，分别放在尸体的腹部和双手上，以防止逝者在阴间饥饿，并有可能用饭团对抗阴间的恶狗。

在入棺的仪式中，他们先放灶灰，再铺红纸，用竹片曲折地架成"七星桥"，然后放置尸体。尸体上覆盖孝子的白布和女儿以及血缘近亲送来的红布。整个过程中，道公会进行"净棺"和"打斋"的仪式。停棺在家的时间最多不超过7天，一般为两三天。

在老人死后，家人进入丧期，他们不吃荤，不坐高凳，不睡高床，选择在厅堂地上守丧。打斋时，用红纸写上死者的生卒年月日期，作为"神位"。

在出葬前，道公进行"送亡"的仪式，孝子将"灵位"烧化，将灰烬用红纸包裹挂在"灵位"上。葬后，孝子会选择葬地，并亲自参与挖坑的过程。出殡时，道公随棺送葬，抛撒米谷铜钱，这一过程被称为"撵丧"。

葬后，死者生前的用具会被陈列在墓上，道公回到丧家为死者"安灵"，并为子孙们供奉。孝子在安灵后方可开荤。对于父母的丧失，儿女需要戴孝

3年，其间不得参与娱乐活动，体现了对逝者的深深哀悼之情。

整个坳瑶族的丧葬仪式流程充满了敬意、仪式感和对来世的信仰，反映了他们对亲人的深切关怀和对死者灵魂的祈愿。

### （四）盘瑶丧葬

盘瑶族的丧葬仪式承载着深厚的宗教信仰和文化传统，反映了对逝者的敬意以及对死亡的独特理解。在这个少数民族的传统中，丧葬仪式的每一个环节都经过精心的策划，体现了对生死的崇敬和对家族血脉传承的重视。

首先，在盘瑶族的丧葬仪式中，病者未绝气之前需要进行装洗。这个过程不仅包括对遗体的清洗，死者口中还要含有一枚银币。这些举措都是为了表达对逝者的尊敬和对死者灵魂的祝愿。

在装殓的过程中，盘瑶族尊重传统礼仪，特别是在请道公做法"净棺"的环节中。为了确保遗体的安宁，还有一个特殊的传统，即在遗体的腹部放置小饭团，"压肚饥"。这些细致入微的仪式体现了盘瑶族对逝者的关怀和对死亡仪式的尊重。

在墓地的准备过程中，孝子被赋予了特殊的责任。他们在掘墓坑时先动土，然后交锄锹给其他协助的人完成。这个过程强调了家族成员之间的协作和对逝者的孝顺之情。

盘瑶族对于死者的装殓衣物有一严格的规定，不允许使用铜器。这一规定可能反映了他们对于特定材质的信仰或者文化传统的考量。完成装洗后，遗体被抬到厅屋，等待净棺后再行入棺。在这个过程中，入殓后并不立即加盖棺木，而是等待所有亲人都到来并看过后，方可进行加盖。

棺木停留在家中的时间也是经过精心选择的，从1天到4-5天不等。这段时间为亲友提供了合适的机会来表达哀思和对逝者的回忆。而出葬前的打斋仪式更是重要的一环，由道公主持，直到出葬为止。在这段时间里，孝子须遵守特殊的饮食规定，不得食用荤食，同时戴孝，以示对逝者的哀思。

在盘瑶族的传统中，出葬后的守孝时间为71天，最长不超过3个月。这段时间里，孝子会保持一系列的守孝仪式，其中包括在死者灵位前放置孝服。这是对逝者的一种默哀，表达了对家族成员的思念之情。

盘瑶族也采用了"深埋捡骨葬式"。如果葬后家里人兴旺,不一定要重新开棺捡骨迁葬。这种方式似乎是"深埋捡骨葬"到土葬的过渡形式,反映了盘瑶族对于墓地和家族传承的深思熟虑。

### (五)山子瑶丧葬

山子瑶的丧葬仪式,与盘瑶几乎完全相同。不同的是,人死后才沐浴装殓。其次是不规定在葬后71天内的几次"送饭"的设祭。此外,孝期没有具体的规定。有的半年,有的1年,有的3年,有的则以孝衣穿破为止。

## 三、节庆习俗

### (一)春节

春节,对于瑶族的五个支系而言,是一年中最为重要的节气。这个传统的节日被认为是一个庆祝丰收和祈福的时刻,充满了丰富多彩的文化活动和传统习俗。

在茶山瑶的春节庆祝中,从初一到十五,整个村庄都沉浸在欢乐的氛围中。人们穿上盛装,杀猪、杀鸡、杀鸭,制作美味的年糕和白糍粑,备足各种年货。而"正月屋"则成为青年男女聚会的场所,歌舞笑语在这里交织,人们寻找着彼此的欢乐。另一方面,"风俗岭"成为外来游客和村民们欢聚的地方,唱山歌、结伴对歌,成为一种独特的春节娱乐方式。

在金秀四村的春节娱乐场所中,人们沉浸在传统的文化活动中,共同庆祝这个丰收的季节。这里的节庆活动旨在促进社区的凝聚力和欢乐氛围。

花蓝瑶一直以祭祀仪式开始春节庆祝。在除夕进行的祭祀后,人们洗澡以祈求身体健康,认为这样可以洗去疾病。春节期间,男女老少纷纷走上山坡,聚集唱歌,展示着他们独特的文化传统。

坳瑶在春节庆祝中最喜欢的娱乐活动之一是群众聚集在村外的山坡上跳传统的"黄泥鼓舞"。这是一种集体舞蹈,让村民们在欢笑声中度过这个欢乐的时刻。而喜欢打猎和捕鱼的男子们则趁春节期间展开了渔猎活动，为庆祝节日增添了独特的活动。

盘瑶则将春节看作是休息和娱乐的主要时刻。青年男女学习各种传统技能，如"跳童"和挑花，展示着瑶族特有的文化传承。而中年以上的男女则在这个时候招待亲友，谈心饮酒，加强了社区内部的联系。

山子瑶在春节的庆祝中也有独特的传统。他们在大年初一取水前要在水源地烧钱纸，以示购买水源。这体现了他们对于水源的尊重和信仰。在其他方面，他们的庆祝活动与其他瑶族支系相似，共同迎接这个重要的传统节日。

总体而言，瑶族各支系在春节期间都秉持着丰富的文化传统和独特的庆祝方式，通过各种娱乐活动共同迎接新一年的到来。这个传统的春节庆祝不仅丰富多彩，更体现了瑶族人民对生活的热爱和对传统文化的珍视。

## （二）社节

社节，又被称为"吃社"，是瑶族传统的集体祭社节日。这一盛大的庆祝活动在瑶族的五个支系中都被兴奋地举行，其核心意义在于向社王祭祀。社节分别在二月和八月举行两次，为瑶族人民带来了欢聚和祭祀的时刻。

在社节庆祝的仪式中，杀猪是不可或缺的一环。由于猪是轮流养的，因此在社节当天，猪肉将被均分给大家，一部分用于个人食用，而另一部分则用于举行集体会餐。这样的分配方式体现了瑶族文化中合作与共享的核心价值观。

社节不仅仅是一场祭祀，更是一个集体欢庆的时刻。整个村庄在这一天都沉浸在喜庆的氛围中，人们共同参与祭祀活动，表达对社王的尊敬与感激。而在祭社的过程中，社老扮演着重要的角色。祭社当日，社老会向大家宣布有关农业生产的一些事项，这不仅是对农业丰收的庆祝，也是对农事的总结和规划，为村庄未来的生产活动提供指导。

社节的庆祝不仅仅是一场宗教仪式，更是一个集体凝聚力的时刻。通过共同参与祭祀和分享美食，瑶族人民在社节中彼此加深感情，巩固社区的凝聚力。这一传统的庆祝方式既弘扬了瑶族的文化传统，也为村庄带来了欢乐与团结。社节，不仅是对神灵的敬仰，更是对瑶族团结与合作精神的生动展现。

### （三）清明节

金秀县内5个瑶族支系都过清明节，主要内容是祭祖扫坟。

### （四）分龙节

分龙节，是茶山瑶族和盘瑶族的传统盛典，其主旨在于祭天龙，以期防旱保苗。这一隆重的节日在历书上有着明确的日期，为当地人民注明了祈愿和庆祝的时刻。

在分龙节的庆典中，杀鸡、买猪肉成为供品，为祭祀天龙王做准备。在大门内，请来一位师公，他将对天喃神，进行祭祀仪式，以祈求天龙的庇佑。祭祀的目的不仅仅是祈求丰收，更是为了防范野兽、老鼠和鸟类的侵害，以免伤害庄稼。这表达了瑶族人对自然神灵的敬畏和对农业生产的重视。

分龙节的祭祀仪式承载着农耕文化的深厚底蕴。通过祈愿风调雨顺，国泰民安，人们期望在来年的农业生产中能够得到大自然的丰厚礼遇。这也反映了瑶族人民对于自然力量的信仰，以及对农田顺利耕作的期望。

在分龙节的当天，人们需遵循一系列禁忌。不准挑粪尿出门，不准动锄头刮子铲草挖地，不准下河摸鱼虾，这些都是为了避免冒犯神明，以免招致天旱的厄运。这些禁忌规定体现了对于祭祀活动的严肃态度，也是为了确保节日祈愿的顺利实现。

分龙节不仅仅是一场宗教仪式，更是瑶族文化的生动体现。通过这一传统庆典，瑶族人传承着对大自然的敬畏和对土地的珍视，共同期许着未来的丰收和安宁。这一节日在瑶族文化中扮演着连接过去和未来的桥梁，是一次集体的信仰之旅，也是对生活的感恩回馈。

### （五）保苗节

时间是六月中旬，茶山瑶、花蓝瑶都兴此节，主要是做"保苗"祈祷。以熟鸡肉及猪肉祭祀，并请师公来喃神，祈求天神保佑禾苗，年成丰熟。

### （六）七月祭祖

七月祭祖是瑶族在金秀县内的五个支系中共同举行的重要传统节日，然而，每个支系的祭祖仪式却呈现出独特的风情和仪式安排。在金秀沿河茶山瑶和六段、长二村等地，茶山瑶家家户户都在七月祭祖时挂上了写着祖先名字的"目莲榜"，并准备了冥钱纸、香、猪肉和鸭鸡等丰富的祭品，以此表达对祖先的崇敬。整个仪式在家中进行，于农历七月初七早上开始，迎接已故的祖先回家，每天设供品进行祭祀，直到七月十四晚上才烧纸服、烧纸钱送祖先离家，结束整个祭祖仪式。

在瑶族的文化传统中，家中有死亡不满三年的祖先，在七月初一先要"接回"进行供祭，同样也需要过节。七月二十，他们认为已故的祖先又要"回家"，于是再次举行杀鸡杀鸭的祭祀仪式。而在六巷花蓝瑶的习俗中，从七月初七开始一直到十四早晨，每次进餐都要供奉祖公，强调对祖先的日日供养，展现出深厚的家族感情。

七月十四这一天在瑶族社区中被视为特殊的大节，家庭准备酒菜，举行一顿盛大的聚餐，这一天是不允许开玩笑的，以示对祖先的庄重敬意。山子瑶更将七月十四定为重要的祭祖日，其祭祖仪式中有一独特之处，即家长在烧化纸钱的火焰上为祖先打一圈，以示对祖公的特殊尊敬。

祭祖仪式的最后环节由家长负责念述祖先名字，包括考妣，从远到近，家人们在一旁肃立聆听。这一环节的目的是让后人永远不忘记祖先的名字，传承家族文化。七月祭祖不仅是瑶族人对祖先的深切怀念，更是对家族传统的珍视和传承，祭祖的形式代表了将祖先的精神财富传递给后代，使得这一祭祖仪式成为连接过去与现在、承载文化传统的重要仪式。

## 第五章　广西金秀大瑶山的民俗与文化

### （七）禾魂节

在山子瑶的传统文化中，农历四月初九是一个备受期待的日子，即"禾魂节"。这个节日的庆祝活动早在天刚亮时便拉开序幕，家家户户都在紧锣密鼓地准备着，进行庭院的清扫、酒的熬制，以及美味糯米糍粑的制作，迎接着禾魂的盛临。一种浓厚的乡土氛围在这一天弥漫开来，将人们的心弦拉到了传统的温馨与喜庆中。

随着早餐的结束，家庭成员们纷纷派遣前往田峒、旱禾地和田边小溪的代表，准备开始请禾魂的仪式。请禾魂的人携带着小谷篓和捞绞，沿着田埂和山边，仔细搜寻每一个鼠洞，寻找被老鼠拖去收藏的稻谷。当找到稻谷时，喜悦之情溢于言表："禾魂，禾魂，快跟我回家！"伴随着欢声笑语，他们将稻谷一一拾起，放入篓子中。

对于那些前往小溪的人来说，使用捞绞在水中寻找因水流而不幸冲走的禾魂，成为一种别样的仪式。他们一边捞一边呼唤："不幸被水冲走的禾魂，我来捞你了，快跟我回家！"这些活动不仅体现了对禾魂的尊重，更强调了与自然的紧密联系。

下午，当请禾魂的人们回到村中，各家的家长将拾回的稻谷集中，并用红纸包裹在新的小谷篓中。接着，在一根枝叶繁茂的金竹上，他们挂上五串稻穗，象征着五谷丰登的美好祝愿。右手持金竹，左手提着谷篓，家长们朝家中走去。一进入堂屋，他们将金竹插在神龛上，谷篓则搁置在金竹旁。此时，一场简单而庄重的祭祀仪式开始。

祭祀的过程中，家人们将糯米糍粑、酒、肉供上，全家人一起向禾魂鞠躬，表达对祖先和自然的感激之情。随后，他们围坐在桌子旁，一边享受着美味的食物，一边交流着丰富的生产经验，共同期许着未来的好年景。

禾魂节以其独特的仪式、丰富的活动和深刻的文化内涵，成为山子瑶社区中一年一度的重要庆典。这个节日不仅弘扬了传统文化，更加深了人们对自然的敬畏和对家族传统的珍视。通过禾魂节这一古老而庄重的仪式，山子瑶人传承着对土地和谷物的感恩之情，将这份传统的温暖传递给了新一代。

## （八）尝新节

尝新节，这是一个充满丰收和感恩的重要时刻，茶山瑶、花蓝瑶、盘瑶等族群都在这一天举行盛大的庆祝活动。这个美好的节日通常在农历八月末至九月初，具体日期则取决于当地农作物的成熟情况。在这一天，整个村庄都弥漫着喜庆的氛围，家家户户都投入到了用心准备的热闹氛围中。

为庆祝尝新节，村上的家家户户都采用了特殊的烹饪方式，以展示新米的美味。部分地区，人们使用新米浆水泡煮旧米，烹制出香喷喷的新米饭。而在玉米种植区，正在灌浆的玉米成为了主角，经过磨碾后变成了美味的玉米浆，用来煮成稀饭或蒸成粑粑。整个过程中，香气四溢，为尝新节增添了浓厚的风味。

这一天的庆祝活动不仅限于美食的享受，更包括了祭祀和感恩的仪式。家家杀鸡宰鸭，席上摆满了丰盛的"鸟鲊"供品。全家人团聚在一起，共同品味新米饭，感慨着一年的辛勤劳作终于有了丰硕的回报，心中充满了对大地的感恩之情。

在茶山瑶的尝新节庆典中，人们还会请师公进行法事祈祷，以祈求来年的风调雨顺、五谷丰登。这体现了茶山瑶对于自然神灵的虔诚崇敬，将感恩的心情传承下去。

而在盘瑶族群的尝新节中，有一独特的习俗，即在饭菜烹饪完成后，先让狗尝新。这一传统有着深刻的寓意，传说古时发洪水，狗曾奔赴昆仑山偷来谷种给人种植，因此被认为是功臣。因此，在庆祝丰收时，先敬狗尝新成为了一种感激和纪念的仪式，表达了人们对狗的敬重之情。

尝新节是一个富有文化底蕴和美好寓意的节日，不仅丰富了当地居民的生活，更深刻地反映了人与自然和谐共生的理念。通过这一庆典，人们不仅品尝到了新米的美味，更体会到了对自然和祖先的敬畏之情，将这份传统的温馨和感恩传承给了子孙后代。

## 四、禁忌习俗

### （一）饮食的禁忌

饮食在瑶族文化中扮演着重要的角色，而其中的饮食禁忌更是在族群生活中扎根深厚。五个支系共同遵循一系列严格的禁忌规定，其中包括对狗肉、猫肉、蛇肉、乌鸦肉等的忌讳。这些禁忌并非仅仅是食物的排斥，更是一种对于宇宙秩序和神灵尊崇的表达。

在瑶族的信仰中，特别是对于道公、师公这些度过戒的人，吃了狗、猫、牛、蛇、鸦、老鹰等肉食将会使其作法不灵。这种观念深植于瑶族文化中，认为这些肉类是有秽的东西，可能破坏神圣的仪式。而对于未度过戒的人来说，吃了狗肉、蛇肉甚至猫肉都会导致身体的不适，如五官伤破、手足抖颤，甚至整年流鼻涕。这一系列禁忌不仅仅是对食物的忌讳，更是一种对于清洁和纯净的追求。

师公和道公更是在饮食上有着更为严格的规定，禁食七星鱼，因为相信它是张天师（道教创始人）的化身，吃了就会导致作法不灵验。盘瑶一支源自盘王的后代，由于盘王是犬图腾的化身，因此他们不准吃狗肉。同时，盘瑶还将蛇视为一种鬼，吃了鬼人肚会带来不祥之事。乌鸦和老鹰被认为是吃蛇的，因此也被列为禁忌之物。

不同支系间的饮食禁忌有着微妙的差异。子瑶在立春节会禁食青菜，因为他们相信这样可以防止田地里长出野草，维护良好的农业环境。而花蓝瑶妇女在生育小孩之后，会禁食油盐一个月，这不仅是为了保养产妇的身体，更是为了防止油腥混入水缸内，维持家庭的清洁。产后10多天，才可使用清水煮一些青菜食用。

坳瑶一支在每年立秋那天有着独特的禁忌，他们忌下田，要拾田螺吃一餐。这种特殊的禁忌有着深刻的文化寓意，连接着人们对于土地和自然的敬畏。

总体而言，瑶族的饮食禁忌不仅是一种对于食物的选择，更是一种对于宗教信仰和文化传统的表达。这些禁忌不仅塑造了族群的生活方式，也传承了深刻的文化内涵。

## （二）住宅的禁忌

在瑶族社区内，住宅的建造和居住有着严格的禁忌和传统习俗。特别是在罗香坳瑶关于建屋时的仪式，以及盘瑶的独特要求，都反映了瑶族对神灵、祖先和自然的尊敬与信仰。

首先，对于罗香坳瑶族而言，建造住宅是一项严谨的仪式。选择吉日动土，供奉姜太公和张天师的神位，以保护家庭免受众鬼的扰乱，目的是使人丁兴旺，六畜平安。完成新居后，安香火，并将祖先的神位供奉在厅堂里，表达对祖先的尊敬。

此外，瑶族也有一系列的禁忌，如在人畜有孕期间忌在屋内、猪牛栏旁边破土建筑，以防止胎儿流产。在屋内墙壁上乱钉钉子被视为触犯"家神"，而敲打火灶更是忌讳，因为可能招致灶神的灾祸。在祖先神龛下，不允许放杂物，更不能移动香火，以维护家中人丁的安宁。

对于开工、搭架横梁和安大门这三个大事，瑶族也有详细的仪式。开工时在"中宫"最先筑一版土墙，称为"安根"，并在搭架横梁时祭神杀鸡，插上松柏木和桂树，象征老者如松柏，年轻者如兰桂。安大门时要在晴日时辰举行仪式，利用铜钱排成犀斗形状，表示将财宝犀进家中。

在罗香坳瑶、不准在屋内打黄泥鼓，不准唱"大歌"，以免惊动鬼神引发灾祸。立秋后，不许在大门口站立，因为此时禾快成熟，禾魂要回家，阻挡了禾魂入屋将导致不丰收。

盘瑶族也有自己的禁忌，如不准乱钉钉子，不准敲打灶头，更忌脚踏。在神龛前不许狂喊乱叫或唱歌。妇女在生育后三四天内不能走出厅堂，显示对生命的尊重和保护。

总体而言，瑶族的住宅建筑禁忌和仪式体现了对神灵、祖先和自然的敬畏，通过这些传统习俗，他们希望能够得到神灵的庇佑，家庭平安，人丁兴旺。

第五章 广西金秀大瑶山的民俗与文化

## （三）生产方面的禁忌

生产过程中的禁忌在不同地区和文化中都有着独特的传统和信仰。在金秀一带的茶山瑶族中，人们遵循着一系列关于生产活动的禁忌，这些禁忌涵盖了从农田劳作到打猎、制作鸟盆等方方面面。

首先，茶山瑶族对于劳作时使用的牛有着特殊的规定。在三月初三和十五，以及四月初四和初八，是不能使用黄牛和水牛的时候。而在立夏日，这两者都被视为禁忌，不可用于农田劳作。这反映了对于特定日期和农事活动的谨慎态度。

在打猎方面，茶山瑶族也有一系列的忌讳。特别是在使用猎枪时，禁止将猎枪倒扛，因为人们相信这样做会导致无法成功猎获鸟兽。这突显了他们对于狩猎技巧和仪式的特殊看法。

制作鸟盆也有着独特的禁忌。选择制作鸟盆的第一天需要选用吉日，七月选辰日，八月选亥日。这两个日子被称为"大熬日"，人们认为在这两天制作的鸟盆才能够成功地捕获到鸟兽。这反映了茶山瑶族对于日子选择和祈祷的特殊信仰。

另外，家庭进行祈祷后的23天内，全家人被禁止上山采竹笋。这被解释为对于儿女的保护，认为儿女如同山中嫩笋，采摘笋就会导致儿女的死亡。这展示了族人对于家庭成员的关切和对祈祷仪式的敬畏。

在花蓝瑶和盘瑶等其他瑶族中，同样存在着丰富的禁忌传统。例如，花蓝瑶在特定日期不出工，盘瑶在不同的节气中也有不同的禁忌，如不下田劳动、不用牛、不出工以避免水灾等。这些禁忌反映了对于自然和农业活动的敬畏和尊重。

## （四）生活方面的禁忌

瑶族部落的生活中充满了各种神秘而深刻的禁忌，这些禁忌贯穿于他们的日常生活，映照出一种深厚的文化信仰和生活哲学。

在这个部落中，产妇在"坐月"期间有着独特的禁忌。她们被告知在这段时间里，绝不能用手摸正在孵蛋的母鸡，因为一旦犯下这个忌讳，传说中的神秘力量就会导致鸡蛋变坏。这种禁忌既是对母鸡的一种尊重，也是一种对生命的崇敬，展现了对自然界的敬畏之情。

另外，生活中的一些日常行为也受到了禁忌的束缚。早上煮饭不熟的话，便不能出门买卖东西，因为他们深信出门就可能遇上强盗抢劫。这种观念背后承载着对安全和保护的渴望，形成了一种独特的行为规范。

性同样受到禁忌的制约。男女之间在庙宇和社坛附近发生性关系或讲述涉及性行为的语言都被认为是犯忌的行为。他们深信犯下这样的禁忌就会导致生病甚至死亡，因此对于性的讨论和行为都变得谨慎而避讳。

此外，生活中还存在着一系列与时间相关的禁忌。正月初一、初三和初五这三天被视为凶日，因此在这几天里忌远行，他们相信犯下这个忌讳就可能遇上鬼魅。这反映了他们对于特定时刻的敬畏和谨慎态度，试图避免不祥的降临。

在远行或遇到重大事件时在途中碰到鼠、蛇、大树倒、石山崩等现象，被认为是不吉利的兆头，因而必须立即中止行动。这种独特的文化现象揭示了瑶族传统中的复杂禁忌体系，其形成根本原因则可追溯至历代封建统治阶级的压迫和剥削，以及随之而来的民族压迫。

瑶族的禁忌多而繁杂，反映了这个民族在历史长河中所遭受的各种艰难险阻。经济生活的贫困使得他们对自然灾害和人为灾害的理解十分有限。封建社会里，缺乏先进的文化科学知识，瑶族人民唯一能够寄托的就是迷信，通过一系列禁忌来寻求对未知世界的一种"庇护"。

这种禁忌体系也在一定程度上形成了社群间的共识，成为瑶族文化的一部分。

瑶族禁忌的复杂性和根源，更深层次上反映了历史上的社会结构和文化传统对民众思维方式的塑造。长期以来，封建统治下的艰辛生活，以及外来文化的压迫，导致了瑶族在知识和科学方面的相对滞后。因此，禁忌成为了一种对未知和不可控因素的回避手段，是一种在困境中寻求安抚的心理表达。这些禁忌不仅仅是一种生活习惯，更是一种对神秘力量和自然法则的尊重。在部落的日常生活中，禁忌贯穿于他们的文化信仰，为他们的生存和社会秩序注入了独特的精神内涵。

## 第二节　金秀大瑶山的文化与艺术

### 一、织绣

瑶族的织绣艺术是一门源远流长、富有瑶族文化特色的传统工艺，尤其体现在各支系的妇女及部分男子的衣服、巾带、头帕上。这些精美的花纹图案灵感汲取于丰富的自然景物，如大木花、曲折山路、蕨草、蝴蝶、鸟兽、人物、云霞、鱼虾等，呈现出丰富多彩的生活画卷。

瑶族妇女以及一些男性在织绣方面展现了惊人的技艺和创造力。从年长的老奶到年幼的小姑娘，无论年龄大小，都精通挑绣这一技艺。她们以自己织染的土布为底，购买五彩丝线，用心地进行刺绣。在雨天或节庆时，她们积极地投身于织绣的工作，无论是在家休息还是在田头、地脚，都展现了对这一传统艺术的深厚热爱。

挑花是一种主要采用十字绣法的民间工艺美术方法。瑶族妇女以其富于创造性的特质，将花草、鸟兽、虫鱼、蝴蝶、云、山、水有机地融合在一起，创造出栩栩如生、和谐整体的图案，令人赞叹不已。

织花则是一种在打织过程中利用各种色彩线挑织成花纹的方法，常用于织头巾、头带、绑带、绑腿带等。这种方法对动物、花卉等形象的巧妙呈现，需要更多线和工艺，但其耐用美观的特点使之备受欢迎。

绣花则是以斜绣在布上的花纹，虽然不够经济和耐用，但在创造花样上却不受限制，可以描绘出各种形象和极丰富的色彩。瑶族妇女通过绣花展示了对艺术的独特理解和表达。

值得一提的是，在盘瑶刺绣的图案中，妇女们在头巾、围巾、胸襟、裤脚上绣上犬牙边，有的服饰甚至绣上祭祀盘瓠用的长鼓。这些图案反映了瑶族对盘瓠图腾的崇拜，呈现出一种深刻的文化意识。

总体而言，瑶族的织绣艺术在五个支系中展现出共同的特点和风格，以黑、白、红三种基础色为主，通过适当调配其他颜色，使花纹既与服装色协调，又显得鲜明好看。这一传统工艺不仅是瑶族文化的瑰宝，也是对自然、生活、信仰的艺术表达。

## 二、雕刻

瑶族的雕刻艺术是一门丰富多彩、充满文化内涵的传统艺术形式，其独特之处体现在多种雕刻作品中，包括骓门匾、烟盒、吊楼，以及神像和神龛画等。在这些艺术品中，茶山瑶的雕刻艺术尤为引人注目，展现出瑶族人民深厚的文化底蕴和精湛的手艺。

茶山瑶的雕刻作品中，神龛的精湛程度令人叹为观止。这些神龛栩栩如生，根据瑶族的宗教信仰，雕刻出神祇的形象，使人仿佛能够感受到神明的存在。而龙凤床则是另一件令人惊艳的艺术品，床上刻有丹凤朝阳，两旁为双龙戏珠，呈现出立体感和生动的画面，展示了瑶族雕刻师傅的高超技艺。

骓门匾上的雕刻更是瑶族雕刻艺术中的瑰宝，这些门匾雕刻着"春风及第""三星在户""忠厚家风"等吉祥语，寓意着美好的祝愿。四周的龙凤花草雕刻不仅增添了艺术品的气势，也展现了对自然的敬畏和热爱。

在瑶族的五个支系中，真正掌握雕刻艺术的人相对较少，这使得雕刻成为一项珍贵的技艺。这些雕刻师傅通过世代传承，将瑶族的文化传统融入每一件作品中，使雕刻艺术成为了瑶族文化的瑰宝。

瑶族的雕刻艺术是一门独具特色的传统艺术，通过各种作品展现了瑶族人民对宗教、自然和传统价值观的深刻理解。这些雕刻作品既是艺术的表达，也是文化的传承，为瑶族的历史和文化增色不少。在这些精湛的雕刻背后，承载着瑶族人对生活的热爱和对传统的珍视。

## 三、舞蹈

瑶族的舞蹈艺术，大多数用于祭祀及其他宗教仪式中，娱乐性的舞蹈较少。

## 第五章　广西金秀大瑶山的民俗与文化

### （一）茶山瑶的民间舞蹈

茶山瑶的民间舞蹈是瑶族丰富多彩文化的一部分，分为师公舞与道公舞，各具独特魅力。师公舞包括了洪门舞、三元舞、文香舞、还花舞等；而道公舞则有功德舞、云雾舞、午灵舞、道场舞、文官舞、跳师表、跳园舞、起道场等多种形式。

在师公舞中，伴奏乐器主要有瓦鼓、皮鼓、小锣，舞蹈的节奏鲜明而有规律。师公舞的动作表现出舒裙展袖、温柔细腻的特点，呈现和谐对称的舞蹈。腿部动作以蹲颤为主，展现出一种独特的舞蹈风格。舞者的服饰独具特色，多为自己缝制或到外地购买的道师袍，佩戴金饰银饰，色彩斑斓，为舞蹈增添了视觉的亮点。舞具方面，常常使用祭祀中的法具如铜铃、天笕、沙棒、关刀等，使整个舞蹈更具神秘感。

道公舞则以小鼓、钗锣为伴奏，舞蹈节奏统一，氛围热烈活跃。舞种繁多，包括功德舞、云雾舞等，每一种都有其独特的表现形式。师公舞、道公舞的起舞时机通常随鼓点而动，有些舞蹈甚至加入了唢呐、大锣等乐器的伴奏，使整个表演更为生动有趣。

这些独特的舞蹈形式不仅是瑶族人民生活中的一部分，更是文化传承的载体。通过舞蹈，瑶族人民表达了对生活的热爱和对神灵的崇敬，展现了瑶族文化的深厚底蕴。茶山瑶的民间舞蹈，如同一曲悠扬的旋律，传递着瑶族人民的心声，为这个古老而独特的文化注入了生机与活力。

### （二）花蓝瑶民间舞蹈

花蓝瑶民间舞蹈是一种深受宗教仪式影响的艺术表达形式，特别在"祭甘王"这一宗教仪式中展现了其独特的文化内涵。这些舞蹈作品丰富多彩，涵盖了历史、祖先纪念以及神话传说等多个方面，构成了花蓝瑶独特而富有深度的民间舞蹈艺术。

在舞蹈的表达中可以看到对历史战争场景的生动描绘，如《甘王打仗舞》《甘王点兵舞》和《跳大苑》。这些舞蹈通过优美的动作，生动地展示了甘王在战争中的英勇形象，使人们仿佛穿越时空感受到历史的沧桑。

此外，舞蹈还表现了对祖先的敬仰和纪念，如《祖公舞》。这种舞蹈通过舞者的动作和音乐，传达出对祖先的深切思念和尊敬之情，体现了花蓝瑶人对家族传统的珍视。

神话传说也成为花蓝瑶舞蹈的灵感之源，如《雷王舞》和《灶王舞》。这些舞蹈通过舞者生动的表演，展现了神话中雷王与海王相斗、祭祀灶王的场景，为宗教仪式增添了神秘感和仪式感。

花蓝瑶的舞蹈不仅在表达形式上独具特色，而且在服饰、动作和音乐方面都体现出其文化的独特之处。舞者的服饰优美、动作温文尔雅、内涵丰富，展现了深厚的文化底蕴。舞蹈动作的对称和规范化编排，以及深沉古朴的鼓点和优雅深情的歌声，为观众呈现了一场视听盛宴。

花蓝瑶民间舞蹈的表演形式独特，一段舞蹈之后接着唱一段"欢歌"，通过歌曲叙述舞蹈的内容、各种神的来历以及历史故事，进一步加深了观众对舞蹈内涵的理解。

值得注意的是，花蓝瑶在历史上曾在壮族地区长期生活，因此其民间舞蹈和音乐受到了壮族文化的深刻影响。这种文化融合为花蓝瑶的舞蹈艺术增添了更为丰富的元素，展示了不同文化交流的独特魅力。

花蓝瑶民间舞蹈以其深刻的文化内涵、多样的表现形式和独特的艺术特色，为人们呈现了一场充满魅力和神秘感的艺术盛宴。通过舞蹈，传承花篮瑶的历史和文化，将宗教仪式融入艺术之中，为后人留下了丰富而深远的艺术遗产。

### （三）坳瑶的民间舞蹈

坳瑶的民间舞蹈是一种富有宗教仪式特色的艺术表达，主要集中于"做盘王"和"游神"两种宗教仪式。其中，最引人注目的是"做盘王"中的"黄泥鼓舞"和"陇神"中的"百马舞"，这些舞蹈以其独特的特色和瑶族文化的深刻内涵而脱颖而出。

"黄泥鼓舞"是坳瑶舞蹈的亮点之一，具有动作稳健、刚柔相济的特点。舞者在舞台上腿部深蹲，颤动幅度大，展现出一种独特而富有力量感的舞姿。黄泥鼓作为瑶族长鼓的一种，以其特殊的制作工艺和音乐效果而备受瞩目。使用黄泥浆糊过的鼓面，增加了鼓面的厚度，使得敲击时更加洪亮动听，甚至能够在数里之外传达音响。鼓的制作材料采用泡桐木，分为公鼓和母鼓，共鸣部分呈喇叭状，鼓皮用山羊皮制作。母鼓由舞者横背胸前，右手执细竹鞭击鼓，左手击另一头鼓面，公鼓则形成外圆，与母鼓配合默契，形成一场既具力量感又优雅华丽的黄泥鼓舞。

另一方面，舞蹈中的"百马舞"展现了瑶族文化中的"陇神"仪式。舞者们通过跳跃幅度大的动作，与黄泥鼓舞相呼应，形成了一幅生动而富有层次感的舞台画面。这种舞蹈表演，男女歌队手持花巾，围成内圆逆时针方向跳转，与母鼓对打的四个公鼓手形成外圆，整个舞蹈既有力度感，又有舞者柔美地挥舞花巾，使得整个表演充满了动感和诗意。

坳瑶的民间舞蹈以其独特的宗教仪式表达和舞蹈特色，展现了深厚的瑶族文化底蕴。黄泥鼓舞和百马舞不仅在动作的稳健与柔美相结合上有独特之处，而且通过舞台布置、服饰以及音乐等元素的融合，为观众呈现了一场充满魅力的舞蹈盛宴。这些舞蹈作品既传承了瑶族的宗教文化，又在艺术表达上赋予了深刻的内涵，为瑶族文化的传承与发展做出了重要贡献。

## （四）盘瑶的民间舞蹈

盘瑶的民间舞蹈是一门富有深厚文化内涵的艺术形式，其中跳盘王、捉龟舞、长鼓舞等形式丰富多样，每一种都承载着瑶族特有的精神和传统。

在跳盘王的仪式中，舞者们表演上香舞、开坛上光舞、接师父舞、接众圣舞、还愿舞等，将舞蹈与歌唱相结合，舞步沉缓而悲怆，为仪式增添了神秘感。主要的舞步包括锁链罡步、三台罡、七星罡，这些步法受到道鼓的"步罡踏斗"礼拜星斗的影响，步行转折宛如踏在罡星斗宿之上，被认为能够遭神召灵。这些古老的步伐与禹步的相似性在《云笈七签》卷十一中有详细的记载，描绘了舞者举左、跬步、前后转折等姿态，形成一种独特的动作风格。

长鼓还愿则是跳盘王仪式中的一个重要段落。在这个舞蹈中，舞者手执约二尺五长的木制长鼓，以独特的打法表演。左手握鼓的中部，右手拍击鼓的两头，手心朝外为阳手鼓，手背朝外为阴手鼓，一拍一击鼓，手转鼓一阴一阳，形成独特的鼓声和舞蹈画面。这种打鼓的方式不仅展现了舞者的技艺，也为整个仪式注入了活力和热情。

盘瑶的民间舞蹈通过独特的舞蹈形式和古老的步伐，传承着瑶族的文化和信仰。每一种舞蹈都是对神灵的敬仰和对生活热爱的表达，使瑶族的文化得以传承和发展，为后代留下了宝贵的艺术遗产。这些舞蹈形式不仅是一种艺术表达，更是连接过去与现在、传统与现代的桥梁，展现了盘瑶深厚的文化底蕴。

### （五）山子瑶的民间舞蹈

山子瑶的民间舞蹈是一门富有深厚宗教内涵的艺术表达，主要在"跳香火""度戒""还花"三个重大宗教仪式中得以集中表现。这些舞蹈动作、节奏和伴奏乐器都为观众呈现了一场独特而深刻的表演形式。

首先，这些舞蹈在宗教仪式中表现出独特的舞蹈节奏，以第四拍向下蹲颤为特色。这种单一的舞蹈节奏使得整个表演具有一种神秘而庄重的氛围，使观众能够深切感受到宗教仪式的神圣性。而舞蹈动作则分为大、小幅度，大动作较为虔诚规范，展现出一种宗教崇敬的态度；小动作则异常迅猛，快速而不规范，展示出一种独特的力量感，使整个表演更加生动有趣。

舞蹈的伴奏乐器也起到了至关重要的作用，主要以鼓、钗、锣为主。这些乐器为舞蹈提供了丰富的音乐背景，增添了整个表演的层次感和魅力。舞步则以"三、三、九"为称谓，即上三步，退三步，再上三步，转身换方向。这种独特的舞步设计使得舞蹈更具变化，富有层次感，为观众带来更加精彩的视觉体验。

这些民间舞蹈的起源可以追溯到明清时期，至今仍保留在宗教仪式中。这些舞蹈由师公、道公表演、传承，承载了丰富的历史、传统文化和民族风情。通过这些舞蹈，我们能够一窥瑶族社会历史的发展，感受到传统文化的魅力，深刻地领略到瑶族民族的独特风情。

## 第五章　广西金秀大瑶山的民俗与文化

### （六）舞蹈的具体类型

#### 1.黄泥鼓和黄泥鼓舞

在大瑶山的坳瑶居住区，黄泥鼓舞是一项根植于瑶族文化的传统艺术，以其独特的魅力和动人的表演而受到当地人民的喜爱。这项民间舞蹈以打长鼓为主题，成为庆丰年、祭祖先等重要场合的庆祝方式。

黄泥鼓的特殊之处在于其制作过程。使用黄泥浆水糊鼓，使鼓面湿润，增加了厚度，产生出"空——央"的双连鸣音，使得鼓声特别洪亮、动听，能够遥传数里之外。鼓的制作主要采用泡桐树木，镂空两头，分为公鼓和母鼓两种，形状呈喇叭状。山羊皮作为鼓面，用小棕绳和竹片施绞绳索，使得鼓面能够紧绷。

黄泥鼓舞则以母鼓为核心，一只母鼓横背在胸前，双手拍击，而四只公鼓则由年轻鼓手手持，通过左手敲打的方式产生鼓音。母鼓的鼓点至关重要，指挥整个舞蹈的节奏，而公鼓则跟随敲打，围绕母鼓形成圆形队列。在舞蹈进行的同时，女青年手持花巾翩翩起舞，伴随着歌师的引领，唱着优美的黄泥鼓歌。这样的组合使得舞蹈富有层次感，充满了韵味和活力。

在六巷乡的大瑶山上，每当黄泥鼓的鼓声响彻山寨，数里之外的山寨居民纷纷打着火把，星夜赶来参加聚会。舞蹈热烈而激情，常常一直持续到翌日方才散场。整个场面热闹非凡，如同群星拱月，让人们沉浸在这美妙的文化之中。

黄泥鼓舞不仅是一种舞蹈表演，更是瑶族人民对传统文化的珍视和传承。通过这一独特的艺术形式，瑶族人民不仅庆祝节日，更是表达对祖先的敬意和对生活的热爱，将这份瑶族独有的文化传承下去。

#### 2.舞灵舞

在茶山瑶族的文化传承中，治丧道师们举行葬行时所跳的独特舞蹈，被称为"舞灵舞"。这一神秘而又庄重的仪式，是为了超度亡魂，为逝去的亲人送行，以一场舞蹈仪式表达对死者的深切哀思。在这个仪式中，八位治丧道师手持白布条，分成四组，分头站在灵柩的四角。伴随着"开路歌"的旋律，他们开始一种模仿鸟飞凤舞，旨在为亡者"拨云扫雾"，开辟通天之路。

这独特的舞蹈起源于一个传奇故事。相传茶山瑶的先祖初建道场，无法充分表达对逝者的哀思。一天，一个陌生的行人上山砍伐木材，夜幕降临时他寻找遮风挡寒的地方。他在修好的木槽里点燃一堆箐头，用树叶遮盖，以避寒风。山上的猴子误以为他是亡者，便敲锣打鼓，围绕木槽跳起一场模仿飞鸟的舞蹈。被吸引的行人加入了这场意外的舞蹈，而这一幕令他深感震惊。他看到猴子们模仿飞鸟的舞姿如此美妙，突发奇想，想将这舞蹈用于寨中老人的送终仪式。

于是，他回到村中并传承了这一特殊的舞蹈。得名"舞灵舞"的这项仪式，在茶山瑶的道场中成为了老人送终的传统。因为瑶族将猴子称为"灵"，所以这种为亡者送行的舞蹈便以"舞灵舞"而闻名。治丧道师们按照特定的程序，在灵柩四周攀树结窝、起头、装翅、拍翅、飞等动作中，模仿鸟飞凤舞，一直舞至把逝者的亡灵装扮成一只振翅飞翔的大鹏鸟。

在舞蹈进行的过程中，火把的映照下，治丧道师们的身影在墙上变幻莫测，这种"鸟影"仿佛从灵柩中飞出，而跳舞的人仿佛不再是凡人，而是化身成飞向天堂的神鹄。而在这个独特的时刻，启明星升上山头，伴随着锣声铿铿、鼓声冬冬以及铁炮齐鸣，唢呐吹奏的旋律中，治丧道师手执火把，摇铜铃，步出灵堂，引导着鹄鸟朝着东边的瑶池仙境飞驰。

"舞灵舞"形象地体现了茶山瑶族的民间宗教信仰和生死观。这一传统的仪式不仅是对逝者的一种敬意，更是对生命轮回的一种体验。通过这独特的舞蹈，茶山瑶族将死者送往通天之路，寄托着深厚的哀思和对来世的祝愿。

## 四、音乐

瑶族民间音乐是中华民族丰富多彩的音乐文化之一，各个支系都以其独特的曲调和表达方式展现着瑶族人民的生活情感。茶山瑶、花蓝瑶、盘瑶、坳瑶、山子瑶等不同支系的音乐各具特色，呈现出多样的艺术风格。

在茶山瑶的音乐中，香哩歌是一种引人注目的民歌。这种歌曲因其特有的"香哩"衬字而得名。唱香哩的音调秀丽柔和，清新明快，给人以耐人寻味之感；喊香哩则更显嘹亮，粗犷豪放，富有浓厚的山野风情。坳瑶的大声

## 第五章 广西金秀大瑶山的民俗与文化

歌则以引颈高歌为特色，歌词中夹杂着丰富的衬词，呈现出悠长、缠绵、婉转的特点。这种复杂的复调结构使得歌曲的情感更为深厚，展现了坳瑶人民热爱生活、乐观向上的精神风貌。

盘瑶的唢呐迎宾曲则在婚礼中展现独特的魅力。在婚礼接待宾客的场合，唢呐曲成为了司礼的替代品。乐手们根据婚礼程序吹奏迎宾曲，向远道而来的亲朋表示感谢。随后，敬茶曲、鸳鸯交合曲等曲调相继奏响，为婚礼增添了喜庆和温馨的氛围。在整个婚礼仪式中，唢呐的吹奏几乎代替了语言表达情感，使得整个仪式更为隆重而有趣。

而在天堂山下的岭祖茶山瑶村，则有一种奇特的乐器——口弦琴，又称"床头琴"。这种小巧玲珑的银质乐器，白天可以作为饰品佩戴在腰间，晚上则置于床头。口弦琴的吹奏技巧独特，将口弦衔在齿间，右手轻拨簧片，伴随着口中流动的气息，发出柔美幽雅的音响。通常情况下，口弦琴是情侣之间交流感情的工具，在夜晚吹奏着这种奇妙的琴声，让人陶醉其中。

金秀瑶族歌谣在广西瑶族歌谣中占据着相当大的比重，这一点得到了《中国歌谣集成·广西卷》的数据统计所证实。以民族为单元划分，《中国歌谣集成·广西卷》中瑶族占据了206页的篇幅，而其中金秀瑶族歌谣就占据了76页，相当于总篇幅的1/3。这一比例充分展现了金秀瑶族歌谣的丰富实力和深厚底蕴。

事实上，金秀瑶族歌谣涵盖了多种类型，包括根底歌、盘王歌、狩猎歌、礼俗歌、起兵歌、情歌、故事歌、石牌歌、信歌等多种文体，形式多样，内容丰富多彩，感情表达更是丰富真挚，功能覆盖范围也十分广泛。

将金秀瑶族歌谣置于人类思维、宗教与艺术的系统发生过程中，不难发现歌谣源于"圣"与"俗"的双重性，同时也能够分析出许多诗歌的原始性母题。透过诗歌语言平淡、修辞浅显的迹象，我们可以窥见瑶族更深层次的文化无意识寻根。这种文化内涵的丰富性使得金秀瑶族歌谣成为了不可或缺的文化遗产，展现了瑶族传统智慧和独特的审美情趣。

### （一）坳瑶大声歌

坳瑶大声歌，这是一段富有深厚历史底蕴和独特文化内涵的故事。坳瑶族人以大声歌为自己的独特文化标志,这种传统音乐形式承载着族人的历史记忆和生活哲学。

据传承,坳瑶族人的祖先在三百年前因受到残酷的阶级压迫与剥削,被迫从贵州一带迁徙到大瑶山。这场迁徙是一段千辛万苦的旅程,为了不让历史被遗忘,他们将这段经历编成歌曲,传承至今。这就是大声歌的起源,一首歌唱着迁徙的艰难,同时告诫后人要自尊、自爱、自强、自立。

大声歌的曲调起源于坳瑶的"陡邕"(瑶语,即小声歌),但由于小声歌的曲调朗诵性质,不足以表达迁徙与创业的艰辛。因此,坳瑶人将曲调拉长,演唱时引吭高歌,歌词中加入丰富的衬词散音,使曲调更为庄严而沉重,富有内在力量。

在坳瑶的生活中,大声歌不仅是一种文化传统,也是社交、劳作等场合的表达方式。在特定的时刻,如正月初一到初四或正月十四,坳瑶族人会聚集在"浪坪"(玩耍的地方),由族老领唱,共同演唱大声歌。参与演唱的人数根据不同场合而定,有时多达六十至一百人,展现出一种团结和力量。

大声歌的音乐要素包括羽小调式、宫调性、4/4或3/4的节拍,以及多以大二度、小三度和四度为主的旋律进行。这些元素共同构成了大声歌庄重深沉的特点。演唱时,人们引颈高歌,声音悠长、缠绵婉转,表达出对生活的热爱和乐观向上的精神风貌。

大声歌的旋律进行顺序更是独特,从羽到宫、商、角再回到羽,最后结束在宫音上。这种旋律的设计产生了由低至高、由弱到强的独特效果。在演唱时,一人领唱,其他人逐步加入,形成了复杂的复调结构,曲调一浪高过一浪,生动地展现了坳瑶人民的热情与活力。

坳瑶族人喜欢依山傍水而居,演唱大声歌的场所通常在村旁流水潺潺、竹木郁郁葱葱的地方,如参天大树下的小地坪或小岭坡。这些地方成为了坳瑶人传承文化、表达情感的场所,让大声歌更具自然和生活的气息。

## (二)《山坡岭头放猎狗》

在山坡岭头,一曲《山坡岭头放猎狗》的歌声悠扬回荡,唱出了狩猎的欢愉和喜悦。这首歌以"乐神调"叙述,给人一种庄重而欢快的感觉,透露

第五章　广西金秀大瑶山的民俗与文化

出丰富的人文情怀和自然的生活气息。

歌中反复出现的"山坡岭头放猎狗"构成了整个故事的韵律，仿佛是古老传统的呼唤，将我们引入一个充满神秘和自然力量的场景。在这个山冲小路的环境中，猎人们在三岔路口安装猎枪，等待着野兽的到来。一时三刻，野兽的善良和机敏充满了山间小路。狗吠声中，兽遭遇了猎枪的威胁，发出悲鸣，它们在猎手的追逐中经历了一场生死较量。

猎狗的汪汪叫声传遍山头，猎手们奋勇追逐，一切都充满了紧迫感。黄昏时分，兽挨枪倒地，生命在猎狗和猎手之间交织成一幅血色的画卷。而猎人们得到的战利品，一只斑脚羊，其皮好似蒙鼓，于是"打起鼓来祭盘王"，表达了对自然力量的崇敬和感激。

又一次，猎手们成功地猎得一对斑脚羚，猎归之际鸣枪十二响，男女老少的笑声喜悦地响彻山谷。这场狩猎不仅为人们提供了美味的食物，更让他们在自然间找到了一种和谐共生的乐趣。歌中的每一个场景都如画卷一般展现着狩猎的过程，让人感受到了古老而真实的生活情景。

整首歌歌颂了自然、歌颂了狩猎，通过质朴的叙述，传递出狩猎过程中人与自然和谐相处的美好。男女老少在丰盛的战利品面前欢喜颜于色，这种对自然恩赐的感恩之情，使得物质和精神在这一刻都得到了丰盈的满足。这首歌曲，如同山间清风，带着古老的气息，让人们在欢愉中感悟自然的奥妙。

## （三）《盘王歌》

《盘王歌》是一部珍贵的文化遗产，承载着广西瑶族深厚的历史和丰富的文化传统。这部歌谣于1957年由广西少数民族社会历史调查组在金秀门头村搜集而得，其手抄本可追溯至明宣德年间（1426~1435年），在金秀久远流传。歌谣以"24路"（小祭）和"36段"（大祭）的形式呈现，其中包含了丰富多彩的内容。

《盘王歌》的36段内容涵盖了起声唱、初席、隔席唱、轮娘唱等各种场景，勾勒出一幅瑶族祭祀盘王的壮丽画卷。歌谣细腻地描绘了日出日落、星辰月亮、雷电雨水等自然景观，将人们带入一个神秘而神圣的世界。通过歌声，瑶族人民表达对先祖的怀念和对未来的祈愿，祈求先祖给予子孙降福，保佑风调雨顺，家园繁荣昌盛。

这首歌谣不仅仅是对瑶族先祖的悼念，更是一部富有功利观的文化之作。歌中提到"一保人丁大发展，二保瑶家得安宁，三保风调雨又顺，四保瑶家得太平"，显示了瑶民为了生存和幸福而祭祀祖先神明的决心。歌谣以其独特的方式，将族内人际大事、传承文化知识、民族谱系等元素巧妙融合，呈现出瑶族社会的丰富面貌。

《盘王歌》不仅是一部宏大的祭祀歌谣，更是一部生动的史诗，通过歌唱的形式传承着瑶族的历史记忆。歌谣中还涵盖了洪水滔天、再造人类、天文地理、迁徙印象、生产经验、崇拜神仙、爱情交流等多个方面的内容，丰富而庞大。歌中的"何物歌"更是以婉转缠绵的旋律，一问一答，复沓连环，动人心弦，展现出瑶族文化中深刻而细腻的情感表达。

这部歌谣既是一种娱神的艺术表达，又是一种对族人生活的真实记录。通过独特的歌唱方式，瑶族人民在最隆重的节日中传承并弘扬着这一珍贵的文化传统。《盘王歌》如同一座古老的文化宝库，将瑶族的历史、信仰、生活智慧等元素有机地融为一体，为后人提供了一个深入了解瑶族文化的窗口。

## （四）石牌词

石牌词是源自金秀地区的瑶族特色文化，具有独特的历史渊源和传统价值。据瑶族学者莫金山的考据，金秀瑶族最早的石牌可以追溯到明崇祯四年（1631年）在三角乡三角村的《成二、下故都等村石牌》。石牌制的产生促使了石牌词话的形成。石牌词话与一般的叙述方式截然不同，它的语言讲究对仗、节奏和韵律，同时具有口语化的特点，赋中含有比兴，形象生动，因此被归类为歌谣大类。

石牌词话的内容广泛涉及社会治安维护、族际、村际以及人际矛盾的调解，以及对山林水源的保护和道德伦理教育等方面。这种独特的文化形式不仅反映了瑶族人民的智慧和生活智慧，也承载着丰富的文化内涵和历史底蕴。通过石牌词话的传承和发扬，我们能够更深入地了解瑶族文化的独特魅力，体会到这份珍贵的文化遗产所蕴含的精髓和价值。

## 第五章 广西金秀大瑶山的民俗与文化

### (五) 查亲信歌

查亲信歌是过山瑶独特的文化现象,其独特之处在于以歌谣作为书信,沿着一定的路线方向传送,用来寻找和联系自己的亲人(收信人)。这一传统形式完全依托本民族同胞的热心帮助,通过村过村、寨过寨的方式逐程传递,民间俗称为"放信",成为一种公开的、任众人阅读的私人信件。

这一独特的文化传统反映了过山瑶人对家庭和亲情的深厚情感,同时也展现了他们之间紧密的社区联系和相互帮助的精神。通过查亲信歌的传送,人们能够借助歌谣表达自己的思念之情,传递家书的信息,同时也能够借此与远在他乡的亲人联系感情,共享家庭的喜怒哀乐。

## 五、文学

### (一) 金秀瑶族丰厚的文学底蕴

在金秀瑶族的丰富文化传统中,民间文学扮演着重要的角色,是人类行为和思维在直观感知的生活世界中最初形成的文化表达形式之一。这种文学的产生与传承根植于区域性的山川地理,以及族群的岁时节令、人生礼仪和原始信仰为依据,通过口传文本生动地展现了自然生态景观和丰富多彩的生活图景。

金秀瑶族分为五个支系,每个支系都有着独特的特征和生活方式。盘瑶因崇拜盘瓠而得名,也被称为"板瑶",因其以头顶木板为装饰;坳瑶因蓄发盘结在头上而得名,聚居在罗香和六巷两乡;山子瑶因租种山主的山地而被称为过山瑶;花蓝瑶则因喜爱蓝花而得名,聚居在六巷和长垌两乡;茶山瑶居住在茶山峒地域,聚居在金秀、长垌和忠良等乡镇。这五个支系生活在群山环绕之中,从事着山地耕作和林木副产品生产,构成了典型的山地民族。

在金秀瑶族的信仰体系中,茶山瑶和花蓝瑶皆崇拜伏羲神。他们通过歌谣和口头传承,传颂着"伏羲兄妹造人民"等历史故事,将信仰融入文学创作之中。盘瑶、坳瑶、山子瑶则更多地信仰盘瓠王，呈现出多神信仰的特色。茶山瑶则对太阳神、树神、祖先神怀有崇敬之情，同时信仰巫教，敬奉诸如张天师、大圣、雷王、社王等多位神祇。他们通过各种仪式和祭典，展示出对神灵的虔诚信仰。

此外，茶山瑶族还信奉正一道教，敬仰玉清元始天尊、上清灵宝天尊、太清道德天尊等神祇。这显示出金秀瑶族在信仰体系上的多元性，吸纳了不同神祇的崇拜，形成了独特而丰富的信仰文化。

### （二）金秀瑶族民间文学的特征

金秀瑶族民间文学是金秀瑶族社会历史的一面镜子，也是整个瑶族文化的一个浓缩的场景。它是瑶族人民（包括先民）悲欢爱恨的凝聚体，同时也记录了瑶族的发展历史、信仰、宗教、习俗以及道德伦理的文化痕迹。通过这些文学作品，瑶族人民把他们世代相传的生产经验和生活经验凝聚在其中，展现了人类的聪明才智。尤其是20世纪80年代之后出版的《金秀民间故事集成》《金秀民间歌谣集成》《金秀谚语集成》等专辑图书，更像是金秀瑶族的"百科全书"和"教科书"，也被认为是中国瑶族文学中最耀眼的明珠之一。

金秀瑶族民间文学通过其丰富多样的形式，传递着瑶族人民的智慧和价值观。它们以口头传承的方式流传下来，既包括富有想象力的故事和传说，又包括抒发感情的歌谣和顺口溜，还有智慧的谚语和俚语。这些作品描绘了瑶族人民的生活场景、人物形象和社会制度。通过这些作品，我们可以了解到瑶族人民的劳动方式、民俗习惯、婚姻制度、信仰体系等方面的情况。这些文学作品不仅记录了瑶族人民的过去，也反映了他们对未来的期望和追求。

金秀瑶族民间文学的独特魅力在于它们传承了瑶族人民世代相传的智慧和价值观念。这些作品通过故事和歌谣表达了瑶族人民对生活的热爱和对美好未来的追求。它们温暖人心，让人们在困难时期找到力量和勇气。同时，这些作品也是瑶族文化的重要组成部分，传递着瑶族人民的认同感和归属感。

## 第五章　广西金秀大瑶山的民俗与文化

金秀瑶族民间文学的价值不仅在于文化传承，还可以为我们提供宝贵的文化资源。通过研究金秀瑶族民间文学，我们可以了解到瑶族社会的演变和发展，探索瑶族人民的智慧和创造力。这些文学作品中蕴含着丰富的民间知识和文化内涵，对于瑶族文化的保护和发展具有重要的意义。

金秀瑶族民间文学的特征主要有以下几点。

1.集中表现了瑶族历史和瑶民的生命意识

在许多瑶族传统歌谣中，有一首叫做"我比黄连苦万分"的歌谣。这首歌谣描述了瑶族古代和近代生活中的艰苦和困境。其中的夸张描述，如"老鼠进灶去养仔，蜘蛛结网满锅头"，表达了瑶族面对生活困境时的心情和无奈。尽管瑶民经历了种种苦难，他们依然坚强不屈，苦难无法击垮他们的意志。

《盘王的传说》是瑶族的神话传说之一，它讲述了瑶族的祖先盘龙护王（犬）为国家消灭敌患，获得国王的赞许，并娶三公主为妻。之后，他们在会稽山占山耕山，繁衍了瑶族的十二姓，并经历了一次次的"山过山"的迁徙。这个传说在瑶族中广为传播，不仅被收录在许多典籍中，还成为中国瑶族历史文化研究的重要参考资料。这个传说生动地记录了瑶民在数千年的社会发展中所经历的艰辛和不屈不挠的精神，展示了他们强烈的生命意识。

有一句瑶族的谚语说："先有瑶，后有朝，换朝不换瑶。"这句谚语体现了世世代代瑶族的自豪和生命意识。瑶族人民世代相传，坚守自己独立自主的民族精神，保护自身的生存权利和发展权利。这种坚守和自豪感使瑶民与朝代的更替无关，他们始终保持着自己的独特文化和身份。这个传说传播很广，如收到上海文艺出版社出版的"中国少数民族民间文学"丛书《瑶族民间故事选》（1980）和中国ISBN中心出版的《中国民间故事集成·广西卷》（2001）等典籍之中，成为中国瑶族历史文化研究的重要参考材料。

2.充分展示了瑶族的文化自觉精神

大瑶山，位于桂西天堂山脉之间，是瑶族人民的家园，一个被大自然环境所包围的桃源世界。在这片土地上，瑶族人既要适应自然的严峻考验，又要维护族内人与人之间的和谐关系。这样特殊的生存背景催生了大瑶山独有的文学形式——"石牌"文学。

封建时代，王朝对瑶民实施"同化"政策，试图将其纳入统治体系。然而，大瑶山的瑶族人并不甘心接受外来的统治，于是依托本民族传统的社会机制，建立了独特的石牌制度。这一制度通过在石牌上刻写民间韵语、俗谚以及共同遵守的条规，立于村边路口，实现口传心记，让整个族群共同遵守，从而维护了大瑶山疆域的生活宁静与和谐。

大瑶山的瑶族人不仅要面对内部的挑战，还需要与大瑶山以外的瑶族同胞建立联系、互通信息，实现相互帮助和共同发展。在这一过程中，民间文学扮演了重要角色。神话文献《评皇券牒》《盘王大歌》等文字版本的传承成为传递异地信息、传递关爱、传递爱情的工具。这些文学作品不仅弘扬瑶族文化，更促进了瑶族内外的交流。

故事中丰富多彩的动物世界构成了瑶族人质朴的良知。在"千家峒"诸多传说中，柳州府的"石碧洞"被提及，虽然地理位置尚无考证，但从瑶族迁徙史和大瑶山的地理环境来看，将大瑶山视为近古的"千家峒"似乎并不言过。这片天然的桃源世界拥有一座天堂山，正如《评皇券牒》中所列举的，瑶人居住的名山之一即是"广西天堂山"。

大瑶山的石牌文学不仅是一种制度，更是一种文化的传承。通过这一独特的文学形式，瑶族人在与大自然斗争的同时，保持了自身文化的独立性，实现了族内外的和谐共处。这片桃源世界的故事，如同一幅丰富多彩的画卷，展现着瑶族人民坚韧不拔的生活态度和对自然的敬畏之情。

3.较大地整合了瑶族生存智慧的资源

大瑶山是瑶族文化的宝库，凝聚了瑶族五个支系民间文学的多种样式。这些文学样式既是瑶族文化的重要载体，也是瑶民审美情趣的具体体现。

千百年来，不同支系的瑶民在大瑶山的生活和斗争中积累了丰富多彩的生活经验，创造了生动形象的文学样式，与瑶民社会的发展是同步的。这些文学样式成为了民间文学的瑰宝，记录着瑶族人民的智慧。

五个支系民间文学的频繁交流，以及与山外的汉族、壮族和其他民族的文化交往，促成了大瑶山民间文学的独特性。其中最具代表性的是盘瓠、神唱和石牌词。

盘瓠是一种瑶族的叙事诗歌，通过它表达了瑶民对自然、生活、历史和

## 第五章　广西金秀大瑶山的民俗与文化

传统的理解和情感。神唱则是瑶族的一种祭祀歌曲，它们以其独特的节奏和旋律，表达了瑶族人对神灵和祖先的崇拜和敬畏。石牌词是瑶族的一种诗词形式，刻在石碑上，记录着瑶民的历史和文化。

同时，大瑶山的民间文学也与外族有着相通相似之处。它们共享着相似的民间故事类型、歌谣类型和谚语类型。这种相似性反映了不同民族之间的文化交流和交融。

大瑶山的民间文学精品常常引起国内外学者的关注，并为文学经典所引用。这些文学作品记录了瑶族人民的品性和智慧，承载着他们的历史和传统。

大瑶山的民间文学不仅是瑶族人民的宝贵遗产，也是世界文化的一部分。它们带给我们许多思考和启示，让我们更加尊重和理解不同民族之间的文化多样性。正是这些文学作品的存在，让我们能够更好地认识和欣赏瑶族文化的独特之处。

### （三）金秀瑶族民间文学的类型

在一般的民间文艺学原理中，民间文学被广泛分为多种体裁，包括神话、传说、民间故事等。其中，民间故事又可以进一步细分为动植物故事、魔幻故事、生活故事、寓言故事以及笑话故事等。这样的分类体系为我们理解民间文学提供了一个清晰的框架。

故事类型是指那些在不同文化中反复出现的叙述情节模式或母题模式，它们能够在不同的文学传统中维持独立存在。芬兰学者安蒂·阿尔奈以故事类型概念为基础编写了《故事类型索引》，而美国学者汤普森在此基础上进行了进一步的补充，形成了欧美各国学者广泛认可的Aarne-Thompson编号，简称AT分类法。

在这一分类法的指导下，美国学者丁乃通和德国学者艾伯华专门为中国民间故事的特殊情况编写了《中国民间故事类型索引》。这一索引为我们提供了在中国文化传统中各类民间故事的详尽分类，使我们更好地理解和研究中国民间文学的丰富多彩。

要更全面地理解金秀地区的民间文学，特别是民间故事，我们可以参照多位学者的学术观点，将其置于国际和国内大文化的背景下进行人类学的阐析。这样的分析有助于我们深入探讨这些故事在当地文化中的起源、传承和演变，以及它们与其他文学传统的关联。通过这种跨文化的比较研究，我们可以更好地理解金秀地区民间文学在全球文学宇宙中的位置和价值。

1.盘瓠神话

《盘王的传说》是金秀瑶族的神话传说，其情节融合了图腾神、祖先神和英雄神的元素，在世界各国的神话中显得异常罕见。这个神话起源于古代，主要讲述了评皇国的皇帝评皇，他养有一只身披24道斑纹的龙犬。

评皇国常常受到邻近高王的侵扰，评皇为了保护国土，发出了一则告示，承诺金银财宝可任意取用，只要有人能够灭掉高王。在这危难时刻，龙犬表现出了异于寻常的智慧，它咬着告示前来见评皇，表示愿意接受任务。

经过一番冒险，龙犬成功潜入高王国，取得高王的信任。有一个机会，龙犬趁高王不备，咬下了高王的睾丸和颈项，成功完成了任务。它带着高王的头颅回到评皇国，评皇大喜，履行了对龙犬的承诺。

然而，故事并未结束。评皇的困惑在于，龙犬白天是狗，晚上却是个英俊的男子。为了解决这个难题，评皇同意让龙犬娶其室中一位公主为妻。龙犬选择了三公主，并通过一系列仪式，两者正式成为夫妻。

他们的婚姻生活异常幸福，三公主发现龙犬白天是一只狗，晚上却是个英俊的男子。评皇为了进一步让龙犬过上人的生活，决定将他变成人。然而，由于变化时间不足，龙犬虽然成功变成人，但头上和小腿上的毛未能完全脱落，只好用布裹着。

评皇赐名盘护，派他到南京十宝殿做王。盘护和三公主在南京十宝殿生下了六男六女，给评皇带来了极大的欣慰。为了纪念盘王，他们制作了大鼓和长鼓，以及舞蹈和歌唱，共同悼念盘王的逝去。

这个神话传说深刻地反映了金秀瑶族的文化和历史，展现了他们对神秘、英雄和家庭的理解。

盘瓠神话是瑶族文化中一个重要的传说，流传于广西、广东、湖南、云南、贵州等地的瑶区。这个神话故事与金秀"文本"基本相符，情节具有几个共同点。

## 第五章　广西金秀大瑶山的民俗与文化

首先，故事背景通常是国家遭遇困境，国王为了招募抗敌的能人，愿以极高的待遇聘请他们。而在这些版本中，盘瓠是一个杰出的勇士。第二个共同点是龙犬应招，勇敢地衔着敌国国王的首级回来，并为国家取得战功。第三个共同点是龙犬和公主成婚，他们生下了十二个子女，为瑶族后代繁衍生息作出了贡献。最后，故事中盘王意外跌落山崖身亡，公主和他们的十二个子女怀着深深的悲痛，举行了盛大的悼念仪式。

神话中所描述的盘瓠被尊为"王"的南京十宝殿，有些版本说是位于浙江会稽山。而这个神话具有图腾崇拜的特点。从瑶族的传统习俗"过山榜"中可以看出，瑶族自古以来就过着原始狩猎和原始山耕的生活。他们的命运与山脉紧密相连，山林和田地是他们的生计所在。瑶族的祖先在荒凉和恶劣的环境中生存下来，而犬成了他们的重要伙伴。犬帮助他们探路耕山和迁徙，保护他们免受毒蛇和猛兽的伤害，为他们预先侦察野猎的环境。因此，犬成为瑶民生活中最忠实的伙伴。

犬在瑶族文化中具有神圣的地位，成为他们的图腾物。尽管在盘瓠神话中，犬后来演变为龙犬并融入了华夏或百越龙蛇崇拜的某些文化元素，但犬仍然是主要角色。随着社会的发展和进步，盘瓠神话融合了祖先崇拜和英雄的意义，强调了瑶族与高辛族（三公主）的血缘关系，以及盘瓠之所以被尊为"王"是因为他为国家立下了汗马功劳，从而提升了瑶族人民的社会地位。这些因素无疑增强了瑶族内部的团结，并为他们争取平等权利起到了积极的作用。

盘瓠神话作为瑶族文化的重要组成部分，不仅反映了他们的信仰和价值观，也展示了他们勇敢、团结、奉献的精神。这个神话故事激励着瑶族人民不断努力，为自己和社区创造美好的未来。同时，它也让其他人了解和尊重瑶族文化的独特之处，促进了不同民族之间的交流和理解。

2.千家峒的传说

如果说，任何国家任何民族都在自己发展过程中创造一个理想王国的话，瑶族的《千家峒的传说》与汉族的桃花源传说有异曲同工之妙。

千家峒的传说，是瑶族先民创造的一个理想王国的故事，与汉族的桃花源传说相似，展现了对祖居地的深厚情感以及对幸福生活的向往。

在这个古老而神秘的传说中，千家峒是瑶族的祖居地，土地宽阔而肥沃，民歌唱咏着大垌田，牛羊成群，水源丰富，生活富足。瑶民种植的苞谷比一般的要长，谷壳甚至可以用来做水瓢。山上的牛羊、寨里的鸡鸭，还有家家满栏的猪，构成了千家峒瑶民丰富多彩的生活画卷。

但是这个理想的王国并非没有面临困境。有一年，天大旱，外界颗粒无收，官府想霸占这片宝地。官差前来，峒中的头人展示了《评皇券牒》并热情款待官差，但官差吃了千家的招待饭却迟迟未归。官府误以为官差已被害，便派兵杀入千家峒，导致瑶民遭受屠戮。为了保护自己的民族，十多户瑶人决定离开千家峒，经过七天七夜的流浪来到海边。

在海边，他们乘船漂泊，无方向地漂泊着。遇到怪异的小岛，生火烧饭时，岛却渐渐下沉。原来，这小岛并非泥土堆积，而是一条大鲸鱼，它的背部因被火烧痛而逃离游走。瑶民在海上漂泊，靠黄泥鼓、盘王歌向祖先祷告，最终在经历了七七四十九天的航行后靠岸。

在靠岸后，瑶族流亡者发誓要杀回千家峒。十二姓瑶人共同饮鸡血酒，每人都带走一块祭祖的香炉和一截发号令的牛角。于是，他们分别迁徙到江西、湖南、广东、广西、贵州、云南等地，经过千里跋涉，栖身山头，数年后又得迁徙。这段历史成为瑶族世世代代传颂的故事，歌唱道："吃了一山又一山，背起竹篓把家搬。"

千家峒的传说以其绘声绘色的描绘，充满感染力。这个故事不仅是对祖居地的美好追求，更是瑶族先民对幸福、自由的向往。世代传承的千家峒传说，激励着瑶族人追求幸福，保护自己的文化传统，展现了瑶族坚韧不拔的生存精神。

3.圣堂山传说

在金秀瑶族传说中，《神异的圣堂山》也很富有魅力。在金秀瑶族的传说中，有一座神秘而魅力非凡的山，名叫圣堂山。这座山上发生了一段令人感叹的故事，讲述了一个名叫公甘的英雄人物。

公甘是瑶族的头领，他曾带领族人与朝廷的官兵进行了九天九夜的血战。最终，当官兵紧追不舍时，公甘来到了圣堂山下。在危急之际，他抓起随身携带的糯米粉向官兵撒去，顿时浓雾弥漫，遮住了官兵的视线。公甘趁

## 第五章 广西金秀大瑶山的民俗与文化

机逃跑,途中遇到了一条深不见底的峡谷。

公甘眼看无路可走,却临危不乱。他急中生智,解下头上的白头巾向高处抛去。头巾化作一座天桥,横跨在峡谷之间。公甘趁机跨过天桥登上了圣堂山,而尾追的官兵却追到了天桥中间。突然,天桥断裂,官兵摔下了深渊。

公甘登上圣堂山后并没有停下脚步,而是挥舞着刀剑继续修炼武艺。他的坚韧和勇气感动了玉帝,玉帝派遣一只山猪和一只猴子帮助公甘盖房子,并在山上挖了一口水塘。从此,公甘就居住在圣堂山上。

尽管公甘久居高山,但他心系山下的瑶民,时刻不忘他们的生活。他常常打开水塘的闸门,让水灌溉山里的庄稼,确保稻谷的生长和丰收。因此,山下的瑶民也时刻怀念着公甘的恩德。

不知道过了多少年,一位采药人希望上山采集草药。突然,一阵山风刮起,云端中垂下一根粗长的山藤。采药人顺着藤攀爬而上,终于来到了圣堂山的顶峰。他看到山顶池塘里的鱼儿自由自在地畅游,池边的桃树和李树挂满了果实,鸟儿在枝头欢快地鸣叫,猴子在树林中轻盈地跳跃,宛如仙境。

采药人进入一座石屋歇息了一夜。第二天早晨,当他准备下山时,遇到了一位白发银须的老公公。老公公手捧着三条香草鱼,倾听了采药人的请求后,他刮下一把鱼鳞,用蕉叶包好,放入采药人的竹篓中,并告诉他,今后遇到任何病痛或瘟疫,这个鱼鳞会有作用。采药人下山后,回到家里,他才意识到自己已经离开家三年之久。

后来,村里爆发了瘟疫,采药人想起了老公公所赠的鱼鳞。他将鱼鳞磨成细粉,用水冲开后给病人服用,结果病情奇迹般好转。喜讯传开后,大家都说是仙人公甘显灵了,给大家带来了好运。因此,人们常常远望圣堂山,默念呵护瑶族的英雄公甘。

公甘和神异的圣堂山的故事一直流传至今,成为瑶族文化的一部分。每当面对困境和困苦时,人们怀念公甘的勇敢和仁爱之心,寄托着对美好未来的憧憬和希望。圣堂山也成为了瑶族人民心中的信仰象征,象征着希望和奇迹。

在山中的岁月仿佛是七天,但在世间已经千年。这句俗语道尽了人生的短暂,而仙人们则在极乐中过着岁月如日的生活。对于人类来说,生活中充满了烦恼和事务,于是度日如年。在《圣堂山传说》中,通过圣堂山的实物实景,人们怀念起那位曾为他们生存提供保护与祝福的先人——公甘。

这个传说情感丰富、思绪绵密，表达了对先人的敬仰和感激之情。瑶民古朴而崇高的美德在这个传说中得以展现。

### 4.五彩带

《五彩带》是代表性的爱情故事。七只天鹅（仙女）从天上飞下，为孤苦的青年阿古收割梯田上的稻谷。阿古与第七个仙女结为夫妻，并生下了坚美仔。仙女的父亲玉皇却不满意这段人仙之缘，派雷公强迫七仙女返回天上。在离别之际，仙女留下五彩带，让阿古抓住就可上到天上。阿古按照仙女的嘱托，带着孩子上到天上，与仙女团圆。

玉皇对阿古父子心生不满，企图害死他们。一系列险阻中，阿古聪明地化解了玉皇的险恶计谋，展现了他的机智和坚韧。即便面对玉皇的种种阻挠，阿古最终成功地保护了自己和家人，展现出坚定的意志和顽强的生存力。

这个故事不仅展示了瑶民传统的美德，如仁爱、坚韧、智慧，同时也在曲折的情节中表达了对家人的深情厚意。仙女的泪水化作彩带垂落人间，寄托着对失散家人的思念之情。整个传说以其独特的情节和丰富的内涵，向人们展示了瑶山的神秘和瑶民的忠厚纯朴，让人们不禁陶醉在这美轮美奂的仙人传说之中。

### 5.吉冬诺

瑶族文化丰富多彩，拥有众多传统故事。其中一则悲伤的爱情故事吉冬诺，深深触动着人们的心灵。吉冬诺是瑶山里的一种鸟，以其独特的啼声而得名。故事讲述了姑娘妹聪与猎人阿杰对歌相爱可是命运却把他们分开了。妹聪被迫嫁给了头人的儿子才保，婚后她在头人家中遭受了鞭打和欺凌。经过三年的痛苦生活，妹聪无法忍受这种痛苦，最终跟才保离婚。她含泪去找阿杰，却无意中得知阿杰因为失去了妹聪而气得死去，变成了一只吉冬诺。

妹聪深感悲痛，也在痛苦中离世，最终也化作了一只吉冬诺。在瑶山里，人们每次听到吉冬诺的啼声，心头都会涌起悲凉的情感。这个故事恰如其分地表达了人们对爱情自由的尊重和追求。

从吉冬诺的故事中，我们可以看出瑶族人民对爱情的珍视和对尊重的讴歌。在瑶山，爱情是纯真而宝贵的，它应该自由地生长和传承。这个故事让人们更加体味到尊重爱情自由的分量，引导人们珍惜和保护自己的爱情。

同时，吉冬诺的故事也反映出瑶族文化的美丽与独特。瑶族文化是中国文化的一颗明珠，其独特的习俗、传统和故事深深吸引着人们的关注。

在茶山瑶的民间故事中，我们不难发现壮族的影响。茶山瑶的水田稻耕作是从周围的壮族学来的，壮族与茶山瑶杂居，两者之间密不可分。正是由于这种密切联系，茶山瑶的故事中传承了壮族民间故事中相同的主题。这种文化交流和影响也充分体现了瑶山文化在国际上的影响力和魅力。

吉冬诺的悲伤故事是瑶族文化中的精彩传承，充满了对爱情自由的追求和对文化多样性的尊重。

6.动物故事

大瑶山的动物故事丰富而生动，这些故事反映了瑶民对自然界的深刻理解和独特情感。瑶族人民居住在大山之间，他们亲近山林，热爱山川，因此对于山中的动物有着特殊的情感和认知。在瑶族的故事中，山里的动物不是人类的敌人，而是人类的朋友和亲戚。

以虎、黄獠、穿山甲、蚂蜗、螺蛳、喜鹊、乌鸦等为题材的动物故事，蕴含着瑶族人民的喜怒哀乐和传统道德观念。例如，《喜鹊老师》这个故事讲述了喜鹊筑巢时的认真细致、耐心和勤劳，巢穴美观结实，能够防风挡雨。相比之下，其他动物如画眉、老鸦、麻雀做事马虎，不虚心向喜鹊请教，搭建的巢穴简陋透风透雨；老鹰懒于学习，一直不会建造巢穴。这些简短的故事蕴含着深刻的寓意，表达了瑶族人民对勤劳、谦虚和学习的重视。

这些动物故事通过对自然界和人世间关系的联想和想象，展现出了瑶族人民对于自然界的敬畏和对生活智慧的总结。这些故事不仅生动形象，而且贴切自然，相映成趣，使得人们能够更好地领略和理解瑶族文化中蕴含的智慧和情感。希望未来能够加强对这些动物故事的传承和保护，让更多的人了解并珍视这份具有独特魅力的文化遗产。

# 第三节　金秀大瑶山的服饰与饮食

## 一、金秀大瑶山的服饰

### （一）茶山瑶服饰

茶山瑶族是广西地区的一个独特民族，其独特的服饰和头饰展现了丰富的文化传统和社会差异。男子的穿着以简朴为主，多数穿着对襟布扣的唐装短上衣，搭配宽松的长裤。头部则用深蓝色或黑色布料包裹，头巾长丈许，绣有狗牙形图案，呈现出朴素而典雅的风格。

女子的服饰则更加丰富多彩。她们穿着绣有花边或镶有织带的上衣，右襟压着左襟，搭配绣有图案的腰带。在下半身，女子围上黑布方形围裙，裤子只过膝，下部套着脚笼，用彩色丝带将两者系接成一体。整体上，衣料颜色以黑为主，蓝白次之，展现了一种深沉而充满活力的服饰风格。

古茶山瑶妇女的头饰更是独具特色。其中，牛角式是一种受欢迎的设计，使用三块形似牛角的银板顶戴头上，前额饰以红色丝带，微风吹来时丝带上下飘动，呈现出雅观的效果。这种头饰主要用于成年女子和老年妇女。曼头则是另一种形式，使用三块直状银板排列平放于头顶上，主要用于少年女子。锅灶头以三片呈三角锅灶形的银板置于头上，铺以红色织带作捆绑，主要见于女童。[①]

有趣的是，这些头饰的形式可能反映了瑶族对水牛的崇拜和对牛图腾的信仰。这种文化元素融入了他们的服饰之中，形成了独特而富有象征意义的设计。

值得注意的是，瑶族妇女的服饰和头饰与其家庭经济条件密切相关。不同村寨的经济状况不同，直接影响了妇女头饰的制作材料和风格。在相对富

---

① 莫金山.金秀大瑶山 瑶族文化的中心[M].南宁：广西民族出版社，2006.

第五章　广西金秀大瑶山的民俗与文化

裕的村庄，如金秀沿河十村，妇女头饰更为精致，以重达0.7公斤的牛角式为主。而在经济较差的村庄，如罗梦、古卜、立龙等地，妇女可能只能采用竹篾弯成圆圈的简单头饰，这被人们称为"竹篾式"头饰。

总体而言，茶山瑶族的服饰和头饰不仅是生活的一部分，更是文化的传承和表达。这些独特的设计反映了他们丰富的民族传统，同时也展现了社会的差异和生活的实际情况。这种文化的传承和演变，为我们提供了一扇了解不同民族和地域特色的窗口。

## （二）花蓝瑶服饰

花蓝瑶，一个生活在如诗如画的寨子里的民族，以其独特的服饰和文化传统而著称。花蓝瑶的服饰以蓝黑色棉纱布为基料，绣上蔚为奇特的花纹图案，如蓝花、金银花、玉米花、山茶花、八角花等，使得穿戴者呈现出美丽而大方的风采。寨子装饰时仿佛是一个花园，因此得名"花蓝瑶"。

年幼的花蓝瑶小姑娘留着长发辫子，而成年或成婚后则会戴上独特的帽子。这帽子由黑白两块布制成，黑布边沿挑上红线条，主要遮住头部。帽子的顶部绣有几朵小花的白布，两块布挽结于后面，用银簪卡牢固，使帽子前额开阔，顶部略大。戴在头上，黑布遮眉盖耳，呈现出深沉古朴的氛围。妇女的衣服以长可没腿为准，胸襟对称镶嵌二寸宽纱绣花带，花纹细腻清新。腰间系带，将衣服勒紧，展现出端庄秀丽的气质。

在花蓝瑶寨子，成年男女都喜欢穿着中统短裤，小腿套黑色包布，用1米多长的花带缠绕外面。这种穿着与他们的生产劳动密切相关。在田野中耕作，泥深水冷，各种叮人虫蚁多，穿短裤方便劳动，而裹腿布则能防寒防虫，避免刺钩利草划破腿脚。

无论男女老幼，花蓝瑶人都热衷于佩戴银首饰。小孩戴银首饰被认为可以除邪解秽，促进健康成长。年轻姑娘们则佩戴各式银饰，包括耳环、手镯、项圈。出门时，花蓝瑶妇女还会佩戴铜铃，行走间发出清脆的叮当声，

· 175 ·

据说有避邪的功效，同时也作为装饰的一部分。[1]

而花蓝瑶的男子则通常穿着大开襟、宽短袖、后开衩的黑色粗布衣，脚下则是木屐。出门时背负长刀，背刀分为平刀和钩刀两种。这些长刀是由优质钢铁铸造而成，刀面薄而轻巧，银光闪闪，刀刃锋利耐用。刀身与刀柄的全长约1米，背刀的背部有2厘米厚，刀面宽度为7厘米。每把刀都配有用竹子制成的刀鞘，背在腰间右侧，展现出威武刚强的形象。花蓝瑶男子无论下地耕作，上山下河，甚至是过村访亲会友，都离不开这把长刀。据老人说，这种长刀曾经是花蓝瑶人反抗官兵迫害的武器，同时也是开荒种地、砍树、破竹篾、采药、铲田基的利器。这种长刀可以说是花蓝瑶人身上的一种标志，体现了他们特有的坚韧与刚毅的性格。

瑶族源远流长的历史孕育了丰富多彩的服饰文化，早在秦汉时期，瑶族先民就已经掌握了用木皮制作服饰的技艺。据记载，瑶族先民"自相夫妻，织绩木皮，染以草实，好五色直服，制裁皆有尾形……衣裳斑斓。"展现出了独特的审美风格和工艺特色。

隋唐时期是中国历史上一个鼎盛时期，这一时期的经济繁荣、政治稳定和文化全面发展也对瑶族服饰文化产生了深远影响。受到汉文化的影响，瑶族先民的服饰发生了显著变化，不同的服饰样式开始成为区分性别的主要标志。瑶族先民"男子但著任布裤衫，更无中裤；其女子青布衫，斑布裙，皆无鞋履"。

宋代是瑶族社会进入封建时期，瑶族服饰开始注重审美，并且工艺水平也得到了提高。据宋人周去非在广西为官所见，当时的瑶族服饰已经开始有了更多的样式和颜色，桂北瑶族多"椎髻临头，跣足带械，或袒裸、或鹑结，或斑布袍裤，或白布巾，其酋则青布紫袍。妇人上衫下裙，斑斓勃窣，惟其上衣斑纹极细，俗所尚也"。用蓝靛染制的"瑶斑布"更是色彩斑斓，花纹极细，工艺水平已经达到了一定的高度。这些服饰展现了瑶族先民的审美情趣和工艺造诣。

在明清时期，瑶族服饰经历了一场引人注目的演变，成为瑶族文化传承

---

[1] 刘涛.花蓝瑶服饰文化变迁[J].贵阳学院学报（社会科学版），2006（4）：61-63.

# 第五章　广西金秀大瑶山的民俗与文化

中的一重要篇章。特别是花蓝瑶先民，他们在这段历史中开始关注服饰的时代特征和地域风格，为瑶族服饰的丰富多彩奠定了基础。

明朝时期，为了恢复社会经济，明王朝采取了一系列措施，如奖励垦荒、兴修水利、减轻赋税徭役以及推广桑棉的种植。这些措施有力地促进了生产力的发展，尤其是棉花种植业的兴起，使丝绸和棉织品的生产在质量和产量上都取得了显著提高。这种经济文化的繁荣不仅影响了汉族地区，同时也对瑶族产生了深远的影响。在这一时期，瑶族社会吸收了周边汉族的先进技术经验，丰富并发展了瑶族民间手工业和民间工艺。这样的文化交流使得瑶族服饰更加华丽多彩，展现出独特的时尚风格和地域特色。瑶族服饰不再只是简单的生活必需品，更成为了瑶族人民对时代的审美追求和文化认同的象征。

清代同治《象州志》下卷中提到："瑶妇善织瑶锦，色美丽而耐久用。汉族嫁女之被面，小孩之襁褓，多均用之。价甚昂，一被面值二三十元。今汉人每渐能仿制……"这段记载展示了瑶族人民在清代已经掌握了高超的织布技艺，尤其是瑶锦的织造技术，使得瑶族的布料在色彩和质地上都达到了令人瞩目的水平。这也使得瑶族服饰成为当时贵族嫁娶、儿童抚养中的重要选择，价值昂贵。

明清时期的这一服饰变迁历史，不仅见证了瑶族文化的繁荣发展，也为后来的瑶族服饰传统打下了坚实的基础。这段历史，如同一幅丰富多彩的画卷，向我们展示了瑶族人民在时代变迁中对自身文化的坚守和创新。

在清末民初时期，瑶族服饰相较于明清时期变化不大，保留了其传统的文化特征。到了20世纪20年代，随着国民政府颁布了《服制条例》，主要针对男女礼服和公务员制服，对于平时便装和少数民族的传统服饰并未作具体规定，这使得在农村，广大瑶族农民群众依然延续着传统的民族服装。

特别是位于大瑶山的花蓝瑶，由于其特殊地理位置，国民政府在20世纪30年代中期才真正将行政权力深入大瑶山腹地，因此花蓝瑶在这一时期受到的外部影响相当有限。直到20世纪50年代，花蓝瑶的服饰基本上仍保持民族特征，展现了悠久的历史传承。

花蓝瑶男子穿着大领对襟，左右开深衩，长及膝盖的装束。而花蓝瑶妇女上身则穿着黑布无扣的交领衣，长至臀部，以红、黄、青、橙、绿、黑、白等颜色的细纱编织腰带束身，下身穿着长及膝盖的短裤，小腿扎着黑白锦绑带，脚上则穿着木屐。这种独特的装束不仅反映了瑶族的生活习惯，还凸显了他们的文化认同和社会地位。

正是在这一时期，洋纱和洋布逐渐进入瑶族地区，部分花蓝瑶妇女开始直接购买洋纱和洋布制作服饰。这导致了瑶族服饰面料呈现自织布和机织布并用的特点，标志着瑶族服饰逐渐融入了现代时尚元素。这一历史时期见证了瑶族服饰在传统和现代之间的微妙平衡，既保持了民族特色，又融入了外部文化元素，呈现出独特而多样的服饰文化。

随着党的十一届三中全会后我国经济改革的蓬勃发展，服装业在满足人们日益增长的消费需求方面迎来了新的变革。引入大量新设备和新技术成为推动服装业发展的动力之一。特别是化学纤维和人造毛皮成为服饰制作的主要原料，为时尚产业注入了新的元素。在这一潮流的冲击下，花蓝瑶也随之改变，开始大量采用化学纤维和人造毛皮来制作成衣，或者使用机织布来打造新颖的服饰。

过去，花蓝瑶以自种植棉花、自纺纱织布的方式制作民族服饰，这一传统工艺逐渐淡出了花蓝瑶的社会生活。仅有极少数的花蓝瑶老年妇女在农闲时制作少量的民族服饰，但布匹基本上都是购买的机织布。自纺、自织、自染的布匹已经渐渐消失在整个服饰制作的工艺流程中。

到了20世纪末，随着大瑶山瑶族地区社会经济的快速发展，花蓝瑶群众的购买力得到了显著增强。在这一背景下，一些时装开始在花蓝瑶地区流行起来。牛仔裤、喇叭裤、西服以及各种时髦套装深受喜欢时尚的花蓝瑶年轻男子的青睐；而花蓝瑶女子也开始选择健美裤、吊带、超短裙等各种时装，甚至职业装也成为她们日常服饰的一部分。款式新颖、大方，做工精致考究，质地高档的时装成为时尚潮流的代表。花蓝瑶的服饰由此变得丰富多彩，展现出独特的时尚品位。

这一演变不仅是服装制造技术的进步，也是花蓝瑶社会经济状况提升的象征。服装不再仅仅是满足基本需求，更成为表达个性和追求时尚的载体。花蓝瑶的服饰演变过程，既是对传统工艺的告别，也是对现代潮流的融入，展现了这一古老民族在时尚发展潮流中的积极适应与创新。

第五章　广西金秀大瑶山的民俗与文化

## （三）坳瑶服饰

坳瑶，一个充满古老韵味的民族，其独特的服饰文化承载着深厚的历史传统。在坳瑶社区，男子们大领对襟的设计展现了一种端庄典雅的氛围。这古老的服饰延续了悠久的历史，以左右开衩、长及膝的裙摆为特色，展现出一种独特的风采。

男性的服装以简单的制作方式为特点，采用两幅布料纵折而成，参差错落地合上，仅需缝制两条骨缝，就能成就一袭不带裤头的短裤。这种原始而朴素的制作方法，昭示着坳瑶人对于传统工艺的独特理解和坚守。

坳瑶的女性装束则更显精致，绣有花边的衣着搭配短裤，呈现出一种古朴而雅致的风格。服装的制作与男子同样简单，布料两幅纵折交错合拢，只需两条骨缝，即可打造出不同款式的短裤。这种原始的制作方法体现了坳瑶人对于服装的朴素追求，将简单的手工艺与传统文化相结合。

发髻在坳瑶族群中占有重要地位，男女皆多梳髻，彰显了对传统发型的重视。用白布制成的长头巾，巧妙地绕髻缠扎，将发髻包裹其中，展现出一种古老而庄重的美感。同时，服饰上的花纹和银饰则为整体造型增添了一份独特的艺术氛围。

引人注目的是，坳瑶妇女钟爱的竹壳帽更是成为他们服饰中的一大亮点。这种竹壳帽以崭新雪白的嫩竹壳折制而成，帽子呈梯形状，大小根据个人头部而定。其四周巧妙地插有五颗银质发簪，两侧则绕上一条银光闪闪的链条，为整体造型带来了独特的光彩。

坳瑶的服饰文化不仅是一种装束，更是一种对传统的敬仰和延续。这种古老而原始的制作方式、精致的细节设计以及独特的配饰，都构成了坳瑶服饰文化的丰富内涵，让人仿佛能够穿越时光，感受到古老岁月中的独特魅力。

## （四）盘瑶服饰

盘瑶，一个以黑、紫两种底色为主的民族，其独特的服饰文化彰显了深厚的历史底蕴。在盘瑶社区，人们以劳动为基调，常着长裤展现出朴实而实用的特色。裤腿下截捆上绑腿，用小花带巧妙束之，不仅方便了劳动，更为服装添上一份雅致。

盘瑶妇女在织绣艺术方面可谓登峰造极，其衣服上绣有各种花草树木，仿佛栩栩如生的画卷展现在布料上。尤其是头巾，艺术的巧妙运用使得质朴的服饰增色不少。各种银饰品点缀在衣裤的各处，花样繁多，各具风采。尤其是新娘礼服更是独特的艺术品，"合衣"由多个部分组成，每一块头巾都经过精心设计和手工绣制，图案如花环状的鸡冠花、山茶花等，表达了对美满幸福生活的向往。

盘瑶女性头上不留长发，常常剪光。在忠良、大樟、金秀等地，妇女喜欢用白色丝条缠头，而在三角乡一带，盘瑶妇女则戴圆锥形黑布的尖头高帽，外罩头巾。腰带是常见的装饰品，由彩色丝线织成，花纹美丽、经久耐用。此外，还有围裙带、脚套等，都是由妇女亲手织制。

银饰品在盘瑶文化中占有重要地位，排扣、小袋、彩丝贯以黑白珠子的"金棒"等多种饰品，都展现了盘瑶妇女的独特品位和审美追求。这些银饰品的使用也反映了家庭的经济状况，富裕的家庭更能豪华地点缀自己。

在日常生活中，盘瑶人广泛使用"网袋"，这是一种由棉绳、麻绳织成的网状口袋，用途极为广泛。从背种子、果实、饭包、衣物、工具，到采集各种野菜、草药、野果，再到购物、访亲、赶圩，网袋无处不在，成为盘瑶人生活中不可或缺的实用工具。

盘瑶的服饰文化不仅仅是一种装束，更是一种对传统手工艺和美的追求。通过细腻的织绣工艺、独特的设计和精湛的手工，盘瑶人将古老的传统文化传承下去，使其在现代社会中依然闪耀着独特的光彩。

## （五）山子瑶服饰

山子瑶是这一地区瑶族的一个支系，其典型的服装式样包括大领对襟，采用自制的黑、紫土布制成。男子通常穿着长裤，并饰有头铰、头钉、头针、耳环、颈圈、烟盒等各种饰品。妇女的服装则以挑花刺绣为主，尤其在头巾和领巾上，绣制的花纹图案精致而独特。

中华人民共和国成立前，瑶族男女通常穿着简单的单衣，夹衣和棉衣则是相对富裕的山主和靠近汉族地区的茶山瑶和坳瑶才能享受的奢侈品，这样的服饰在数量上相当有限，而且更多地被男性所穿着。

金秀大瑶山的五个瑶族支系或集团都有各自独特的服饰特点，使得人们可以通过服装来辨别其所属族群。这些服饰也共享一些共同性，尤其体现了实用主义的内涵。黑色或深色的服饰是瑶族的首要选择，既耐脏又耐用。这与瑶族居住在大山里，从事辛勤的山地农耕和劳动有关，适应了灰烬黑土的环境。

在新中国成立前，金秀瑶族的服饰布料主要来自自产自织的棉麻粗布。他们使用蓝靛将粗布染成黑色或深蓝色，并在其上用红、黄、绿、蓝、紫五色进行绣花或镶嵌织带，形成了独特的艺术效果。五彩斑斓的服饰成为瑶族人民的普遍爱好。

瑶族的服饰不仅仅具有保暖和审美的功能，还反映了家庭经济的贫富差异。富裕者通常穿着华丽的服装，夏季和冬季的装饰都有所不同，衣着光鲜亮丽。而贫困者则可能只能穿着简单的素衣，衣着破旧且难以更换。服饰的数量和质量直接与家庭经济状况成正比，呈现出瑶族社会内部的经济水平差距。

金秀瑶族的服饰不仅是一种日常穿着，更是一种文化传承和社会经济状况的象征。这一丰富多彩的着装文化在瑶族人民的日常生活中扮演着重要的角色，传承着丰富的历史和文化底蕴。

## 二、金秀大瑶山的饮食

饮食习俗是一个地区文化的独特体现，紧密联系着当地的自然环境、生产方式和物质条件。在中国的不同地区，由于气候、地理和文化的差异，形成了丰富多彩的饮食传统。以重庆山城为例，其多雨阴冷的气候影响了当地人们的饮食习惯。船工们创造了"麻、辣、烫"的独特饮食方式，逐渐被山城居民接受，成为当地的饮食特色。

而山西人则以醋为食物的重要调味品，据说"晋兵交枪不交醋"，反映了山西人对醋的珍视。对于山西这个缺碘地区的居民来说，醋成为增劲防病的神奇食物。在高寒地区的牧民中，大块吃肉是维持身体所需热量的必要手段。

上海人则以喜好清甜食物而闻名，注重食物的精致和口感。在南方的少数民族中，由于交通不便、远离市场，他们倾向于制作各种腌腊食品，以便保存。而金秀瑶族作为中国南方农耕民族，主食以五谷为主，辅以蔬菜和少量肉食。全家聚食制在他们中很常见，反映了他们对血缘亲属关系的重视。

在金秀大瑶山，不同瑶族群体形成了各自独特的饮食习惯。茶山瑶作为最具代表性的群体之一，由于拥有丰富的资源，他们在解决温饱的基础上注重饮食的"色、香、味"。茶山瑶的饮食习惯表现在许多别具特色的菜肴上，这些菜肴在其他地方难以找到，展现了茶山瑶独有的美食文化。

## （一）瑶酒

酿酒在中国源远流长，拥有五千年的悠久历史。在这漫长的岁月中，各地因物产和气候环境的不同，孕育了各具特色的酿酒文化，而瑶酒则是其中独具魅力的一种。

金秀瑶酒可分为两大类别：米酒和薯酒。而薯酒则进一步分为红薯酒和木薯酒。瑶族地区的气候和土壤条件造就了红薯和木薯的丰收，这两种农作物因其耐瘠耐旱、不择土壤、高产等特点，深受瑶民的喜爱，成为主要的杂粮品种。

红薯虽然可直接作为酿酒原料，但由于新鲜红薯难以长时间保管，瑶民普遍选择将其煮熟后晒成薯干，再用于酿酒。由于红薯容易受到黑斑病、软腐病等病害的侵袭，酿造后可能产生异味，且由于其胶体含量较高，黏性强，摊碎困难，导致发酵不均匀，蒸馏时易出现锅底烧焦的情况，使得制作出的酒品常带有焦浓味，因此瑶民对红薯酒并不十分偏好。

木薯则因其黏性较小，易于发酵，成为另一类薯酒的原料。但由于木薯含有较多的氢氰酸，即使经过浸泡处理，仍可能导致饮后胸闷、头痛等不适感，使其在瑶族地区并不被广泛喜爱。

在瑶族地区的历史中，尽管薯类酿酒原料存在一些缺陷，但因种粮面积有限、产量低、粮食缺口大的历史时期，它们曾是酿酒的常用原料。然而，

# 第五章　广西金秀大瑶山的民俗与文化

随着改革开放的推进，人民生活水平的提高以及优良杂交品种的种植，稻谷产量大幅增长，农民手中的剩米余粮逐渐增多，于是薯类逐渐被淘汰，大米成为主要的酿酒原料。

米酒是瑶酒的主要品类之一，主要由大米和玉米制作。桂林的"三花酒"和全州的"湘山酒"都喜欢使用粳米和糯米做原料，金秀瑶民则更倾向于使用籼米。粳米和糯米虽然酒质较好，但出酒量相对较少，而且糯米在摊饭时容易结团，发酵不均匀，易沉淀粘锅烧焦，影响酒质。相比之下，籼米不仅出酒率高，而且黏性小，易于摊散，发酵均匀，不易出现烧焦情况。因此，在人民公社时期，许多瑶民选择将自家优质的粳米和糯米交换成粗糙的三号籼米用于酿酒。

瑶酒的酿造工艺经过精心设计，包括将大米浸泡、蒸煮、摊饭、培菌糖化、发酵等多个步骤。这些步骤的精准操作使得酿造出的瑶酒具有独特的风味和品质。大米的蒸煮过程要求特别注意，避免水分过多，以免在发酵过程中产生酸味。

瑶酒作为中国酿酒文化的一部分，融合了当地的自然环境和丰富的农业资源，形成了独特而多样的酿酒传统。随着时代的发展和技术的进步，瑶酒在保留传统的同时也在不断创新，为人们提供了丰富多彩的饮品选择。

### （二）瑶醅

醅，在瑶族文化中是一项传统的食物保存方式，尤其在茶山瑶家中几乎家家都会。这种食物的制作工艺既反映了瑶族人在深山居住的实际需求，又展现了他们对美食的独特品位。

瑶族人深居山中，生活的便利性受限，购物不便。为了在不便购物的情况下储备食物，瑶民们普遍采用腌醅的方式，将各类食材制成美味的"醅"，以备时用。瑶族醅分为瓜菜类和肉类两大类，涵盖了丰富的食材。

瓜菜醅的制作相对简单，主要以葫芦瓜、茄子、黄瓜、豆角、萝卜、芋茵、白菜、芥菜等为主要原料。这些瓜菜经过洗涤、晾晒至半干后，与醅粉和食盐混合搅拌，然后装入坛中保存。为了防止空气进入，坛瓮的沿边需要盛水。瓜菜醅不能腌制太久，需在半年内食用完毕，可以确保食物的新鲜和口感。

相较之下，肉类的醡制作则更为精细复杂。以猪肉醡为例，先将猪宰杀，将去水晒干的净肉切成小块。然后按照一定比例混合肉、醡粉和盐，将其拌和均匀，再装入坛中。在坛底撒上一层炒粉，一层层交替装填醡肉，每层撒上一层干粉和适量食盐。最后，在瓮口盛水，以隔绝空气的进入。经过半年的时间，醡肉就会变得熟透，成为一道美味佳肴。在食用时，可以选择蒸或炒，散发出的香气令人垂涎欲滴。

醡在瑶族家庭中不仅是一种食物的保存方式，更是一种独特的风味和文化传承。有关醡的制作工艺和美味佳肴的传统，形成了瑶族文化中一道靓丽的风景线，有着"一家吃醡，全寨皆知"的美誉。这一传统食物不仅丰富了瑶族人的餐桌，更是连接家庭、社群和文化的纽带，成为瑶族文化的独特符号。

### （三）血肠

血肠，或称为"猪龙棒""狗龙棒"，在瑶族文化中扮演着重要的角色。这一传统美食不仅是瑶族家庭中的美味佳肴，更是代表了团结友好、亲情和待客之道的象征。

制作血肠的过程非常讲究。首先，家畜的肠子需要经过仔细清洗，并使用食盐和茶油搓揉多次，以减少肠子的异味。然后，准备血肠馅，将煮熟的大米与猪血、狗血和牛血混合，再加入剁碎的瘦肉、葱花、味素和盐。将这些原料混合后，用线扎紧两头，中间扎一圈，形成血肠的形状。最后，将其放入水中煮熟，待晾凉后切成段食用。

瑶族的家庭生活中，血肠有着独特的地位。大多数瑶族人同姓聚族而居，内部再分为各个房族。在家庭杀猪的时候，会邀请同房同族的人一起共进晚餐，这不仅体现了家族的团结友好，也表达了对兄弟亲戚的感激之情。当房族亲戚参加宴席时，血肠常成为宴席的第一道菜，吃过血肠后方可端起酒杯。这一传统习俗强调了瑶族人的团结与热情，将血肠视为家族凝聚力的象征。

猪血肠更被瑶族人称为"猪龙棒"，狗血肠则被称为"狗龙棒"。这种对血肠的独特称呼不仅显示了对食物的重视，也在语言中传承了瑶族的独特文化。

血肠的重要性不仅仅在于其美味可口，更在于其背后蕴含的深刻文化内涵。在瑶族社会中，是否有血肠被视为待客是否真诚的象征。这种观念使得瑶族人对血肠的制作和珍视愈发严谨。

除了作为宴席上的主打美食，瑶族人还以血肠作为重要的食欲开胃菜。据说吃了猪龙棒后，可以减缓空腹喝酒的害处，有益于身体健康。这也解释了为什么瑶族人喜爱腌制各种酸类食物，如酸辣椒、酸萝卜、酸姜、酸薤头等。每家都拥有七八个酸坛，这在瑶族中是非常普遍的现象。血肠在瑶族文化中扮演着不可或缺的角色，不仅满足了口腹之欲，更传承了代代相传的文化传统，成为瑶族社会中一道独具特色的文化符号。

## （四）饮料

大瑶山瑶族的日常饮料品种丰富多样，包括山泉水、茶和酒三种。山泉水是他们最常饮用的饮料，因为泉水清冽可口，自然纯净。有趣的是，瑶族家庭取水的方式非常巧妙。他们以大竹破为两半，挖去节头，前后相连制成竹笕，再用松枝或竹枝架在半空中，将水从高处引导到家中。这种方法既方便取水，又能保持水质的清洁。

然而竹笕虽然灵活方便，却容易腐烂并滋生苔藓和尘埃。为了储备水源，每个瑶族家庭都会准备几口大水缸，方便他们在田间劳作或野外砍柴狩猎时使用。在无法方便取水之处工作的情况下，他们还会携带水葫芦，里面装满茶水或清水。

茶在瑶族的生活中扮演着重要的角色，茶叶一般从山上采摘或从集市购买。罗运和罗香两地所产的白牛茶，曾在清朝时期进贡皇帝，因此在历史上颇负盛名。然而，有些人对这种茶评价并不高。虽然茶叶的产量不多，并且只在附近的几个县市场上销售，但茶叶的味道和香气仍然吸引人。

瑶族制作茶的方式考究而独特。他们将一个铜制或陶制的茶壶悬挂在客堂火塘上方，借助火塘的热量加热茶水。在壶内加水并放入茶叶后，他们会用慢火炖煮茶叶。茶叶的用量很大，即使加水数十次，茶的味道也不会变淡。

  大瑶山瑶族的日常饮料文化丰富多彩，他们以山泉水、茶和酒为主要饮品，在日常生活中享受着清新的泉水和浓香的茶叶。这些饮料不仅满足了他们的口感需求，也体现了他们独特的生活方式和文化传统。

# 第六章　广西金秀大瑶山的文化研究与形象传播

金秀大瑶山作为瑶族的主要聚居地之一，拥有丰富的瑶族文化和悠久历史。通过文化研究，深入挖掘和整理瑶族的文化遗产和传统，可以更好地保护和传承这些宝贵的民族文化资源，也有助于提高游客对瑶族文化的认知和理解，增强游客的文化体验和参与感。而正面形象传播则可以提升大瑶山的知名度和美誉度，吸引更多游客前来旅游。形象传播的途径包括传统媒体、网络、旅游推广活动、口碑传播等，这些传播方式可以综合运用，以实现更广泛的传播效果。本章即围绕金秀大瑶山的文化研究与形象传播展开分析，以期使更多的人认识和了解大瑶山。

# 第一节　金秀大瑶山"瑶族文化中心"及其构建

## 一、构建"瑶族文化中心"的重要意义

通俗意义上讲，文化中心是一个用于展示、传播和交流文化的地方，它旨在丰富人们的精神文化生活，提高大众的艺术修养，传承和发展当地文化。

### （一）有利于瑶族文化的保护和传承

随着现代化进程的加快，瑶族年轻人逐渐接受现代生活方式，对传统文化的兴趣逐渐减弱。如何在现代社会中传承和发展瑶族文化，使之与现代生活相融合是一个挑战。同时，瑶族传统文化的传承主要依靠口口相传和实践教学，但随着传承人年龄的增长，这些珍贵的文化遗产面临失传的风险。如何培养新一代的传承人，使瑶族文化得以传承也是一个亟待解决的问题。

此外，金秀瑶族自治县作为一个国家级贫困县，文化设施的建设相对滞后，使得瑶族文化的展示和传播受到限制。如何提高文化传播的广度和深度，让更多人了解和认识瑶族文化，是重要的挑战。作为一个国家级贫困县，金秀瑶族自治县面临的经济发展也压力较大。在追求经济发展的过程中，如何保护瑶族传统文化，避免过度商业化对文化的破坏，在瑶族文化旅游资源开发的过程中，如何平衡保护和开发的关系，避免过度开发对瑶族文化的破坏，都是一个需要慎重考虑的问题。

总之，金秀瑶族文化传承面临着诸多挑战。要解决这些问题，需要政府、社会和个人共同努力，加大对瑶族文化传承的支持力度，培养新一代传承人，推动瑶族文化与现代社会的融合，实现瑶族文化的传承和发展。而构建"瑶族文化中心"有利于瑶族文化的保护和传承。

瑶族文化中心作为一个集中的机构或平台，可以汇集瑶族文化的专家、

## 第六章 广西金秀大瑶山的文化研究与形象传播

学者、传承人等资源,共同开展瑶族文化的挖掘、整理、研究、展示和传承工作。它可以组织专家学者对瑶族文化进行深入研究,探讨其内涵、特点、价值等方面,提高人们对瑶族文化的认识和理解。还可以对瑶族的历史、传统、民俗、艺术等文化进行全面梳理和挖掘,整理出一批珍贵的瑶族文化遗产。并通过展览、演出、活动等形式展示瑶族文化的精华和魅力,让更多人了解和欣赏瑶族文化。通过培训传承人、开展传承活动、推广瑶族文化等方式,确保瑶族文化的传承和发展。

此外,瑶族文化中心还可以发挥其与游客互动的优势,开展瑶族文化的体验活动,让游客亲身参与和体验瑶族文化的魅力,增强对瑶族文化的认知和认同。同时,通过与旅游的结合,可以将瑶族文化的元素融入旅游产品和服务中,提升旅游的文化品质和内涵,促进文化与旅游的共同发展。

### (二)有利于集中力量打造瑶族文化精品,推动瑶学研究的深入开展

构建"瑶族文化中心"有利于集中力量打造瑶族文化精品,推动瑶学研究的深入开展。瑶族文化中心可以组织专业的团队对瑶族文化进行深入挖掘和整理,提炼出瑶族文化的核心元素和特色,开发出具有独特魅力和市场潜力的文化产品和服务。这些文化产品和服务可以是瑶族服饰、工艺品、音乐、舞蹈、戏剧、影视作品等,也可以是瑶族文化主题的旅游线路、活动和体验项目等。通过精心打造和推广,可以将这些文化产品和服务打造成具有影响力和市场竞争力的瑶族文化精品,提升瑶族文化的知名度和美誉度。

瑶学研究是对瑶族历史、文化、社会等方面的综合性研究,需要跨学科、跨领域的合作和交流。瑶族文化中心可以作为一个开放的平台,汇集各方面的专家学者和研究者,共同探讨瑶族文化的内涵、特点、价值等方面的问题。通过开展深入的研究和交流,可以推动瑶学文化向世界传播,提高对瑶族文化的认识和理解,为瑶族文化的传承和发展提供理论支持和实践指导。

综上所述,构建"瑶族文化中心"对于集中力量打造瑶族文化精品和推动瑶学研究的深入开展具有重要意义。通过这个平台,可以汇集各方面的资源,挖掘和整理瑶族文化的精华和魅力,打造独具特色的文化产品和服务,

推动瑶族文化的传承和发展，促进文化与旅游的共同繁荣。

### （三）有利于增强民族凝聚力，增加民族自豪感

首先，"瑶族文化中心"可以成为展示和传承瑶族文化的平台。通过举办各种展览、演出、民俗体验等活动，可以让更多人了解和感受到瑶族文化的独特魅力，增进人们对瑶族的认同感和归属感。这种对瑶族文化的认知和理解，有助于形成共同的价值观和文化认同，从而增强民族的凝聚力和向心力。

其次，"瑶族文化中心"可以为瑶族同胞提供学习和交流的平台。在这里，他们可以学习到瑶族传统的手工艺、音乐、舞蹈等技能，也可以与其他地区的瑶族同胞进行交流和互动。这种学习和交流的机会不仅可以提高他们的专业技能和文化素养，还可以促进不同地区之间的文化交流与合作，增进民族之间的相互理解和友谊。

最后，"瑶族文化中心"还可以为瑶族同胞提供展示自我的舞台。在这里，他们可以通过自己的艺术作品、表演等方式展现自己的才华和能力，获得更多的认可和支持。这种自我价值的实现和被肯定的感觉，可以激发他们的自信心和自豪感，进一步增强民族的凝聚力和向心力。

综上所述，"瑶族文化中心"的建设对于弘扬和传承瑶族文化、增进民族凝聚力、提升民族自豪感等方面都具有重要意义。我们应该积极推进"瑶族文化中心"的建设和发展，让更多的人了解和感受到瑶族文化的独特魅力。

### （四）有利于瑶族文化的对外交流

通过与外界的交流和合作，瑶族文化中心可以将瑶族文化推向更广泛的受众和地区，增进外界对瑶族文化的了解和认知。

首先，瑶族文化中心可以与其他地区的文化机构、高校、研究机构等建立合作关系，共同开展瑶族文化的研究、交流和推广活动。通过合作交流，可以引进外部的优秀资源和先进经验，提升瑶族文化的研究水平和创新能

力，同时也可以将瑶族文化的独特魅力和价值推广到更广泛的受众中。

其次，瑶族文化中心可以举办各种展览、演出、论坛等活动，邀请国内外专家学者、文艺工作者等共同参与，展示和交流瑶族文化的成果和经验。通过这些活动，可以将瑶族文化推向更广泛的受众和地区，增进外界对瑶族文化的了解和认知，提升瑶族文化的国际影响力。

此外，瑶族文化中心还可以利用互联网、社交媒体等现代信息技术手段，开展线上交流和互动，将瑶族文化的宣传和推广拓展到更广泛的网络空间。通过线上交流和互动，可以吸引更多年轻人关注和喜爱瑶族文化，增强瑶族文化的社会影响力。

综上所述，构建瑶族文化中心对于瑶族文化的对外交流具有重要意义。通过与外界的交流和合作，可以将瑶族文化推向更广泛的受众和地区，增进外界对瑶族文化的了解和认知，提升瑶族文化的国际影响力。同时，也可以为瑶族文化的传承和发展提供更多的资源和机会，促进瑶族文化的繁荣和发展。

**（五）有利于广西旅游业的开发，推动瑶族社会经济的发展**

瑶族文化是中国少数民族文化的重要组成部分，具有独特的历史、文化和艺术价值。通过构建瑶族文化中心，可以进一步挖掘和展示瑶族文化的魅力，吸引更多的游客前来体验和旅游。

首先，瑶族文化中心可以成为广西旅游的一张名片。瑶族文化具有深厚的历史底蕴和丰富的文化内涵，可以吸引大量对历史文化、民俗风情感兴趣的游客。通过打造独具特色的瑶族文化旅游线路和产品，可以将瑶族文化中心打造成广西旅游的精品景点和品牌形象，提升广西旅游的知名度和美誉度。

其次，瑶族文化中心可以为旅游业提供丰富的文化资源和特色旅游产品。瑶族文化涵盖了民俗、音乐、舞蹈、手工艺等多个方面，可以为游客提供多样化的文化体验和旅游活动。例如，游客可以在瑶族文化中心欣赏到瑶族歌舞表演、参加民俗活动、品尝瑶族特色美食等。这些特色旅游产品可以满足不同游客的需求，提升游客的旅游体验和满意度。

最后，瑶族文化中心的建设还可以带动当地社会经济的发展。通过旅游业的发展，可以促进当地就业、增加居民收入、改善基础设施等。同时，旅游业的发展还可以带动相关产业的发展，如餐饮业、住宿业、交通业等，进一步推动当地社会经济的发展。

综上所述，构建瑶族文化中心对于广西旅游业的开发、推动瑶族社会经济的发展具有重要意义。通过挖掘和展示瑶族文化的魅力、提供特色旅游产品和满足游客需求，可以促进旅游业的发展和当地社会经济的繁荣。同时，也可以为瑶族文化的传承和发展提供更多的机遇和平台，促进瑶族文化的传承和发展。

## 二、构建"瑶族文化中心"的几点设想

### （一）金秀县城：努力营造浓郁的民族文化氛围

金秀县城正在努力营造浓郁的民族文化氛围，以促进民族文化的传承和发展，增强民族凝聚力和自豪感，推动文化旅游产业的繁荣。这包括以下几个方面。

第一，金秀县城注重保护和修缮民族文化遗产，包括历史建筑、古迹等，以确保这些宝贵的文化遗产得到妥善保存和传承。同时，还积极开展民族文化活动，如瑶族歌节、瑶族舞蹈比赛等，为当地居民和游客提供丰富的文化体验。金秀县城还可以建设瑶族文化博物馆、瑶族非物质文化遗产展示馆等场馆，集中展示瑶族的历史、文化、传统技艺等方面的内容。通过这些场馆，可以让游客深入了解瑶族文化的魅力。

第二，金秀县城还鼓励民族文化创新，推动民族文化与现代文化的融合。金秀县城可以定期举办瑶族文化节庆活动，如瑶族盘王节、瑶族长桌宴等，展示瑶族的优秀传统文化。通过这些活动，可以吸引更多游客前来参观和体验，增进各民族之间的理解和友谊。

第三，金秀县城还加强民族文化教育，提高当地居民对民族文化的认识和了解。通过在学校开设民族文化课程、举办民族文化培训班等形式，培养

# 第六章　广西金秀大瑶山的文化研究与形象传播

学生对民族文化的兴趣和热爱，为民族文化的传承和发展提供人才支持。

第四，金秀县城还注重民族文化与旅游产业的融合发展。通过将民族文化元素融入旅游产品开发中，打造独具特色的民族文化旅游线路和产品，吸引更多游客前来体验和旅游。同时，还要加强旅游服务质量管理，提高游客的满意度，推动金秀县旅游业的持续发展。

综上所述，金秀县城正在努力营造浓郁的民族文化氛围，以促进民族文化的传承和发展。通过保护文化遗产、鼓励文化创新、加强文化教育以及推动文化与旅游的融合发展等措施，金秀县城正在不断提升民族文化的知名度和影响力，增强民族凝聚力和自豪感，推动文化旅游产业的繁荣发展。

## （二）乡村风俗文化旅游：从古占屯之路找启示

乡村风俗文化旅游是一种深受游客喜爱的旅游形式，通过体验乡村生活、了解当地风俗文化，游客可以感受到与城市生活不同的魅力。在开发乡村风俗文化旅游时，可以从古占屯之路中寻找启示。古占屯之路是一条历史悠久的古道，穿越了多个少数民族聚居的地区。在这条古道上，游客可以领略到丰富多彩的乡村风俗文化，包括民俗表演、手工艺制作、农家乐等。从古占屯之路发展中找到的启示包括以下几方面。

第一，乡村风俗文化旅游应该注重保护和传承传统文化。古占屯之路上的各个民族都有着自己独特的传统文化，如民俗舞蹈、音乐、手工艺等。在乡村风俗文化旅游的开发过程中，应该注重保护这些传统文化，并传承给下一代。游客不仅可以观赏传统文化表演，还可以参与其中，亲身体验传统文化的魅力。

第二，发展特色旅游产品。古占屯之路通过发展具有民族特色的旅游产品，吸引了众多游客。在开发乡村风俗文化旅游时，也应注重发展具有地方特色的旅游产品，如特色民宿、特色餐饮、传统手工艺品等，满足游客的个性化需求。

第三，提升旅游服务质量。古占屯之路在旅游服务方面做了很多努力，如完善旅游基础设施、提高旅游服务质量等。在开发乡村风俗文化旅游时，也应注重提升旅游服务质量，为游客提供舒适、便捷的旅游体验。

第四，加强宣传推广。古占屯之路通过加强宣传推广，提升了自身的知名度和影响力。在开发乡村风俗文化旅游时，也应重视宣传推广工作，通过各类媒体和渠道，让更多游客了解和关注当地的风俗文化。

第五，乡村风俗文化旅游应该注重当地居民的参与和利益共享。古占屯之路上的各个民族聚居地区都有着自己的特色和优势，当地居民是这些特色和优势的重要载体。在乡村风俗文化旅游的开发过程中，应该注重当地居民的参与，发挥他们的积极作用，让他们成为旅游发展的主人翁。同时，当地居民也可以通过参与旅游开发获得经济收益，实现利益共享。

第六，乡村风俗文化旅游应该注重创新和差异化发展。古占屯之路上的各个民族聚居地区都有着丰富的文化资源，但这些资源并不是千篇一律的。在乡村风俗文化旅游的开发过程中，应该注重创新和差异化发展，挖掘各个地区的独特文化和特色优势，打造独具特色的旅游产品和服务。

综上所述，乡村风俗文化旅游可以从古占屯之路中得到启示，注重保护和传承传统文化、发展特色旅游产品、提升旅游服务质量、加强宣传推广、当地居民的参与和利益共享、创新和差异化发展等方面。通过这些措施的实施，可以推动乡村风俗文化旅游的可持续发展，促进当地经济社会的繁荣和发展。

## （三）圣堂山：大力打造"大瑶山剿匪"文化品牌

圣堂山位于广西壮族自治区来宾市金秀瑶族自治县，是瑶族的主要聚居地之一。为了充分利用当地的民族文化和历史资源，圣堂山可以大力打造"大瑶山剿匪"文化品牌。这一举措旨在通过挖掘和展示当地的历史文化资源，提升圣堂山的知名度和吸引力，同时传承和弘扬瑶族文化。

首先，加大对"大瑶山剿匪"历史事件的挖掘和整理力度。通过对历史文献、口述资料和实地考察等多种途径，深入挖掘这一历史事件的相关信息和细节，将其整理成完整的历史脉络。这将为游客提供更加丰富和真实的历史背景，让他们更加深入地了解这一事件。

其次，建设主题公园或景区，开发文化旅游产品。可以"大瑶山剿匪"为主题，建设相关的主题公园或景区，如瑶山剿匪纪念馆、瑶山剿匪遗址公园等。通过展示历史文物、图片、场景等,让游客了解这段历史,体验当年瑶族同胞的英勇斗争精神。也可以开发与"大瑶山剿匪"相关的文化旅游产品,如纪念品、书籍、影视作品等。这些产品既可以满足游客的消费需求,也可以传播瑶族文化和历史。

再次,加强"大瑶山剿匪"文化品牌的宣传和推广、对"大瑶山剿匪"历史事件的研究和学术交流。通过与媒体、旅行社等合作,利用线上线下多种渠道,宣传和推广圣堂山的"大瑶山剿匪"文化品牌。举办相关的文化活动,如历史展览、讲座等,吸引更多的游客前来参观和体验。通过与高校、研究机构等合作,邀请专家学者前来考察和研究,共同探讨"大瑶山剿匪"历史事件的影响和意义。这将有助于提升圣堂山的学术地位和影响力,同时为游客提供更加专业和深入的历史解读。

最后,圣堂山将注重提升游客的参与度和体验感。通过设计相关的互动项目和体验活动,让游客更加深入地了解"大瑶山剿匪"历史事件,并亲身体验当地的民俗文化和风土人情。这将有助于增强游客的满意度和忠诚度,同时促进圣堂山旅游业的可持续发展。

综上所述,圣堂山大力打造"大瑶山剿匪"文化品牌是一项重要的举措。通过挖掘和展示当地的历史文化资源、建设主题公园或景区、开发文化旅游产品、加强宣传和推广、促进学术交流以及提升游客的参与度和体验感等多种措施的实施,将有助于提升圣堂山的知名度和吸引力,传承和弘扬瑶族文化,促进当地经济社会的繁荣和发展。

## 第二节 金秀大瑶山形象的构建与传播

传播学家拉斯韦尔在《社会传播的结构与功能》中谈到传播本质上是由众多因素构成的,并将传播过程的基本要素总结为以下五种:谁(Who)、说了什么(What)、通过什么渠道(Which)、对谁说(Whom)、取得了什么效果（What effect）。这五个部分的英文缩写概括出来就是所谓的"5W传播模式"，即传播者、传播内容、传播渠道、传播对象和传播效果。在金秀大瑶山瑶族文化的传播中，民众、政府和企业三方力量共同构成了瑶族形象传播的主体；祖先传承下来的珍贵文化遗产成为瑶族形象传播的内容；全媒体化成为瑶族形象传播的趋势；内部和外部受众的双重影响成为瑶族形象传播的受众构成；强烈的地域性是瑶族形象传播的民族特色。

## 一、金秀大瑶山瑶族的形象传播要素

### （一）传播主体多元化

大瑶山瑶族形象传播的主体由本民族的民众、当地政府，还有民族企业三方力量共同合成，这样就使得传播主体构成多元化，并且三者有着各自不同的分工。

金秀大瑶山政府作为当地职能机构，是大瑶山瑶族形象传播的核心动力，政府可以通过一系列的行政规划来引导和管理本民族形象传播的内容、传播途径以及传播的发展方向，以此在传播主体之间形成良性互动，建立并维护民族间的传播秩序。民族企业也是瑶族形象传播的一员，它支撑着本民族地区的经济发展，大瑶山形象的成功塑造，民族企业将是最直接的受益者，比如企业可以通过艺术产品的输出、商品展览会等活动来不断传播本地区的民族形象。大瑶山的民众作为大瑶山的主人，是民族形象传播的基础动力和最广泛的参与者。民众的举止行为、素质修养、精神风貌等都会直接影响到大瑶山的形象，尤其随着互联网时代的到来，人人都是麦克风、人人都是传播者，就势必要求民众要积极认识到自己传播主体的地位，积极自觉地加入民族形象传播中来。

### （二）传播内容场景化

"场景"一词，原本是影视语言，是指在特定时间、空间内发生的行

## 第六章 广西金秀大瑶山的文化研究与形象传播

为,或者因人物关系构成的具体画面,无数连接的场景组成了完整的故事。场景传播致力于达成的目标是:将某一个对象识别出来并与其数据库进行匹配。

构成大瑶山瑶族形象传播的维度主要包括:大瑶山的民族文化、大瑶山民众的性格、民众的习惯、长期以来形成的民族信仰和价值观念以及具有本民族特色的服饰等。这些都是民族在长期发展的过程中保留下来的珍贵文化遗产,如何将这些珍贵的遗产更加立体地展现在不熟知它的民众面前,就成了当地政府、当地企业和民众思考的重点。场景时代的到来为民族形象的展现提供了契机,比如可以利用计算机影像处理技术,将大瑶山的民俗活动形成图像或视频在屏幕上显示出来,给人们以可视化的感受。目前正在发展的虚拟现实技术正是场景化运用的典型,借助虚拟现实技术,可以让人们在虚拟的世界中具有身临其境之感,利用此技术可将虚拟的世界和未来的时空联系在一起,可以让人们在虚拟和现实的时空中了解民族文化的前世今生。

### (三)传播渠道全媒体化

"全媒体"是指各类传播方式的集合体,在全媒体的环境下,各类传播媒介之间形成了更为紧密的竞争合作关系,也产生了更为丰富的信息资源,给了受众广泛的选择性。

大瑶山的形象传播可以借助"全媒体"对本民族的文化或艺术产品进行全方位立体化的展现,在为受众提供多样化选择的同时,也满足了受众的体验度。传播手段除了借助传统媒体之外,还可以借助手机客户端、微信、微博等方式,给受众及时推送具有本民族特色的信息,这样就大幅提升了大瑶山形象传播的多样性。

### (四)传播受众个性化

著名传播学者丹尼斯·麦奎尔在其著作《受众分析》中提出"受众是社会环境——这种社会环境导致相同的文化兴趣、理解力和信息需求的产物,也是特定媒介供应模式的产物"[①]。受众不仅是信息的接受者，同时也是信息的传播者。不同的受众具有不同的个性，在接受同一信息时，他们的反馈也会千差万别，在新媒体快速发展的环境下，必须对受众给予重视。大瑶山瑶族的形象传播很大程度上取决于受众对大瑶山的认识和评价，而这一形象能否成功塑造，很大程度上与受众对大瑶山的认同度有直接的联系。

与金秀大瑶山瑶族相关的受众可以分为内部受众和外部受众。内部受众是指长期生活在金秀大瑶山地区的人民，这类受众的一言一行就是民族形象的最直观的体现。由于长期生活和工作在这里，这些受众对自己的民族文化、宗教信仰、价值观念等有更深刻的体会，可以更准确判断本民族的形象，这类受众在民族形象传播中担任的是主人翁的角色，在某种程度上，宣传本民族的形象已经是他们的自觉行为。外部受众是指没有生活、聚居在大瑶山的受众，这类受众包括去大瑶山的旅游者、商贸往来者、投资商等与大瑶山瑶族群体相关的人。由于文化的差异和生活空间的不同，这类受众对于大瑶山的文化、风俗、价值观念等认识较少，不像长期生活在大瑶山的民众那样对民族形象有强烈的认同感。

金秀大瑶山的形象传播不能忽视内部受众和外部受众的双重影响性，针对内部受众来说，可以重点加强他们的主人翁意识，而对外部受众来说，可以加深他们对大瑶山民族精神的认识。

## （五）传播效果区域化

传播学中，传播效果研究是迄今为止最受重视、研究最深、最丰硕的研究领域[②]。传播效果指传播者利用传播媒介将信息传递给受众的整个过程，对受众、社会、传播者自己所产生的影响，以及由它所带来的本质上的变化[③]。金秀大瑶山瑶族地区的形象传播具有强烈的地域性，在传播的广泛性

---

① 丹尼斯·麦奎尔.受众分析[M].北京：中国人民大学出版社，2006.
② 周鸿铎.应用传播学引论[M].北京：中国纺织出版社，2005.
③ 陶喜红，李婷婷.中华民族形象对外传播中的问题与改进策略[J].当代传播，2013（5）：64-66.

第六章　广西金秀大瑶山的文化研究与形象传播

方面，大瑶山可以借助大众媒介来传承瑶族地区丰富的人文内涵，以此影响和塑造瑶族的整体形象。

## 二、金秀大瑶山瑶族的形象传播存在的问题

### （一）传播主体存在的问题

传播主体是整个传播活动开始的起点，传播主体在整个传播过程和行为中处于"把关人"的地位。在少数民族形象传播的过程中，传播主体所起的作用不容小觑。

1. 地方政府主导性不足

目前，在金秀大瑶山瑶族的形象传播过程中，传播主体主要是地方政府。地方政府所出台的相关政策和所进行的事务管理都会深深地影响大瑶山瑶族的形象传播。地方政府要从政策层面协调各方面关系、整合资源，同时支持和鼓励相关机构、企业，通过"走出去"和"引进来"相结合的方式，对外传播大瑶山的形象。大瑶山山高坡陡、山峰林立、沟壑纵横、交通不便，针对这样的地理环境，地方政府应当改善交通条件加大投入力度。在土特产品的出口方面，大瑶山气候温和、物产丰富，盛产香菇、灵香草、桐油、竹笋、桔梗等作物，地方政府的扶植力度也需要加强，吸引外来投资者进入大瑶山。此外，地方政府可以经常性地举办博览会以向外界展示具有民族特色的服饰、瑶歌、舞蹈、织绣等，吸引外来游客、商旅人员、学术考察人员等来大瑶山地区参观考察，以传播瑶族特有的民族元素。这样在增加民众收入来源的同时，也向外界展示本民族的特色文化。

2. 地区民众缺乏传播意识

在金秀大瑶山瑶族的形象传播中，少数民众缺乏形象传播的参与意识。有些民众认为塑造和宣传民族形象是属于政府的事，还有些民众认为要靠媒体宣传，甚至还有些民众认为要靠"意见领袖"的引领。这些情况的出现，都说明了民众还未真正树立主人翁意识，还未意识到自己才是形象传播的主

体，还没有形成自行传播民族形象的意识和责任感。因此，成功塑造大瑶山瑶族的形象，就势必不能忽略地区民众的重要性，要培养民众的"民族意识"，培养民众对自己文化的认同感。通过对民众的正确引导，从而树立民众的主人翁意识。

**（二）传播内容存在的问题**

1.传播内容单一，缺乏清晰定位

金秀大瑶山依托丰厚的自然资源和充满魅力的瑶族文化，吸引着越来越多的游客进入大瑶山进行观光游览，再加上有"世界瑶都"之称的宣传，吸引了大量受众的注意。总体上来看，大瑶山瑶族的形象传播主要依靠人际传播和传统媒介，人际传播是指人与人之间的相互认知、相互吸引、相互作用的社会关系网络，而人际传播的缺点是传播面窄，传播领域不广。传统媒介传播，又使得大瑶山的形象大都集中于图片形象宣传和媒体的新闻报道，新闻报道量多或者其他媒体传播量大的，都集中在盛大的节庆活动，其余的时候，外界受众并不能广泛地认识金秀大瑶山。而在形象宣传上，民族文化元素的重复使用使得不同少数民族之间的辨识度不高，再加上宣传形式和内容较为单一。宣传形式上，大都采用俯瞰拍摄，宏大的背景、雷同的音乐，再加上舒缓的解说词等。这些元素几乎在每一个少数民族的宣传片中都可以找到，形式和内容太雷同，没有形成具有地区特色的象征符号。在形象宣传片密集高产的时代，大瑶山瑶族的形象传播就需要有独特的创意和表现力，才能吸引受众的注意，以形成金秀大瑶山鲜明的形象定位。

2.大众传媒传播中形成的"拟态环境"

1922年，美国著名新闻评论家李普曼曾在其著作《舆论学》中提出大众传播的"拟态环境"，即"人们不能够对和他们相关的所有外部环境和众多事件都保持直接接触，这是由于人的实际活动范围以及精力和注意力有限所导致的，对于那些超出自己感知之外的事件及事物，人们大多是通过大众传播去了解和认识，这就在人和现实世界中间产生了由大众传播所构建出来的'拟态环境'。这种'拟态环境'并非是对现实环境的直观再现，而是传播媒

## 第六章　广西金秀大瑶山的文化研究与形象传播

介通过信息的选择和加工，重新加以结构化后传播给人们的环境"[①]。

关于金秀大瑶山，更多的外界受众就是受到了大众传播的"拟态环境"的影响，在报道角色的选取上，给受众呈现的大都是"能歌善舞"。但这只是少数民族的表面现象，背后更多的文化内涵、民间信仰、民间故事、民间艺术或者需要保护的传统文化，我们的受众却知之甚少。在选取报道内容方面，媒体更多地会以节庆活动为报道重点，这样就会给受众留下一种"天天过节"的刻板印象。针对以上出现的问题，就需要媒体在进行报道角色的选取或者报道内容的跟踪上要全面，在日常的报道活动中，也要向受众进行民族元素的渗透。再加上我国政府一直以来都很重视少数民族的工作，并将少数民族工作置于国家发展的重要位置。那么，作为党和人民喉舌的新闻媒体在塑造民族形象和团结民族同胞方面就显得尤为重要了。

### （三）传播渠道存在的问题

1.传播面窄，传播效果不佳

目前金秀大瑶山的形象塑造主要是以旅游形象为主，但是，如果仅仅依靠旅游产业的发展，又不能全方位将大瑶山的形象立体化地展现出来。再加上目前金秀大瑶山的形象传播主要是依靠传统媒体的图片宣传和新闻报道，在新媒体时代，这种做法就显得宣传手段单一，没有将传统媒体和网络媒体的使用整合起来，传播的时效性弱。这样就会导致覆盖人群面狭窄，传播覆盖面狭窄、宣传力度微小的结果。

2.对新媒体的利用不足

新媒体时代的到来，给传播方式带来了新的传播工具与技术，这对于金秀大瑶山来说是一种发展机遇。在人人都是传播者的时代，人人都有手机，人人都可发声。但是，在金秀大瑶山，由于民众的生活环境相对封闭，所以对新媒体的使用极其不足。再加上政府缺少引导和教育，民众也缺乏积极参与的意识，金秀大瑶山瑶族的形象传播基本上是依靠瑶族形象宣传片或者在

---

[①] 沃尔特·李普曼.舆论学[M].北京：华夏出版社，1989.

节庆活动时的新闻宣传报道，而所使用的媒介也大多数是以报纸、广播、电视等为代表的传统媒体。传统媒体在传播层面上会有一定的局限性，在受众的即时互动或者反馈方面显得有些弱，就缺少网络媒体的快速便捷。新媒体的快速发展让我们看到了拓宽传播渠道的曙光，在形象的传播上，选择的传播方式面更广，使得大瑶山的民族形象传播体系变得更为庞大和复杂。所以有效利用新媒体进行大瑶山形象传播，才能够加快大瑶山形象传播的步伐。

**（四）传播受众存在的问题**

随着传播学理论的发展，传播学者发现，受众是有思想的，并不是单纯地、被动地接收信息。同时，除了接收信息，受众还会主动地传播信息，还会把自己接收的信息反馈给传播者，这样就形成了传播主体和传播受众之间的双向互动性。

1.缺乏对受众的细分

大瑶山的受众较为广泛，最明显的是生活在大瑶山的内部受众，由于长期生活在大瑶山，对于大瑶山的民族文化、价值观念等都非常熟悉，所以对内传播就常常被忽略。对外传播主要是针对在大瑶山以外的受众，这类受众是与大瑶山发展有关的"关系利益人"，比如旅游者、投资者、媒体、政府等。目前，大瑶山在形象传播中面临的问题有：一是尚未对大瑶山的受众进行细分，不同的受众来到大瑶山关注的内容是不同的，所以要针对不同的人群传播不同的内容，以达到受众细分的目的。二是尚未对传播受众的认知心理特点进行细分，不同的受众，对于大瑶山的心理认知也是有区别的。总之，要根据受众的具体情况具体分析，这样才能使大瑶山的瑶族形象得以顺利传播。

2.忽视受众的信息反馈

在大众传播过程中，受众反馈一直是一个十分薄弱的环节，但却是一个非常重要的环节。大瑶山的形象塑造，就需要首先了解受众对信息的接收和反馈行为，并根据受众的反馈信息来及时地调整传播内容和传播方式。之所以出现反馈不及时、不重视的主要原因是没有给受众提供快捷的反馈渠道或者反馈渠道不足或缺失。

目前，大瑶山进行形象传播的主体是当地政府，由于政府的不重视就导致受众的反馈意见不能得到及时处理，再加上反馈意见数量有限，这样就更加制约大瑶山的形象传播。由于大瑶山得天独厚的地理位置和充满魅力的瑶族文化，吸引了大量的受众前来目睹其风采，前来观看体验金秀大瑶山的独具特色，所以大瑶山也一直在积极开展少数民族旅游，以向游客打造"世界瑶都"的形象。不可忽略的是，民众在旅游观览的同时，都会形成其对大瑶山的建议与意见，而政府由于缺乏健全的反馈机制，对于受众的反馈意见与建议都不能及时地回收，这样就失去了根据受众的需求而及时调整和改进自己的宣传方式和宣传策略的机会。

## 三、金秀大瑶山瑶族的形象传播所应采取的措施

### （一）加快旅游形象开发，形成旅游产品的品牌效应

金秀大瑶山地区属广西中部，一年四季气温变化不大，拥有着丰富的自然资源和人文资源，在旅游业发展方面具有得天独厚的优势，是理想的休闲度假胜地。

在自然资源方面，由于河流落差大、水流急又形成了峰崖峭壁、奇峰屹立的圣堂峡谷；清晨云海笼罩，群山在云海中时隐时现，蔚然壮观，可谓"圣山仙境，天下奇秀"。由于气候和地理位置的优势，给植物的生长提供了良好的环境，孕育出了具有民族特色的物种资源。变色杜鹃花就是其中的一绝，每至花开时节，百花相间，花香浓郁，吸引了大量的旅游者前来观赏杜鹃花海。

在人文资源方面，大瑶山瑶文化中的建筑、服饰、节庆、婚丧嫁娶、宗教信仰等组成了金秀大瑶山旅游发展的名片。五大瑶族支系在长期的生产生活方面产生了独具特色的瑶族风情，"世界瑶都"的形象更加深入人心。在大瑶山，有着淳朴的民风和奇特的习俗，比如在民族节庆上，五大瑶族支系都有自己盛大的节日，其中最为盛大的是盘王节，在这天，瑶族人们会穿上自己民族的节日盛装，聚居在一起唱歌、跳舞。跳的舞一般是每人手拿长约

80厘米的长鼓群舞，一般为双人或四人对舞。在民间艺术方面，大瑶山也得到了全面的保存，织绣、雕刻以及歌曲舞蹈是瑶文化的重要组成部分。织绣是瑶族的传统工艺，同时也是瑶族人民服饰的主要来源。瑶族歌曲是瑶族人民生产生活和与自然斗争的表现方式，由于聚居的地域不同，形成了风格各异的瑶族传统民歌。瑶族人民的舞蹈艺术也各具特色：茶山瑶的师公舞，盘瑶的跳盘王、长鼓舞，坳瑶的黄泥鼓舞，花蓝瑶的灶王舞、祖公舞，山子瑶的度戒、跳香火等，各瑶族支系都别具一格。

在打造金秀大瑶山的形象时应当利用自己独有的自然与人文资源与旅游业结合发展，形成自己与众不同的品牌效应。这不仅让外来游客感受到大瑶山特有的自然风光与人文风情，同时还能提升大瑶山民众内部自身的凝聚力与向心力。

## （二）重视大瑶山瑶族非物质文化遗产的传承与保护

金秀大瑶山民族文化底蕴深厚，民间艺术、服饰、宗教信仰等这些在历史发展过程中形成的珍贵文化遗产，是大瑶山形象传播的重要载体，是值得铭记的优秀传统文化，保护好这些优秀的文化遗产，是每个中华儿女不可推卸的责任。

金秀的瑶歌就很具有民族特色，在金秀，不分男女老少，都喜欢唱瑶歌，儿童往往从七八岁开始学唱瑶歌，十一二岁就可以独立成歌，瑶族人民不论是在劳动中、火塘边还是节日庆祝活动中，都可以尽情地展示瑶歌。"其中比较有代表性的有茶山瑶的'香哩歌'、盘瑶的'盘王歌'、山子瑶的'乐神歌'以及花蓝瑶的'吉冬诺'。"[1]另外瑶族的舞蹈也是类型多样，比如盘瑶的跳盘王，茶山瑶的师公舞、道公舞，坳瑶的黄泥鼓舞、白马舞，花蓝瑶的甘王舞，山子瑶的跳香火等舞蹈，都富有浓郁的民族气息。还有瑶族的民间故事，"有反映瑶族起源的'盘王故事''伏羲姐妹造人民'；反映恋爱婚姻的'五彩带''百鼠衣''吉冬诺'；反映瑶族斗争史实的'大藤峡的

---

[1] 刘明源.金秀瑶族自治县志[M].广西：广西壮族自治区通志馆，1992：472–473.

传说"'圣堂山'以及反映瑶族智慧和生活面貌的生活故事、风物传说（如圣堂山的传说）、神话传说等"[1]。流传甚广的瑶族乐器，也具有瑶族独特的韵味，除了坳瑶黄泥鼓、盘瑶的长鼓、茶山瑶的瓦鼓、床头琴等之外，锣、鼓、钹、笛、箫、唢呐、胡琴等也广泛流传于民间。还有瑶族的织绣也是远近闻名。这些都是瑶族人民在生产生活过程中留下来的珍贵文化遗产，可以利用这些优秀的文化遗产，教育引导民众，增强民族团结和文化自信，维护少数民族地区的和谐。

政府还可以通过加强立法、成立机构、形成机制，加大对人才的培养力度，或者给予大型节庆活动以经费支持，做好民俗活动的宣传动员。积极申报民族文化遗产，整合资源，争取外援。

### （三）增强大瑶山族群的民族认同感

民族认同感，就是民族的认同意识，"这种认同感不仅包括个体对群体的归属感，还包括个体对所属群体的评价和认可"[2]。

大瑶山瑶族是由茶山瑶、花蓝瑶、坳瑶、盘瑶、山子瑶等五个瑶族支系共同形成的一个瑶族共同体，"在语言使用上，盘瑶、山子瑶和坳瑶属瑶语支系；花蓝瑶属苗语支系；茶山瑶属侗水支系，茶山瑶仅生活在金秀大瑶山境内，金秀大瑶山五个瑶族支系的语言包含了瑶族语言的主要系谱"。

瑶族语言是一种文字符号的象征，在某种意义上，共同的语言符号让瑶族人民有共同的文化积淀。而独特的语系就是各个支系共同的情感表达，同时也是一种民族认同感的标识。但是随着经济的发展，很多原先居住在大瑶山的人民开始走出大山，尤其是年轻人，由于常年在外工作、求学或者生活，渐渐地不再会讲瑶语，这就导致共同的语言符号缺失，民族认同感减弱，文化自信或者文化认同薄弱。甚至当地民众认为瑶歌、舞蹈、民间传说、织绣等都是他们日常生活的一部分，而没有意识到这是一种民间民族文

---

[1] 唐娟.广西兴安华江瑶乡非物质文化的保护与传承[D].南宁：广西师范学院，2012.
[2] 尚铭超.金秀大瑶山旅游形象研究[D].南宁：广西师范学院，2015.

化,这样就使得当地人们缺少一种文化认同。

　　针对如此现象,当地政府、学校、文化团体、各类企业等单位可以依托大型节庆活动,充分将具有民族符号的元素融合在节庆活动中,在增强节庆活动文化内涵的同时,也加深了当地民众对本民族文化的认同和自信。或者通过改变当前的传承机制,重点培养青少年的文化传承意识,将民族文化元素加入青少年的校园文化活动中,增强文化传承的同时,培养青少年的民族认同感。

　　在民族服饰上,五大瑶族支系都形成了各具特色的服饰文化,每个支系中,都有不同的花纹图案,这些花纹图案也都通过一代代传承下来,但至于为什么是这些图案,为什么是这样穿戴,为什么要镶嵌颜色各异、形状各异的花纹等关于这些服饰背后的故事,很多人尤其是年轻人知之甚少,他们只知道自己从出生开始,就是这些图案、花纹,而不了解这些图案、花纹背后的意义。这就导致了一代代流传下来的只是服饰的形式,而关于服饰背后的内容却没有共时地留存下来,这也从侧面反映了一种文化缺失。针对这样的现象,当地政府、学校、宗教团体、企事业单位等要加强文化宣传,在阐述服饰文化现象的同时,要明确服饰文化背后的内涵。

　　总之,民族认同是建立在文化认同的基础上的,而文化认同又来源于民众的文化自信,所以增强民众的文化自信和民族自豪感,更有助于金秀向外界传播"世界瑶都"的民族形象。

　　在金秀大瑶山生活着五大瑶族支系,五大瑶族支系用自己的坚强、勇敢、勤劳与智慧创造了独特的历史和灿烂的文化,而这些保留下来的文化都是珍贵的文化遗产,文化遗产需要通过代代传承,才能焕发出独有的生机和活力。在文化传承和传播方面,就需要担任传播主体的政府发挥主导性作用,引导民众树立主人翁意识,增强民众的文化自信和民族自豪。保护和传承大瑶山瑶族文化是一项任重而道远的工作。[1]

---

[1] 湛贵玲.金秀大瑶山瑶族的形象传播研究[J].广西科技师范学院学报,2019(3):48-52+56.

## 第三节 金秀大瑶山的旅游形象定位与塑造

### 一、旅游形象与金秀大瑶山的旅游形象

#### （一）旅游形象的概念与表现

旅游形象是指旅游目的地或旅游活动给人们留下的印象、认知和评价，是人们对该地的一种感知和认知的印象。这种印象通常基于旅游目的地的自然环境、文化遗产、民俗风情、服务质量以及旅游设施等多个方面。良好的旅游形象能够吸引更多的游客前来旅游，从而提高旅游目的地的知名度和美誉度，促进当地旅游业的发展。因此，对于旅游目的地来说，树立独特的旅游形象至关重要。

旅游形象主要体现在以下几个方面。

（1）自然景观。自然景观是旅游形象的重要组成部分，包括山峰、河流、湖泊、森林、海滩等。独特的自然景观可以吸引游客，提高旅游目的地的吸引力。

（2）文化底蕴。文化底蕴是指旅游目的地所拥有的历史、文化、艺术等方面的资源。丰富的文化底蕴可以增加旅游目的地的文化内涵，提高游客的旅游体验。

（3）服务质量。旅游服务质量是旅游形象的重要因素，包括旅游服务设施、服务人员素质、旅游安全保障等方面。良好的服务质量可以提高游客的满意度，提升旅游目的地的形象。

（4）环境保护。环境保护是旅游形象的重要方面，包括自然环境的保护和人文环境的保护。良好的环境保护可以提高旅游目的地的生态环境质量，为游客提供舒适的旅游环境。

（5）民俗风情。民俗风情是指旅游目的地所拥有的独特的风俗习惯、生活方式等。独特的民俗风情可以增加旅游目的地的文化特色，提高游客的旅

游体验。

## （二）金秀大瑶山的旅游形象

*1. 自然景观*

金秀大瑶山风景区位于金秀瑶族自治县境内，距离柳州市154公里。风景区面积达500多平方公里，有天堂岭、金秀老山、莲花山、罗汉山、圣堂山、五指山等名山。这些山均为丹霞式峰林地貌，丹峰、碧山、绿树相映生辉，各具特色，蔚为壮观。以此为基础形成的莲花山景区、圣堂山景区、老山原始森林景区、天堂山景区、香草湖和民俗村等，各具特色。如圣堂山景区既有中国北方山岳的雄、险，也有中国南方山岳的奇、秀，是华山与黄山的结合体。这些自然景观为金秀大瑶山的旅游形象打下了坚实的基础。

*2. 瑶族文化*

金秀大瑶山的瑶族支系繁多，构成世界上瑶族支系最多的县份，形成了五彩缤纷的瑶族风情。瑶族的民间歌舞和服饰文化都丰富多彩。游客可以体验瑶族的古老习俗，如"长桌宴""上刀山""下火海"等瑶族民俗表演。此外，瑶族服饰、瑶族歌舞、瑶族工艺品等也具有独特的文化魅力。这些瑶族文化元素为金秀大瑶山的旅游形象增添了文化内涵。

*3. 生态旅游*

大瑶山自然保护区是广西最大的水源涵养林区，拥有丰富的生物多样性。已发现的陆栖脊椎动物有273种，包括鳄蜥、金斑喙凤蝶等世界性的濒危物种。植物资源也十分丰富，有异形玉叶金花等10多种，以"瑶山"地理命名的模式种有30多种。游客可以在这里参与生态旅游活动，了解当地的生态环境和生物多样性。这种生态旅游特色为金秀大瑶山的旅游形象赋予了环保和科普属性。

*4. 乡村旅游*

金秀大瑶山的乡村旅游也是一大特色。游客可以在这里体验乡村生活，

第六章　广西金秀大瑶山的文化研究与形象传播

品尝农家美食，了解当地的农业生产和生活方式。此外，金秀大瑶山还积极发展民宿旅游，为游客提供舒适的乡村住宿体验。

## 二、金秀大瑶山的旅游形象定位

旅游形象定位是指针对旅游目的地的特点、优势和目标市场的需求，有目的地塑造和传播旅游形象，以提高旅游目的地的吸引力和竞争力。旅游形象的定位是一个关键的环节，它涉及如何将旅游目的地的特色和优势有效地传达给潜在的游客。

### （一）旅游形象定位的一般方法

第一，了解自身特点，突出特色。首先要对旅游目的地的自然景观、文化资源、服务质量、环境保护等方面进行全面的了解和分析，明确自身的优势和特点。然后要突出旅游目的地的特色和优势。这些特色和优势可能是自然资源、文化遗产、气候条件、服务质量等方面。通过强调这些特色和优势，可以吸引更多游客前来旅游。

第二，确定目标市场，与市场需求相匹配。根据旅游目的地的特点，确定目标市场和目标游客群体，了解他们的需求和期望，以便有针对性地进行旅游形象定位。如果旅游目的地的特色和优势与市场需求不匹配，那么其形象定位可能不会成功。因此，需要进行市场调研和分析，以了解游客的需求和偏好。

第三，制定形象主题，确保旅游形象简洁明了，保持一致性。根据自身特点和目标市场的需求，制定符合旅游目的地特色的形象主题。形象主题应简洁明了、具有吸引力，能够体现旅游目的地的独特性。例如，可以用一个口号或标语来概括旅游目的地的形象。这样可以让潜在的游客更容易理解和记忆。在定位旅游形象时，还要保持一致性，在各种宣传材料、广告和推广活动中，都要传达相同的信息和主题。这样可以让游客更容易记住旅游目的地的形象，并提高其知名度和美誉度。

第四，考虑竞争者。在定位旅游形象时，需要考虑竞争者的形象和定位。如果一个旅游目的地的形象和定位与竞争者过于相似，那么它可能无法在市场上脱颖而出。因此，需要进行市场分析和研究，了解竞争者的形象和定位，并寻找自己的差异化优势。

总之，旅游形象的定位是一个复杂的过程，需要考虑多个因素和方面。并根据市场反馈和旅游目的地的发展变化，不断优化和调整旅游形象定位。通过持续改进和创新，使旅游形象更加符合市场需求和地区特点。只有通过深入的市场调研和分析，以及不断的尝试和改进，才能找到最适合的旅游形象定位。

### （二）金秀大瑶山的旅游形象定位

1.地方性特色分析

地方性特色是指某一地区特有的、具有地域性特征的风俗、文化、自然景观、传统技艺等方面的特色，包括民俗文化、风味美食、自然景观、传统手工艺、建筑风格等方面。地方性特色通常是一个地区吸引力的重要组成部分，对于旅游业、文化产业和地方经济发展具有重要意义。对于金秀大瑶山的地方特色分析，我们可参见本书第四章、第五章的内容。

2.目标受众分析

金秀大瑶山旅游的目标受众主要包括以下几个方面。

（1）自然爱好者。金秀大瑶山拥有壮丽的山峰、峡谷、河流、森林等自然景观和丰富的生物资源，对于喜欢户外探险、徒步旅行等热衷于欣赏自然风光的人群来说，这里是一个理想的目的地，具有很大吸引力。

（2）文化追寻者。金秀瑶族自治县是瑶族的主要聚居地，拥有丰富的瑶族文化资源。对于喜欢了解和体验不同民族文化、风俗习惯的游客，金秀大瑶山的瑶族文化体验将是一大亮点。

（3）健康养生追求者。金秀大瑶山自然保护区是广西最大的水源涵养林区，环境优美，气候宜人，适合开展生态旅游和健康旅游。对于追求身心健康、注重养生的游客来说，这里是一个绝佳的选择。

# 第六章 广西金秀大瑶山的文化研究与形象传播

（4）家庭亲子游。金秀大瑶山拥有丰富的旅游资源，适合家庭亲子游。游客可以在这里进行徒步、登山、漂流等户外活动，也可以体验瑶族的药浴和按摩等健康服务，增进家庭关系，享受亲子时光。

（5）摄影爱好者。金秀大瑶山的自然景观和人文景观都非常独特，对于摄影爱好者来说，这里是一个创作的好地方。

综上所述，金秀大瑶山旅游的目标受众非常广泛，包括自然爱好者、文化追寻者、健康养生追求者、家庭亲子游游客和摄影爱好者等。这些游客群体对于大瑶山的独特魅力和旅游资源都有着浓厚的兴趣和需求，因此金秀大瑶山旅游的发展潜力巨大。

3.替代分析（竞争分析）

金秀大瑶山旅游的竞争者主要包括其他地区的旅游景区和旅游产品。具体来说，这些竞争者包括以下几个方面。

（1）其他地区的旅游景区。广西境内以及其他地区的旅游景区都是金秀大瑶山旅游的竞争者，如桂林山水、漓江、龙脊梯田、阳朔等。这些景区可能拥有类似的自然景观和人文资源，提供类似的旅游产品和服务，争夺相同的旅游市场份额。

（2）旅游产品的竞争。金秀大瑶山旅游需要与其他旅游产品进行竞争。这些产品可能包括其他景区的门票、旅游线路、酒店预订等，它们也可能提供类似的服务和体验，满足游客相似的需求和期望。

（3）在线旅游平台的竞争。随着互联网技术的发展，越来越多的游客通过在线旅游平台预订旅游产品和服务。金秀大瑶山旅游需要与这些在线旅游平台进行竞争，争取更多的市场份额和用户忠诚度。

（4）其他旅游目的地的竞争。在国内和国际范围内，其他旅游目的地也可能成为金秀大瑶山旅游的竞争者。这些目的地可能提供类似的旅游体验和文化体验，吸引相似的游客群体。例如，广东省内的旅游景点广州市的白云山、深圳市的大梅沙、珠海市的珠海长隆海洋王国等。这些景点距离金秀大瑶山相对较近，对于广东省内的游客来说，选择哪个景点进行旅游是一个需要考虑的问题。其他省份的自然风光旅游景点云南省的丽江古城、贵州省的黄果树瀑布、四川省的九寨沟等。这些景点在全国范围内都具有较高的知名度，与金秀大瑶山在吸引游客方面存在竞争关系。国际旅游目的地如日本、韩国、泰国、美国、欧洲等地的旅游景点，与金秀大瑶山在吸引游客方面也存在竞争关系。

综上所述，金秀大瑶山旅游的竞争者包括其他地区的旅游景区、旅游产品、在线旅游平台和其他旅游目的地等。为了在竞争中脱颖而出，金秀大瑶山需要不断创新和提升自身的旅游产品和服务质量，满足游客的需求和期望，并加强市场营销和品牌建设。

## 三、金秀大瑶山的旅游形象塑造与传播

### （一）金秀大瑶山的旅游形象要素设计

我们将现代企业经营管理的CIS（Corporate Identity System，图6-1）引入旅游形象的设计中来，以更好地塑造金秀大瑶山的旅游形象。

图6-1 CIS构成

**1.理念识别系统**

金秀大瑶山旅游理念识别系统（Tourism Concept Identity System，简称TCIS）是针对金秀大瑶山旅游景区的特色和品牌形象打造的一套统一、明确、具有吸引力的理念传达系统。它通过提炼和传达景区的核心价值、品牌

精神、发展理念等，使游客在游览过程中能够深入了解金秀大瑶山的文化内涵和独特魅力。

TCIS主要包括以下几个方面。

（1）景区定位。明确金秀大瑶山旅游景区在市场中的独特地位，结合自然风光、瑶族文化、历史传承等特色，确定景区的核心竞争力。这在前文中我们已进行了分析。

（2）品牌精神。提炼金秀大瑶山旅游景区的品牌精神，展现景区的独特魅力和价值追求。例如，强调人与自然和谐共生、尊重瑶族传统文化等。

（3）发展理念。明确景区的发展理念，指导景区的规划、建设和管理。例如，倡导绿色旅游、可持续发展、文化传承与创新等。以下是发展理念上的一些建议。

①自然生态理念。金秀大瑶山拥有得天独厚的自然生态资源，森林覆盖率高，地表水质量好，空气清洁等。因此可以将自然生态作为旅游理念的核心。这包括保护自然环境、开发生态旅游项目、推广环保意识等。在旅游开发中，应始终坚持保护自然生态的原则，合理利用资源，避免过度开发，让游客感受到大自然的鬼斧神工。

②文化生态理念。金秀大瑶山是瑶族的主要聚居地之一，拥有丰富的瑶族文化和传统，可以将文化生态作为旅游理念的重要组成部分。其中包括保护和传承瑶族传统文化、推广瑶族文化体验、加强文化交流与传播等。在旅游开发中，应注重保护和传承瑶族文化，让游客了解和体验瑶族的历史、传统和风俗民情。同时，也要注重文化创新，将传统文化与现代元素相结合，打造具有时代特色的旅游产品。

③健康养生理念。金秀大瑶山环境优美，气候宜人，适合开展健康养生旅游。在旅游开发中，应注重提供健康养生的产品和服务，如瑶族药浴、按摩等，让游客在游览自然景观的同时，也能放松身心。

（4）游客体验。关注游客的游览体验，以提供高质量的旅游服务为目标，不断提升游客满意度。例如，注重游客的舒适度、参与度、知识获取等方面。金秀大瑶山的旅游开发应以游客体验为核心，注重提供优质的旅游服务和产品。通过了解游客的需求和期望，不断优化旅游线路、提升导游服务质量、改善旅游设施等，提高游客的满意度和忠诚度。

（5）社会责任。强调景区在环境保护、文化传承、社区发展等方面的社会责任，树立良好的企业公民形象。金秀大瑶山的旅游开发应注重当地社区的参与和利益分享，鼓励当地社区参与旅游开发和管理，因此可以将社区参与作为旅游理念的一部分。这包括增强当地居民的旅游意识、提供培训和就业机会、促进旅游与社区发展的融合等。通过开展旅游培训、提供就业机会、鼓励当地居民参与旅游经营等方式，增强当地居民的旅游意识和参与度，实现旅游与社区的共同发展。

（6）传播策略。制定一套有效的传播策略，通过各类宣传渠道将景区的理念传达给目标受众。例如，利用社交媒体、宣传册、导游解说等方式进行宣传。

通过建立一套完善的TCIS，金秀大瑶山旅游景区可以更好地传达品牌理念，提升品牌形象，吸引更多的游客前来游览，实现可持续发展。

2.视觉识别系统

金秀大瑶山旅游视觉识别系统（Tourism Visual Identity System，简称TVIS）是针对金秀大瑶山旅游景区特色和品牌形象打造的一套统一、规范、具有辨识度的视觉传达系统。它通过图形、色彩、字体等视觉元素，将金秀大瑶山的自然风光、瑶族文化、历史传承等特色进行有效整合，以便于游客在游览过程中快速识别和感知。

TVIS主要包括以下几个方面。

（1）标志设计。设计一个具有独特性和辨识度的旅游标志，能够传达金秀大瑶山的品牌形象和旅游理念。标志可以使用瑶族传统图案、自然元素等，以便在游客心中留下深刻印象。

（2）色彩体系。根据金秀大瑶山的自然风光和瑶族文化特点，选取代表性的色彩，形成具有特色的色彩体系。色彩应鲜明且具有亲和力，能够引发游客的情感共鸣。

（3）字体设计。选用易于阅读和识别的字体，结合瑶族文化特色进行适当调整，以形成独特的字体风格。字体应具有良好的可读性，且与景区形象相得益彰。

（4）图形元素。提取金秀大瑶山的自然景观、瑶族文化等特色元素，进

## 第六章　广西金秀大瑶山的文化研究与形象传播

行抽象化、符号化处理，形成一套具有代表性的图形元素。这些元素可以应用于景区导视系统、宣传资料、纪念品等各个方面。

（5）应用规范。对TVIS在各类应用场景中的使用进行详细规定，确保视觉形象的统一性和规范性。应用规范包括但不限于：标志使用规范、色彩使用规范、字体使用规范、图形元素使用规范等。

（6）旅游形象宣传片。制作一部精美的旅游形象宣传片，展示金秀大瑶山的自然景观、人文资源和旅游活动。通过动态的画面和音乐，激发游客的旅游欲望和好奇心，提升大瑶山的知名度和吸引力。

（7）旅游导视系统。在景区内设置清晰、简洁、统一的旅游导视系统，包括景点介绍牌、路线指示牌、公共设施标识等。这些导视系统应采用与主色调相协调的设计风格，提供清晰、准确的信息，方便游客游览和了解景区。

（8）旅游纪念品设计。设计一系列具有大瑶山特色的旅游纪念品，如瑶族传统工艺品、特色食品、明信片等。这些纪念品可以采用瑶族传统图案、色彩或文化元素，以便让游客带走美好的回忆和纪念。

通过建立一套完善的TVIS，金秀大瑶山旅游景区可以提升品牌形象，增强游客游览体验，有效传达景区的文化内涵和价值理念。

3.行为识别系统

金秀大瑶山旅游行为识别系统（Tourism Behavioral Identity System，简称TBIS）是针对金秀大瑶山旅游景区的特色和品牌形象打造的一套统一、规范、具有吸引力的行为传达系统。它通过规划和实施一系列符合景区品牌形象的活动、服务和管理措施，使游客在游览过程中能够亲身体验到金秀大瑶山的文化内涵和独特魅力。

TBIS主要包括以下几个方面。

（1）确立服务标准。金秀大瑶山的旅游服务行为应注重提供优质、专业的服务。包括导游服务、旅游咨询、酒店预订等方面，都应该以游客需求为导向，提供高效、贴心的服务。同时，要注重员工培训和管理，提高服务水平和职业素养。

（2）策划品牌活动。金秀大瑶山应结合自身的资源和特色，策划一系列具有吸引力的旅游活动。例如，瑶族文化节庆、自然探险活动、健康养生体验等，使游客在参与过程中深入了解金秀大瑶山的文化内涵和独特魅力。

（3）鼓励社区参与。鼓励当地社区参与旅游服务的提供，如开设特色民宿、提供瑶族手工艺品、组织民俗表演等，使游客能够更深入地体验瑶族文化和当地生活。

（4）开展合作与交流。金秀大瑶山应积极与其他旅游目的地、景区和相关机构进行合作与交流。通过合作，可以共享资源、提高竞争力，实现互利共赢。同时，通过交流和学习，可以不断吸取先进的管理经验和营销策略，提升自身的经营管理水平。

（5）实施环保措施。实施一系列环保措施，如垃圾分类、资源回收、清洁能源使用等，以保护金秀大瑶山的自然环境，实现绿色旅游。

（6）加强文化传承。加强对瑶族传统文化的保护和传承，如设立文化传承基地、开展瑶族技艺培训、组织瑶族节日庆典等，使游客能够深入了解瑶族文化的魅力。

（7）增加游客互动。金秀大瑶山应鼓励游客参与和互动，提供多种形式的参与机会。例如，开展旅游志愿者活动、组织游客互动游戏、邀请游客参与文化表演等。通过互动和参与，增强游客的归属感和参与感，提高游客的满意度和忠诚度。还可通过线上线下渠道与游客保持互动，收集游客意见和建议，持续改进旅游服务，提升游客满意度。

（8）加强危机管理与应对。金秀大瑶山应建立健全的危机管理与应对机制，确保在突发事件或危机情况下能够迅速、有效地应对。包括制定应急预案、建立应急救援队伍、加强安全管理和风险控制等方面。通过有效的危机管理与应对，可以维护游客安全和景区声誉。

建立一套完善的TBIS，可以提升金秀大瑶山的品牌形象和市场竞争力，增强游客的信任和忠诚度。

## （二）金秀大瑶山的旅游形象传播

金秀大瑶山旅游形象传播是指通过各种传播渠道和方式，将金秀大瑶山旅游景区的特色、品牌理念以及游客体验等信息传递给目标受众，以吸引更

# 第六章　广西金秀大瑶山的文化研究与形象传播

多的游客前来游览，提升景区的知名度和美誉度。

1.金秀大瑶山的旅游形象传播原则

旅游形象传播应遵循以下原则：

真实性。传播内容应真实反映金秀大瑶山的自然风光、瑶族文化、历史传承等特色，避免虚假宣传和夸大其词。

一致性。确保传播的信息在内容和形式上保持一致，形成统一的品牌形象。例如，宣传资料、官方网站、社交媒体等应使用一致的视觉和语言风格。

互动性。鼓励游客参与旅游形象传播，通过互动形式增加游客的参与感和归属感。例如，组织摄影比赛、分享旅游心得等活动。

创新性。采用新颖、有趣、具有吸引力的传播方式，使金秀大瑶山旅游形象深入人心。例如，利用虚拟现实、增强现实等技术展示景区特色。

本土化。强调瑶族文化特色，将瑶族传统文化与旅游形象传播相结合，使游客能够更深入地了解和体验瑶族文化。

双向沟通。不仅要有效地传播旅游形象，还要关注游客的反馈，及时调整和优化传播策略，提升游客满意度。

2.金秀大瑶山的旅游形象传播的媒介与手段

金秀大瑶山的旅游形象传播可从以下几个方面进行：

传统媒体传播。利用报纸、杂志、电视和广播等传统媒体，发布旅游广告、旅游新闻和旅游专题节目，宣传金秀大瑶山的旅游资源和特色。通过传统媒体的覆盖面和影响力，提高大瑶山的知名度和美誉度。

网络传播。利用互联网和新媒体平台，如旅游网站、社交媒体、短视频等，发布旅游信息、旅游攻略和旅游视频，与游客互动交流。通过网络的传播速度快、互动性强等特点，扩大金秀大瑶山的旅游形象传播范围，吸引更多潜在游客。

旅游推广活动。组织各类旅游推广活动，如旅游展览、旅游推介会、文化节庆等，吸引媒体关注和游客参与。通过这些活动，展示金秀大瑶山的独特魅力和旅游产品，增强游客的旅游意愿和忠诚度。

口碑传播。鼓励游客分享旅游经历和心得，通过口碑传播来扩大金秀大瑶山的影响力。可以开展口碑营销活动，如评选优秀游客、组织旅游体验官等，激励游客积极传播大瑶山的旅游形象。

合作推广。与其他旅游目的地、景区和相关机构进行合作推广，共同策划活动、发布信息、推广品牌等。通过合作推广，可以实现资源共享、优势互补，提高整体竞争力。

文化交流。组织瑶族文化展览、演出等活动，向外界展示瑶族文化的魅力，提升金秀大瑶山的文化品牌形象。

综上所述，金秀大瑶山的旅游形象传播需要综合运用传统媒体传播、网络传播、旅游推广活动、口碑传播、合作推广和文化交流等多种方式。通过多元化的传播手段和渠道，可以更广泛地宣传金秀大瑶山的旅游资源和特色，提升其品牌形象和市场竞争力，吸引更多游客前来旅游。

## 第四节　金秀大瑶山服饰形象的设计再运用

### 一、广西金秀瑶族服饰价值

#### （一）审美价值

金秀瑶族服饰的颜色丰富多样，以红色、黄色、蓝色、绿色等为主色调，通过不同的搭配和组合，展现出独特的色彩美。而图案富有民族特色，有植物、动物、人物等形象，通过刺绣、编织等方式呈现出来，具有很高的艺术价值。金秀瑶族服饰在图案纹样、构图形式、色彩运用上注重神韵的表达和意境的创造。金秀瑶族妇女通过对生产生活的细致观察，选择其中最真实、生动的部分，结合本族群的发展历史，加以巧妙构思和联想，简化为几何纹样、自然纹样和动物纹样，编织刺绣在衣物上，既增加了衣物的耐磨性，又起到了美化装饰的作用。除此之外，金秀瑶族服饰的制作工艺也十分精湛，包括裁剪、缝制、刺绣、编织等多种工艺，这些工艺技巧都体现了金秀瑶族人民的智慧和技艺。

### （二）文化价值

金秀瑶族服饰是金秀瑶族文化的重要组成部分，承载了金秀瑶族的历史、信仰、习俗等文化元素。金秀瑶族服饰的制作过程和穿着方式，以及与之相关的礼仪规范，都是金秀瑶族传统文化的体现。保护和传承金秀瑶族服饰文化，有助于维护金秀瑶族文化的多样性，促进民族文化的传承与发展。

首先，金秀瑶族服饰是生产生活反映。金秀瑶族服饰的材质、款式、色彩等方面反映了金秀瑶族人民的生产生活状况。例如，金秀瑶族服饰多采用自织自染的布料，体现了瑶族人民在纺织、染色等领域的技艺水平。同时，金秀瑶族服饰上的图案纹样也反映了瑶族人民对自然、生活的观察和理解。

其次，金秀瑶族服饰是社会关系的体现。金秀瑶族服饰在一定程度上反映了瑶族社会的结构和关系。不同支系、不同年龄、不同性别的金秀瑶族人民穿着不同的服饰，这体现了金秀瑶族社会的阶层划分和角色分工。同时，瑶族服饰的穿着和制作过程也体现了金秀瑶族人民的团结协作精神。

再次，金秀瑶族服饰有利于文化交流传播。金秀瑶族服饰作为瑶族文化的载体，通过民族节日、文化交流等活动，可以向外界展示瑶族文化的魅力。金秀瑶族服饰的独特风格和丰富内涵吸引了众多国内外学者和游客的关注，有助于增进各民族之间的了解和友谊，促进文化的交流与传播。

最后，金秀瑶族服饰为文化创新提供了启示。金秀瑶族服饰文化为现代时尚设计提供了灵感和素材。设计师可以从金秀瑶族服饰的图案、色彩、工艺等方面汲取灵感，将传统元素与现代设计相结合，创作出具有民族特色的时尚作品。这不仅有利于推动金秀瑶族服饰文化的创新和发展，也有助于提升民族文化的国际影响力。

### （三）商业价值

广西金秀瑶族服饰具有商业价值。通过合理开发和利用，这种商业价值可以为当地经济发展和文化传承提供有力的支持。

首先，金秀瑶族服饰的制作过程中，涉及刺绣、织锦等传统手工艺。这些手工艺品具有很高的艺术价值和收藏价值，深受消费者喜爱。开发这些手工艺品市场，不仅为游客提供了购买特色纪念品的渠道，也可以为金秀瑶族人民提供更多的就业机会、增加收入、提高生活水平。

其次，广西金秀瑶族服饰作为当地独特的文化资源，对于吸引游客具有重要意义。金秀瑶族服饰作为旅游纪念品可以进行销售，也可以通过金秀瑶族服饰表演、金秀瑶族服饰体验等旅游项目为当地旅游业带来更多的商机。或通过举办金秀瑶族服饰模特大赛、金秀瑶族服饰时装周等活动，推动金秀瑶族服饰文化的传播和发展，为相关行业带来更多的商业机会。

最后，金秀瑶族服饰独特的设计风格和精湛的工艺也吸引了众多时尚设计师的关注。将金秀瑶族服饰元素融入现代服装设计中，可以创作出具有民族特色的时尚产品。这些产品不仅能满足消费者的个性化需求，还能提升产品的文化意义和附加值。

此外，一些服饰品牌与金秀瑶族合作，推出具有金秀瑶族元素的时尚服饰，通过品牌推广和市场营销，实现商业价值的提升。金秀瑶族服饰作为一种民族文化资源，与文化创意产业相结合，可开发出更多具有创意和特色的产品和服务，实现商业价值的最大化。

## 二、广西金秀瑶族服饰中蕴含的设计元素

广西金秀瑶族服饰的设计元素主要包括以下几个方面：

图案纹样。瑶族服饰上的图案纹样是其设计元素的核心部分。这些纹样通常包括几何图案、动植物图案、自然景物图案等，具有丰富的象征意义。瑶族妇女通过刺绣、织锦等工艺将这些纹样制作在衣物上，既起到装饰作用，又传达了瑶族的文化内涵。

色彩搭配。瑶族服饰的色彩搭配是其设计元素的重要组成部分。瑶族服饰的色彩鲜艳、对比强烈，常用红（以红色为主）、黄、蓝、绿等颜色，这些颜色通常以纯色为主，搭配起来非常醒目。色彩的搭配既体现了瑶族人民对美的追求，也反映了瑶族服饰的民族特色。

布料选择。瑶族服饰的布料通常由瑶族人民自己织染，具有独特的质感和纹理。布料的材质主要是棉布和丝绸，也有一些使用麻布或毛料。其中，自制的土布是瑶族服饰中最常见的材料，这种土布质地粗糙，但是非常耐穿。这些布料的选择和搭配也是瑶族服饰设计元素的一部分。例如，瑶族服饰常用的布料有土布、蜡染布、织锦等。

制作工艺。瑶族服饰的制作工艺包括刺绣、织锦、蜡染等，这些工艺的运用也是瑶族服饰设计元素的一部分。通过这些工艺，瑶族妇女将图案纹样和色彩搭配体现在服饰上，使瑶族服饰具有独特的艺术魅力。

款式设计。瑶族服饰的款式设计也是其设计元素的一部分。瑶族服饰通常包括上衣、下裙、头饰等部分，不同支系的瑶族人民穿着不同的服饰。瑶族服饰的结构独特，通常采用对襟、直领、斜襟等形式，衣摆、袖口等部位常有花边或流苏装饰。瑶族服饰上的饰品也是一大亮点，包括银饰、玉饰、贝壳等，这些饰品不仅有装饰作用，还有象征意义和文化内涵。这些款式设计既体现了瑶族人民的审美观念，也反映了瑶族社会的习俗和文化。

总之，广西金秀瑶族服饰的设计元素丰富多样，包括图案纹样、色彩搭配、布料选择、制作工艺和款式设计等方面，这些元素共同构成了瑶族服饰独特的艺术风格和文化内涵。

## 三、广西金秀瑶族服饰在设计中的再运用

广西金秀瑶族服饰的设计元素具有广阔的应用前景，通过借鉴其传统元素和艺术价值，可以在多个领域创造出具有独特魅力和文化内涵的产品。例如，瑶族服饰的色彩、图案、款式等元素可以为现代服装设计提供灵感。将瑶族的传统刺绣工艺与现代服装设计相结合，可以打造出具有独特风格的时尚服饰。同时，瑶族服饰的色彩搭配和款式设计也可以为现代服装提供

参考。

　　此外，瑶族服饰的装饰手法和制作工艺可以为饰品设计提供灵感，将瑶族的金属装饰、绒线装饰等手法运用到现代饰品设计中，可以创造出具有独特魅力和民族特色的饰品；瑶族服饰的传统图案和纹样则可以为家居用品设计提供灵感，将瑶族的龙凤、鸟兽、花卉等图案运用到家居用品设计中，可以增加产品的艺术价值和审美价值；瑶族服饰的传统工艺和图案可以为旅游纪念品设计提供灵感，将瑶族的织锦、刺绣等工艺制作成旅游纪念品，可以增加产品的独特性和纪念意义；瑶族服饰的色彩和图案可以为包装设计提供灵感。例如，将瑶族的鲜艳色彩和图案运用到产品包装上，可以增加产品的视觉效果和吸引力。

# 参考文献

[1]徐祖祥.瑶族文化史[M].昆明：云南民族出版社，2001.

[2]黄书光，刘保元.瑶族文学史[M].南宁：广西人民出版社，1988.

[3]莫金山.金秀大瑶山——瑶族文化的中心[M].南宁：广西民族出版社，2006.

[4]金秀大瑶山瑶族史编纂委员会.金秀大瑶山瑶族史[M].南宁：广西民族出版社，2002.

[5]苏胜兴，来宾市文学艺术界联合会，金秀瑶族自治县文学艺术界联合会.瑰丽的金秀瑶都文化[M].北京：中国文史出版社，2005.

[6]谭伟福，罗保庭.广西大瑶山自然保护区生物多样性研究及保护[M].北京：中国环境科学出版社，2010.

[7]胡德才，苏胜兴.大瑶山风情[M].南宁：广西民族出版社，1990.

[8]刘红晓.中国少数民族服饰文化与传统技艺[M].北京：中国纺织出版社，2019.

[9]《瑶族简史》编写组，《瑶族简史》修订本编写组.瑶族简史[M].北京：民族出版社，2008.

[10]陈源.瑶族[M].乌鲁木齐：新疆美术摄影出版社；乌鲁木齐：新疆电子音像出版社，2010.

[11]黄必贵，卢运福.世界瑶都[M].广州：岭南美术出版社，2006.

[12]《金秀瑶族自治县概况》编写组，《金秀瑶族自治县概况》修订本编写组.金秀瑶族自治县概况[M].北京：民族出版社，2008.

[13]潘琼阁，杨宏峰.中国瑶族[M].银川：宁夏人民出版社，2012.

[14]国家民委《民族问题五种丛书》编辑委员会,《中国民族问题资料·档案集成》编辑委员会.当代中国民族问题资料·档案汇编《民族问题五种丛书》及其档案集成 第2辑 中国少数民族简史丛书 第11卷[M].北京：中央民族大学出版社，2005.

[15]莫金山.瑶史考辨[M].北京：民族出版社，2014.

[16]国家民委《民族问题五种丛书》编辑委员会,《中国民族问题资料·档案集成》编辑委员会.当代中国民族问题资料·档案汇编《民族问题五种丛书》及其档案集成 第5辑 中国少数民族社会历史调查资料丛刊 第110卷[M].北京：中央民族大学出版社，2005.

[17]奉恒高.瑶族通史[M].北京：民族出版社，2007.

[18]韦佑江，赵贵坤.金秀瑶族自治县卷[M].南宁：广西民族出版社，2013.

[19]广西壮族自治区编辑组,《中国少数民族社会历史调查资料丛刊》修订编辑委员会.广西瑶族社会历史调查 1[M].北京：民族出版社，2009.

[20]韦佑江，赵贵坤.魅力金秀大瑶山[M].南宁：广西民族出版社，2012.

[21]奉恒高，梁颖，何龙群，等.瑶族文化变迁[M].北京：民族出版社，2005.

[22]赵廷光，赵廷龙.果布地区瑶族发展史[M].昆明：云南人民出版社，2014.

[23]李远龙.八桂风谣书系 走进大瑶山：广西金秀瑶族文化考察札记[M].南宁：广西人民出版社，2006.

[24]覃锐钧，徐杰舜，张劲夫.接触与变迁 广西金秀花蓝瑶人类学考察[M].北京：民族出版社，2011.

[25]刘明原.坳瑶[M].芒：德宏民族出版社，2012.

[26]莫金山.金秀瑶族村规民约[M].北京：民族出版社，2012.

[27]曾艳，覃录辉，黎瑞江，等.瑶族文化探骊：全国瑶族文化高峰论坛论文集[M].北京：中央民族大学出版社，2011.

[28]玉时阶，奉恒高.历史的记忆 瑶族传统文化研究[M].北京：民族出版社，2016.

[29]玉时阶.花蓝瑶社会变迁[M].北京：民族出版社，2012.

[30]杨源，何星亮.民族服饰与文化遗产研究 中国民族学学会2004年年会论文集[M].昆明：云南大学出版社，2005.

[31]玉时阶.现代化进程中的岭南水族：广西南丹县六寨龙马水族调查研究[M].北京：民族出版社，2008.

[32]苏建荣.可爱的金秀[M].南宁：广西人民出版社，1994.

[33]黄钰，黄方平.国际瑶族概述[M].南宁：广西人民出版社，1993.

[34]李远龙.传统与变迁 大瑶山瑶族历史人类学考察[M].南宁：广西民族出版社，2001.

[35]广西壮族自治区地方志编纂委员会.广西通志·民族志 1990-2005[M].南宁：广西人民出版社，2020.

[36]赵廷光.论瑶族传统文化[M].昆明：云南民族出版社，1990.

[37]吴学东，奉恒高，钟海青，等.茶山瑶历史与文化[M].北京：民族出版社，2011.

[38]冯艺.广西世居民族文化丛书 瑶风鸣翠[M].南宁：广西民族出版社，2010.

[39]谷家荣.坳瑶社会变迁 广西金秀大瑶山下古陈村调查[M].昆明：云南人民出版社，2010.

[40]雷湘竹.社会性别视角下瑶族女童教育研究[M].北京：科学出版社，2018.

[41]郝国强，钟少云，梁必达.坳瑶历史与文化[M].北京：民族出版社，2015.

[42]玉时阶，蒙力亚.广西少数民族服饰文化[M].南宁：广西人民出版社，1992.

[43]丹尼斯·麦奎尔.受众分析[M].北京：中国人民大学出版社，2006.

[44]周鸿铎.应用传播学引论[M].北京：中国纺织出版社，2005.

[45]沃尔特·李普曼.舆论学[M].北京：华夏出版社，1989.

[46]刘明源.金秀瑶族自治县志[M].广西：广西壮族自治区通志馆，1992：472-473.

[47]唐娟.广西兴安华江瑶乡非物质文化的保护与传承[D].南宁：广西师范学院，2012.

[48]刘涛.花蓝瑶服饰文化变迁[J].贵阳学院学报（社会科学版），2006（4）：61-63.

[49]湛贵玲.金秀大瑶山瑶族的形象传播研究[J].广西科技师范学院学报，2019（3）：48-52+56.

[50]曲金海.湖南江华瑶族织锦的品牌形象创新设计研究[J].品牌与标准化，2023（A1）：31-34.

[51]陶喜红，李婷婷.中华民族形象对外传播中的问题与改进策略[J].当代传播，2013（5）：64-66.